한류비즈니스연구

The Journal of Hallyu Business

2014년 2월 창간호

북코리아

한류비즈니스연구 ISSN 2288-9817

인쇄일 2014년 2월 25일
발행일 2014년 2월 28일
발행처 가톨릭대학교 한류대학원 한류지식센터 · 문화비즈니스연구소
137-701 서울특별시 서초구 반포대로 222
성의교정 성의회관 710호
전화 02) 2258-7765
e-mail: hkc@catholic.ac.kr | culturelab@naver.com
홈페이지: hallyu.catholic.ac.kr | www.ccbi.co.kr
제작처 북코리아
462-807 경기도 성남시 중원구 사기막골로
45번길 14 A동 1007호
전화 02)704-7840 팩스 02)704-7848
e-mail: sunhaksa@korea.com
홈페이지: http://www.북코리아.kr

값 13,000원

차 례

한류현상을 접근하는 연구영역에 관한 연구

고정민*

【국문초록】

본 연구는 한류현상을 접근하는 다양한 학문분야와 영역에 대해 연구한 것이다. 본 연구에서 한류의 연구영역을 경영학적인 영역, 인문학적인 영역, 사회심리학적인 영역, 산업경제학적 영역, 문화적 영역 등 크게 5가지로 분류하였다. 경영학적 영역은 다시 국제화, 마케팅, 경쟁력 등으로 세분하였고, 산업경제학적 영역에서는 직접적 경제효과, 간접적 경제효과 등으로, 인문학적 영역은 한류 콘텐츠 내용 분석, 역사적 관점 등으로, 사회심리학적 영역에서는 팬덤 현상, 문화동화 등으로, 문화적 영역에서는 문화수용이론, 문화교류 등으로 세분하였다. 각각에 대해 한류와의 연관성과 연구동향 등을 기술하였다. 향후에는 사회심리학적 영역이나 문화적 영역 등에서 더 많은 연구가 있어야 할 것으로 보이고, 타 지역 문화와의 비교학적 연구, 기술적인 분야에서의 한류연구 등을 개척해야 할 것으로 보인다. 본 연구는 한류에 대한 관점, 접근방법, 연구영역을 제시함으로써 한류의 객관적이고 종합적인 분석을 하는데 도움을 줄 것으로 기대한다.

주제어 한류, 경영학, 사회심리학, 산업경제학, 인문학

* 홍익대학교 문화경영 MBA교수

I. 연구배경 및 목적

1990년대 중반 이후 시작된 한류는 그동안 많은 변화를 거치면서 성장해왔다. 한류라는 말이 처음 중국에서 거론된 이후 한국에서도 하나의 문화현상으로 인식하기 시작하면서 한류에 대한 연구가 진행되었다. 1990년대 말 당시 연구는 한류 현상을 어떻게 해석할 것인지, 그리고 한류의 원인이 무엇인지를 규명하는 것이었다. 이후 한류의 규모가 커지고 그 영향력이 타 분야에까지 파급되자 산업경제적 분석이 나타나기 시작했고, 2000년대 중반 즈음부터는 한류를 통해 성공한 기업들이 등장하면서 경영학적 연구도 가세했다.

최근에는 K-Pop을 중심으로 한 한류가 발전하면서 그 지역적 범위가 전 세계로 확장되었다. 한류가 발전하고 한류에 대한 관심이 증가하는 것에 비례하여 많은 한류 연구가 쏟아져 나왔다. 한류현상에 대한 설명, 한류의 경쟁력에 대한 분석, 한류의 사이클적인 분석, 한류 장르에 대한 변화 연구, 한류의 침체원인, 한류 성공기업의 성공요인 등 다양하다.

그러나 이러한 분석과 연구는 연구자의 입장에 따라 어느 한 분야에서 접근하는 경우가 많았다. 즉, 인문학자는 한류를 인문학적 관점에서, 경영학자는 경영학적 관점에서 진행되고 타 분야를 포함한 종합적인 접근은 많지 않았다. 어느 현상이든 한 방향으로만 분석하면 문제의 본질을 제대로 파악하지 못하고 편향된 결론을 낼 수 있다. 다른 관점에서 보면 좀 더 객관적인 분석이 가능한데도 연구자의 전공에 따라 하나의 관점만을 견지한다면 분석에 따른 대안이나 대응방법도 편향될 수밖에 없다. 예를 들어 해외에서 한류가 인기를 끄는 이유를 분석할 때 산업경제적으로는 콘텐츠의 수출로 보고, 경영학적으로는 경쟁우위의 이론으로 설명할 수 있고, 인문학적으로는 스토리의 우수성으로 평가하며, 사회심리학적으로는 스타에 대한 팬덤 때문이라고 분석할 수 있다. 마찬가지로 싸이의 해외 성공 이유를 노래 부르는 스타일에 초점을 맞추기도 하고, SNS 등의 마케팅에 의한 영향이라고 분석하는가 하면, B급 문화라는 문화적 측면을 강조할 수 있다. 이와 같이 다양한 관점에서의 한류에 대한 해석이 있어야만 이에 대한 대책도 객관적일 수 있기 때문에 종합적인 관점의 분석이 요구된다.

한류를 다양한 관점에서 분석하고 다양한 접근방법을 강구하기 위해서는 한류에 대한 어떠한 접근방법이 있는지를 먼저 파악해야 한다. 즉 한류에 대한 다양한 학문적 접근방법의 형태와 방법들을 연구할 필요가 있다는 것이다. 그러나 현재까지 한류에 대한 접근방법이나 관점, 현상규명 등을 종합적으로 정리한 연구는 거의 없었다. 일부 서지연구가 있었으나 이는 이미 연구자들이 분석한 내용을 중심으로 정리한 것이어서 현재 분석하고 있지 않은 연구나 향후 연구가 필요한 관점에 대해서는 한계점을 보이고 있다.

따라서 본 연구는 다양한 학문분야에서 한류에 대한 관점, 접근방법, 연구영역을 제시함으로써 한류를 객관적이고 종합적인 분석하는데 도움을 주고자 하는 것이다.

II. 한류의 학문적 영역의 도출

한류현상에 대한 연구는 한류의 현황과 원인, 정책적 제언, 경제효과 등이 중심이었다. 손승혜(2009)에 의하면 1998년부터 2008년까지의 한류관련학술논문을 메타 분석한 결과 다수의 논문은 한류의 원인과 관련된 요인들을 연구했으며 연구자들이 현황에 관한 관심이 매우 높았고, 한류의 미래에 관하여 제작자나 수출입업자, 정책 결정자 등을 위한 제언을 포함했다고 밝히고 있다. 또한 학문분야에서는 신문방송 등 미디어 관련 분야의 연구가 86편(34.4%)으로 가장 많은 비중을 차지했으며, 관광(39편, 15.6%), 경영 · 경제(26편, 10.4%) 분야의 연구가 뒤를 이었다(손승혜, 2009). 비중이 높은 미디어 분야에는 한류의 현황이나 원인 분석 등 일반적인 한류분석이 포함되어 있어 미디어이론을 기반으로 하는 연구라기보다는 미디어 전공자들의 논문이 많았다라고 이해할 수 있겠다.

고정민은 한류에 대한 기존연구의 접근방법은 산업적 관점, 문화인류학적인 관점, 문화제국주의 관점 등 크게 세 가지로 구분된다고 하였다(고정민, 2005). 또 다른 분류로는 첫째 한류원형에 대한 인문학적 연구이고 둘째 한류마케팅과 산업콘텐츠의 관점에서의 연구, 셋째 지식재산권의 관점 등도 있다.

이와 같이 논문이나 분석자료 등을 중심으로 하는 구분한 것과는 달리 신문기사의 프레임 분석에서는 주로 한류작품의 소개나 연예인들의 동향 및 경제효과 등이 많아 논문과 조금 다른 결과를 보여주고 있다. 신문기사가 일반 독자가 관심을 가질 만한 내용을 중심으로 스팟성 내용을 주로 다루는 특징상 주로 문화적 흥미나 경제적 관점이 가장 많다(유세경 · 이석 · 정지인, 2012).

이상에서 볼 때 지금까지 논문에서 살펴본 한류의 연구영역이나 관점은 주로 산업경제학적인 관점, 인문학적인 관점, 문화적 관점 등이었다. 그러나 한류는 경영학적인 관점에서 한류의 성공요인과 한류기업의 성공전략 등을 연구할 필요가 있고, 일부 그런 연구가 진행되고 있다. 또한 한류는 국제간 문화교류로 해석할 수 있으며 소비자들의 심리적 변화와도 밀접하게 연결되어 있다.

따라서 본 연구에서는 선행연구를 참고하고, 연구자가 한류에서 필요하다고 판단되는 또 다른 분야를 추가하여 경영학적인 관점, 산업경제학적인 관점, 인문학적인 관점, 사회심리학적 관점, 문화적 관점 등 5가지로 분류하였다.

III. 한류의 학문적 영역

1. 경영학적 관점

1) 국제화이론

한류는 문화콘텐츠 산업의 수출, 기업의 국제화를 통해 나타난 현상으로 보고 기업관점에서 국제화를 연구하는 영역이다. 국제화란 한 나라가 경제 · 환경 · 정치 · 문화적으로 다른 여러 나라와 교류하는 것을 의미하지만 기업차원에서의 국제화는 모든 부가가치의 창출활동이 기업의 경영범위를 국내시장에만 국한하지 않고 국제시장으로 확장하고 경영범위를 국제적으로 확장하는 것을 말한다(고정민, 2012). 국제화와 관련된 많은 이론들이 존재하지만 한류와 관련되어서는 국제화과정, 국제화 동기, 글로컬화(glocalization) 혹은 현지화 이론 등이 있다.

첫째, 국제화과정이론으로는 국내 문화콘텐츠 산업이 처음에는 국제시장을 중심으로 성장하다가 점차 해외시장에 진출하면서 수출과 라이선스, 직접투자 등의 과정을 거치는 과정을 분석하는 관점이며, 온라인 게임 등 일부 기업의 경우 처음부터 해외진출의 비중이 매우 높은 본 글로벌 기업의 특징을 보이고 있다는 분석도 있다.

둘째, 국제화 동기[1])로 본 한류에서는 국내시장의 한계와 성숙화로 인해 해외시장에 진출하여 경제규모를 달성하고자 하는 동기가 가장 크다고 분석한다. 국내 문화콘텐츠의 제작비가 상승하면서 국내시장만으로는 제작비의 회수(recoup)가 어려워짐에 따라 국내기업들은 해외시장에서의 매출확대를 통한 규모의 경제 실현으로 수익성을 확보하기 위해 노력하고 있다. 이러한 이유로 영화, 드라마, 게임 등 국내 문화콘텐츠 기업들은 국내시장이 성숙되면서 국내시장에서 축적한 경쟁력을 기반으로 다양한 형태의 국제화를 진행하고 있다(고정민, 2012).

셋째, 문화콘텐츠가 전 세계 시장을 대상으로 사업을 전개하면서 동시에 기본적으로 각 지역마다 문화가 다르고 언어가 다르기 때문에 지역마다의 특징을 고려한 현지화[2]를 하고 있는데, 이와 관련된 연구가 많다. 아이돌 그룹 내에 현지인 가수를 포함시켜 현지진출에 문화적인 거부감을 낮추거나 유럽이나 미국 등의 음악 작곡가들로 하여금 K-pop을 작곡하게 하여 해외시장 진출의 문턱을 낮추는 전략 등도 모두 현지화 차원에서 이루어진 것이다. 현지의 유통을 파악하고 그 시스템을 구축하기에는 국제화 초기단계에서 어려움이 많기 때문에 현지기업과의 전략적 제휴를 통해 현지소비자들의 접근성을 높인 현지화 전략도 추진하고 있다. 가수 보아가 일본에 진출할 때 문화적 장벽을 제거하기 위해 일본어와 일본 무대의 매너 등을 배워 철저한 현지화를 통해 일본에서

1) 일반적으로 국제화 동기는 저렴한 임금에 의한 노동력확보, 세제상 편의나 혜택보장, 정부의 과도한 간섭 회피, 물류체제 유통과정 단축 및 일원화, 이익환수의 효과성 등이 있으나 특히 경영경제적인 관점에서는 시장확대, 투자수익률 제고, 규모의 경제 실현, 지역적인 이점 등을 들고 있다(Hitt, M.A., Ireland, R.D., & Hoskisson, R.E., Strategic management: competitiveness and globalization, Cincinnati, Thompson Learning, 2001 재인용).

2) 현지화는 현지국가 · 지역별로 시장요구에 맞는 제품을 차별화하고 국가 · 지역별 권한위임을 통하여 현지경쟁력을 강화시켜 나가는 방향을 의미한다(Hitt, M.A., Ireland, R.D., & Hoskisson, R.E., Strategic management: competitiveness and globalization, Cincinnati, Thompson Learning, 2001 재인용).

오리콘차트 1위에 여러 차례 오르면서 일본시장 입성에 성공한 사례도 있다(고정민, 2007).

이와 연관해서 글로벌화(globalization)와 로컬화(localization)를 동시적으로 진행하는 글로컬화(glocalization)도 연구 영역이다. 글로컬적 관점에서 보면, 한류는 지역화도 중요하지만 전 세계를 통합해서 경영해야 하는 글로벌 관점도 고려해야 한다. 문화 또는 문화상품은 지역적으로도 세계적으로도 시대에 맞추어 창의적으로 작품성 있게 바뀌어야 하는 것이지 역사적 정통성이나 전래의 문법만을 고집해서는 안 된다는 입장이다(박치완 · 김성수 · 조소연 외, 2009).

2) 마케팅이론

경영학의 마케팅이론은 문화예술분야에서도 최근 많이 연구되고 있는 분야이다. 한류와 관련하여 마케팅 전략은 해외소비자들을 대상으로 하는 환경 분석, 기회와 위협요인 분석, 시장세분화, 타겟팅, 포지셔닝에 이어 가격, 프로모션, 유통채널, 제품전략 등의 일련의 마케팅 전략 과정을 한류콘텐츠의 해외진출에 초점을 맞추어 분석하는 연구들이다. 이는 해외진출에 있어서 마케팅 기법을 분석하고 활용하는 경우라 할 수 있다.

특히 마케팅에서 소비자에 대한 분석도 중요한데, 한류 연구에는 중국과 일본의 한류소비자들의 차이와 한류에 대한 인식의 차이 등이 주를 이룬다. 나아가서는 한국문화를 좋아하는 각국 소비자들의 특징과 한류를 좋아하는 원인을 파악하여 이들 국가에 대한 마케팅 전략을 세우는 전략 차원의 분석으로 이어지고, 아울러 각국의 한류의 확산단계가 다르다는 점을 감안하여 라이프사이클별 마케팅 전략을 연구하기도 한다. 동일한 콘텐츠로 다양한 국가에 분포된 한류 소비자를 공략하기는 어려우므로 시장별 특성을 반영해 콘텐츠를 차별적으로 활용하는 맞춤식 마케팅에 대한 연구들이다(삼성경제연구소, 2013).

한류 마케팅 전략 중의 하나로 최근 등장한 SNS활용에 대한 연구도 있다. 입소문이 빠르게 확산되는 소셜미디어의 전염성에 힘입어 해외진출 과정에 소요되는 비용과 시간을 절감한다. 기획사는 소셜미디어를 K-Pop 소비의 핵심 플랫폼으로 인식하여 유통 채널로서 적극 활용하고 이에 적합한 콘텐츠를 제작하는데 주력한다. 소셜미디어를 실시간으로 모니터링하는 전담 직원을 두어 자사 가수에 대한 인기와 여론을 파악하며 앨범 발매 전 신보 뮤직비디오의 티저 영상을 먼저 공개하여 이슈를 생성하고 팬들의 관심을 유도한다(삼성경제연구소, 2012).

또한 해외에서 타제품의 홍보를 위해 한류스타를 활용하거나 한류콘텐츠에 PPL형식으로 한국제품을 간접 광고하는 이른바 한류마케팅의 경우도 있다. 베트남에서 LG의 화장품을 광고하기 위해 베트남에서 인기 있는 배우 김남주를 활용한 광고 결과 매출 1위로 올랐고, 일본에서의 가수 카라의 인기를 활용하여 홍초를 일본에서 광고한 결과 급격한 매출상승을 보였다는 예도 여기에 속한다.

3) 경쟁력이론

한류가 성공한 요인에 대한 분석은 매우 많다. 한류에 대한 자료 중에 많은 자료가 한류의 성공요인에 대한 것인데, 그 분석방법은 다양하나 경영학적 관점에서 보면 국제경쟁력과 관련되어 있다. 한류의 경쟁력을 마이클포터의 다이아몬드 모델에 의해 분석하거나 한류의 성공요인이 무엇인지를 규명하는 연구들이 그것이다. 고정민(2005), 이장우

(2007) 등은 마이클포터의 이론을 적용하여 한류가 해외에서 경쟁력을 가지는 것은 기본적으로 한국민의 역동성, 문화자원, 인적 자원, 통신 인프라의 우수성, 한국정부의 콘텐츠 지원, 콘텐츠기업의 해외진출 의지와 전략 등 다양하다는 분석을 하고 있다.

가치사슬별 성공요인을 분석한 연구는 주로 최근에 이루어졌다. K-Pop이 해외에서 성공적으로 진출하면서 K-Pop의 가치사슬별 분석이 주를 이루고 있다. 가치사슬별 성공요인의 분석결과를 보면, 기획 단계에서부터 세계시장을 겨냥하여 아이돌 그룹의 실력을 연마하고, 캐스팅부터 프로모션에 이르는 전 제작 프로세스를 시스템화 한다. 이어서 트레이닝단계를 거치는데, 전문가로 구성된 전담팀이 노래와 춤 뿐 아니라 연기, 외국어 등을 맨투맨으로 집중 교육하며 인성교육 및 심리상담도 함께 시행하고 있다. 프로듀싱단계에서는 창작 작업의 글로벌 소싱을 한다. 마지막으로 프로모션단계에서는 현지 파트너의 네트워크를 활용한다(삼성경제연구소, 2012). 이러한 가치사슬별 연구는 게임이나 영화 등에서도 진행되고 있다.

2. 인문학적 관점

1) 한류의 콘텐츠 연구

한류콘텐츠가 담고 있는 내용에 대한 분석으로 해외 소비자들이 좋아하는 한류의 인문학적 특징, 한류의 인간적 가치에 대한 논의, 한류에 포함되어 있는 서사구조, 스토리텔링 등이 포함되어 있다.

한류는 한국의 정서를 담고 있다는 주장은 많은 논문에서 발견되고 있다. 한류는 한국인의 심성, 민족적인 자존심, 가족적 가치, 유교적 정서 등을 표현하고 있다(서은숙, 2009). 이러한 정서들은 불교와 유교를 중심으로 하고 있는 아시아권에서 동질감을 형성하고 있다. 유교를 바탕으로 하는 인본주의는 한국드라마의 특징으로 꼽히고 있으며, 한국사회의 가족주의 및 가정윤리도 한국드라마의 특징으로 분석되고 있다. 한국 드라마는 대부분 사랑, 가정, 우정을 주제로 하며, 성실함, 순종함, 화목함으로 스토리를 구성하여 드라마 속 인물을 통해 해외시청자들은 '효'와 '따스함'등의 감정을 느낀다(김기덕 · 이동배 · 장제윤, 2012). 또한 특히 남자의 여자에 대한 세심한 배려, 여자의 순수하고도 진실한 사랑 등에 대한 내용이 인기를 얻으며, 더불어 남녀 간에 사랑을 발전시키며 표현되는 장면들이 주목을 받고 있다.

콘텐츠의 국별 선호도 차이에 대한 연구도 많은데, 한류 드라마 중 남녀 간의 사랑을 주제는 동남아, 일본 등에서 인기가 있고, 중앙아시아 등에서는 사극이 인기가 있는 것으로 나타나고 있다. 한류 드라마 안에서 주인공 사이의 관계에 따라서도 국가별로 차이를 보인다는 국별 소비자들의 선호도와 관련된 영역도 있다.

이와 같이 한류 콘텐츠에 담겨 있는 스토리를 중심으로 하는 연구 외에도 스토리 자체의 분석을 통해 한류 콘텐츠의 인문학적인 분석을 하는 경우도 있다. 예를 들어 한류드라마를 대표하는 대장금의 스토리 분석을 통해 대장금은 미천한 신분의 장금을 중심으로 궁중 내 하층민들인 무수리, 나인, 상궁, 내시, 의녀들의 갈등과 애환을 그려 시청자들에게 친밀감을 줬기 때문이고, 기존의 딱딱한 사극 대사와는 달리 작가의 상상력이 충분히 반영된 서정적인 대사가 한몫을 했다고 분석하고 있다.[3]

K-Pop의 경우에도 인문학적 접근이 있는데, K-Pop의 확송에 대한

3) MBC 대장금 홈페이지(http://www.imbc.com/broad/tv/drama/daejanggum).

인기 배경 등도 여기에 속한다. 훅송은 기억되기 쉬운 후렴구 등의 반복적인 구절이 반복되는 노래로서, 일반적으로 훅송으로 지칭되는 노래들은 후렴구가 수십 회 반복되는 극단적인 형식을 특징으로 한다. 한류에는 훅송이 많은데, 훅송은 짧은 시간에 듣는 사람을 사로잡는 매력적인 노래로서의 의미를 갖고 있다.

2) 역사적 관점

한류의 변화를 역사적으로 고찰하거나 주변국과의 역사적 문화교류를 고전한류로 해석하고 한류의 영역을 확장하려는 시도이다. 이러한 한류의 역사적 관점은 미래 한류가 어떻게 진전될 것인지 예측할 수 있고 정책대응을 하는데 도움을 줄 수 있다.

한류는 1997년부터 중국에서 '사랑이 뭐길래'부터 시작되었다. 그러나 그 이전에도 역사적으로 많은 외국과의 문화교류가 있었으며 이를 고전 한류라 할 수 있다. 삼국시대부터 일본과 우리나라 사이에는 문화의 교류가 있었다. 고구려 왕인의 일본에 한자 전수, 백제문화의 일본 아스카 문화에의 영향 등은 모두 고전한류에 대한 내용이다. 백제기악의 일본 전파도 최초로 고대에 한국문화가 해외에 전파된 사례 중의 하나이기 때문에 고전한류에 속한다고 할 수 있다(고정민, 2012). 우리나라에서 일본으로의 문화이동은 우리나라가 일본보다 문화적으로 앞섰기 때문으로 문화이동 원인으로 보면 현대 한류와 큰 차이가 없을 것이다.

통일신라시대에는 장보고 등에 의해 중국에 신라방을 설치하고, 법화원을 짓는 등 한국과 중국 간 문화교류가 활발하였다. 조선시대에는 조선통신사 행사가 있어 일본과 우리나라의 문화교류가 활발했다. 이후 현대에 들어와서는 1997년 '사랑이 뭐길래' 이전에도 일본 등지에서 활동한 연예인들이 많다. 조용필이나 계은숙 등은 일본에서 가수활동을 하면서 큰 인기를 끈 바도 있다. 이와 같이 한류가 시작된 1997년 이전에도 한국의 문화가 해외에 건너가 문화를 형성한 역사적 사실을 연구하는 분야도 넓게 보아 한류의 영역에 속한다고 할 수 있다.

3. 산업경제학적 관점

1) 직접적 경제효과

한류의 경제적 효과 중에서 직접적으로 연관된 효과를 분석하는 연구로 수출, 서비스수지, 경제효과의 산출, 저작권보호 등이 있다. 물론 저작권 보호는 법적인 영역이라고도 볼 수 있으나 법적인 영역은 한류와 관련하여 많지 않기 때문에 여기에서는 한류의 경제적 효과를 제한하는 요소로서 해외저작권을 언급하였다.

한류는 문화콘텐츠수출과 밀접한 연관을 가진다. 문화콘텐츠 수출이 최근 빠르게 성장하고 있고, 관련기업들의 매출액이 늘어나고 있는 것은 한류와 무관하지 않다. 한류는 문화콘텐츠 수출의 결과이기 때문에 수출에 대한 분석은 한류의 장르나 지역별 붐을 분석하는 지표가 될 수 있다. 아울러 문화콘텐츠 수출이 증가하면서 그동안 문화수지 적자에 허덕였지만 이제는 흑자로 돌아서는 현상도 나타나고 있다. 이러한 서비스수지상의 분석도 국가 간 문화산업에서의 경쟁력이나 경쟁우위의 현상을 분석할 수 있는 기준이 된다.

또한 문화콘텐츠의 수출을 통해 파급효과까지를 포함한 분석은 주로 타 분야에의 파급효과, 즉 간접적인 경제효과 등과 병행하여 시행되고 있다. 이러한 분석방법에는 한국은행에서 발표하는 산업연관표 등을 통해 분석하는 방법이 일반적이지만 이외에도 다양한 방법론들이 동원되고 있다.

한류가 세계로 확산됨에 따라 신흥 한류 국가에서 한국 콘텐츠의 불법이용비율이 점차 증가하는 추세를 보이며 해외 시장 내 한국콘텐츠의 불법이용 증가는 콘텐츠기업 해외진출을 저해하는 요소로 작용하고 있다(한국저작권위원회, 2012). 이러한 불법복제와 관련된 연구들은 중국, 동남아 등은 한류가 확산되어 있음에도 불구하고 불법복제로 인해 실제 수출액은 많지 않고 이익을 내기도 어려워 해외저작권 보호를 위해 필요하다는 인식에서 나온 것이다. 한류콘텐츠의 해외 불법유통 및 이용의 증가는 사회적 경제적 손실을 초래하고 있어 해외 각국과의 협력을 바탕으로 한 저작권보호 전략이 필요한 실정이다.

2) 간접적 경제효과

한류가 일단 형성되면 한류를 통한 후광효과나 원산지 효과에 의해 일반상품 등의 수출에도 영향을 준다. 이와 같이 한류의 간접적인 경제효과를 다루는 영역도 존재한다. 한류의 간접적인 효과 연구는 제조업, 서비스업, 관광, 한글, 한식, 국가브랜드 등 타 산업에 미치는 영향 등이 중심이다.

한류는 타 부문에도 영향을 미친다. 이러한 효과를 후광효과, 원산지 효과, 배양효과, 동일시이론 등으로 연구가 되고 있다. Gerbner(1998)는 특정 대중매체에 장시간 반복적으로 노출될 경우, 그 매체가 담고 있는 폭력, 성차별 등과 같은 가치체계까지 습득하게 됨을 지적하고 이를 "배양효과(cultivation effect)"라고 칭하였는데, 한류도 대중매체에 노출되면서 한국에 대한 이미지에 영향을 주고 이것이 한국제품 구매와 연결될 수 있다는 것이다. 비슷하게 한국에 대한 긍정적 이미지가 한류 드라마에 등장하는 배경이나 인물들에 대해 막연하면서도 설명하기 어려운 호감을 불러일으키는 경우가 바로 후광 효과가 작동하는 사례라고 말할 수 있다(김장현, 2012). 한류를 통해 한국을 좋아하게 되고 한국제품, 메이드인 코리아에 대한 선호도가 높아지는 원산지 효과도 한류에 적용될 수 있어 여기에 대한 많은 논문들이 나와 있다. 또한 한국의 대중문화가 확산되면서 한류스타의 패션을 모방하고자 하는 문화적 양상을 띠는 것도 동일시현상이라 할 수 있다(변미연 · 이인성, 2008). 이와 같은 영향력이 인정되면서 많은 드라마나 영화에서 한류스타를 등장시켜 제품을 홍보하는 PPL 사례들이 증가하고 있다.

한류에 의해 강한 영향을 받는 분야는 한류의 이미지와 밀접한 관련을 갖는 화장품, 성형, 패션, 관광산업, 한식과 같은 제조업과 서비스업이고, 한글과 같은 전통적인 한국문화, 국가브랜드, 국가이미지와 같은 무형적인 요소도 포함되어 있다. 나아가서는 스마트폰이나 자동차와 같은 제품의 매출도 원산지 효과 등에 의해 영향을 받을 것으로 본다.

이러한 효과를 계량적으로 측정하기 위한 방법론으로는 한류의 경제효과를 한국은행의 산업연관표에 의해 분석하는 방법(고정민, 2009), 중력모형을 기초로 양국의 문화상품 수출량과 소비재 수출량과의 관계 및 견인 효과를 추정(한국수출입은행, 2012)하는 방법 등 다양한 방법론들이 동원되고 있다.

4. 사회심리학적 관점

1) 팬덤현상

한류가 해외에서 붐을 일으키면서 개인이나 집단적으로 어떠한 사회심리적 요소가 게재되었는지를 연구하는 영역으로 한국 한류스타에 대한 팬덤 현상이 대표적이라 할 수 있다. 팬덤(fandom)이란 특정한 인물이나 분야를 열성적으로 좋아하는 사람들 또는 문화현상을 말한다. 텔레비전의 보급과 함께 대중문화가 확산되면서 나타난 현상으로 팬덤의 영향력이 강화되면서 팬텀문화가 형성되었다.

초기에 K-Pop과 드라마를 통해 국외에 보급되면서 만들어진 팬덤이 지금의 한류를 이끌어온 역할을 했다고 볼 수 있다. 한국 드라마는 주로 여성중심의 팬덤에 초점이 맞추어져 있는데, 이는 한류가 여성의 로맨틱한 판타지를 주제로 다루거나, 성공적인 여성상을 드라마의 내용으로 다루었기 때문이다. 한국 드라마의 주요 팬텀 형성은 여성과의 소통에서 내적 진화를 이루었으며, 현실성과 판타지의 조화로운 결합이 성공의 배경이 되었다고 볼 수 있다(심두보, 2007).

또한 인터넷의 발달은 국외 팬덤이 능동적으로 활동할 수 있는 배경을 마련하였다. 팬들은 자료 공유과정에서 유튜브 등 초국가적 영상 공유 미디어와 트위터(twitter) 등 소셜 네트워크 서비스를 활용하며 팬덤의 국제적 확장을 가져왔다. 유럽과 중동, 라틴아메리카까지 한국 대중문화의 전달과 공유의 범위를 넓히며 초국가적 팬 네트워크를 형성하기에 이르렀다(김호영 · 윤태진, 2012).

2) 문화의 동화과정

한류가 해외 소비자들에게 어떻게 심리적인 영향을 주고 이들이 어떠한 과정을 통해 한류를 받아들이는지에 대한 영역이다. 지금까지 이 분야에 대해서는 많은 연구가 있지 않았지만 해외지역의 소비자들이 타 문화를 받아들이면서 나타나는 심리적 변화를 통해 한류를 분석할 수 있다. 여기에는 문화동화(acculturation)와 문화변용(acculturation)등의 이론이 있다.

어떠한 문화권에 살면서 새로운 문화가치를 습득하게 되는 과정을 문화동화현상이라고 한다(문성준, 2008). 문화동화과정에서 사람들은 본국의 문화가치와 새로운 문화가치의 충돌에서 발생하는 혼동을 겪는다. 주로 이민자 등에게서 겪는 현상을 연구한 것이지만 아시아 지역으로 확산된 한류현상은 문화동화의 현상으로도 볼 수 있다. 한류 열풍은 한국에 대한 지식이 없던 외국인들에게 한국의 대중문화가 전파됨으로써 문화가치의 충돌이 생기고 동화되는 과정을 보일 것이다.

이러한 과정을 통해 한류에 적응을 하게 되는데, 문화적응이란 문화변용의 결과물이며 동시에 문화변용의 과정이기도 하다. 베리(Berry, 1997)는 문화변용은 문화적 접촉이 동반하는 문화적 심리적 변화의 과정이라고 정의하고 있다. 문화적 변화는 한 집단내의 관습, 경제적, 정치적 삶의 방식의 변화 등을 의미하며, 심리적 변화는 개인들이 자신의 문화적 정체성과 문화변용에 대해서 갖게 되는 태도의 변화를 포함한다. 한류에 노출된 소비자들은 이민자와 같은 강한 충격은 아니더라도 외래문화와의 접촉을 통해 자신이 가지고 있는 문화와의 적응을 통해 한국문화에 동화되고 변용되는 과정을 거친다.

5. 문화적 관점

1) 문화수용이론

한류는 해외의 사람들이 한국의 문화를 수용하는 현상이므로 문화수용의 관점에서 한류를 볼 수 있다. 한류 현상이라는 것이 한 국가의 영토적 경계를 넘어서 일어나는 문화의 생산과 수용과정이기 때문에 전통적인 국제커뮤니케이션에 대한 이론적 논의의 틀을 가지고 있다(문상현, 2005). 여기에는 문화의 글로벌화, 문화제국주의, 문화의 지역화, 혼종문화 등이 문화의 확산과 수용과 관련된 이론들이고, 한류에 대한 반감을 가지는 반한류의 정서도 문화 수용에서 부작용으로 거론되는 영역이다.

먼저 문화의 글로벌화는 최근 정보 및 커뮤니케이션 기술의 발전으로 진전되고 있으며, 현대적 글로벌화 현상에 대한 주요한 담론은 그것이 갖는 동질화/획일화(homogenizing)의 힘에 주목해 왔다.[4] 이러한 관점에서 나온 것이 문화제국주의 이론이다. 한류의 문화제국주의 관점은 한류가 서구의 문화를 대신한다는 연구이다. 자본주의 문화의 글로벌화 과정에서 중국 등 후발국에서 겪고 있는 문화적 정체성의 혼돈상태를 한국의 대중문화가 파고들었다는 이론이다. 이와 관련하여 파이낸셜 타임즈는 "현재 한국의 문화콘텐츠산업은 이웃 아시아 국가에 확산됨으로써 문화 제국주의의 한국적 형태를 띠고 있다"(Financial Times, 2002)고 말하고 있다.

이러한 문화의 글로벌화에 반기를 든 이론이 문화의 지역화 이론이다. 문화가 일정지역을 중심으로 발전되어 경제블록과 같이 지역화 되

4) III-1이 경영학적 관점의 장에서도 글로벌화(국제화)가 언급되었으나 문화의 글로벌화와는 차이가 있음.

어 있다는 것이다. 중국, 홍콩 등의 화교문화권, 이집트를 중심으로 한 아랍문화권, 그리고 인도를 중심으로 한 동남아시아 문화권 등이 그 예라 할 수 있다. 문화지역화 현상은 문화의 근접성을 기반으로 한다. 문화근접성은 영상물 등 문화콘텐츠 산업의 수입국의 수용자는 다른 조건이 같을 때 언어나 사회적 공감대가 같고 문화적 장벽에서 자유로운 지역의 영상물을 선택한다는 이론에서 출발하여, 한 가지 문화권에서 발원한 영상물이 그 문화권 시청자들을 끌어들이는 반면, 문화권 밖의 수용자들에게는 효과가 감소된다는 것을 문화적 할인율을 가지고 설명하고 있다(Straubhaara, 1991).

한류콘텐츠도 국제화 과정에서 문화적인 근접성이 높은 국가에서부터 수출이 시작되었다. 먼저 중국이나 동아시아 등 문화와 정서가 비슷한 국가에서부터 수출이 시작됨으로써 이들 국가에서 한류가 형성되었다. '사랑이 뭐길래'라는 드라마가 중국에서 인기를 끌면서 한류가 시작되었는데, 이 드라마도 가족과 유교라는 한중간의 문화적 공감대가 있었기에 중국에서 인기를 끈 것이다. 이후 일본에서 겨울 연가, 중앙아시아에서의 사극 등은 모두 문화적 유사성에서 비롯된 것이라 할 수 있다. 따라서 문화적인 근접성이 크게 작용하는 드라마의 경우 동남아, 동아시아 등 아시아 지역을 크게 벗어나지 못하는 한계점을 보여주고 있다(고정민, 2012).

문화적 근접성을 측정하려는 시도 중의 하나인 문화적 거리이론은 홉스테드(Hofstede, 1984)로부터 시작되었다. 국제경영환경에서 문화적 차이를 발견하려는 노력은 인류학자와 국제경영학자들에 의해서 이루어졌으나, 홉스테드의 연구는 특히 경영환경에서 각국의 문화적 차이를 실증적으로 보였다는 점에서 선구적 연구결과로 평가받고 있다. 홉스테드는 IBM의 40개국의 10만 명에 달하는 직원들의 성향을 분석한 결과 문화적인 차이에 따라 크게 권력거리(power distance), 개인주의와 집단주의적 성향(individualism vs collectivism), 불확실성 회피(uncertainty avoidance), 남성다움과 여성다움(masculinity vs femininity) 등 네 가지 차원이 있다는 것을 발견하였다.[5]

한류와 관련된 문화수용이론 중에 문화혼성화 이론이 있다. 피터스(Jan Nederveen pieterse)에 의하면 세계화의 문화적인 결과는 혼성화(hybridization)이다. 즉 세계화로 인해 문화는 혼성화 된다는 것이다(Pieters, 2004). 혼성화는 세계적인 것과 지역적인 것이 뒤섞이고 서구적인 것과 비서구적인 것이 뒤섞여서 새로운 문화를 만드는 것이다. 한류현상은 한국 고유의 문화와 서구의 문화가 혼성화 되어 나타난 현상이라 할 수 있다. K-Pop이나 드라마가 한국 고유의 것이라 말하기 어려우며, 한국 문화가 글로벌화되는 과정에서 서구문화와의 혼성을 통해 나타난 것이다. K-Pop의 경우에도 원래 서구에서 장르가 생겨날 당시의 사회문화적 기원과 그것을 받아들이는 한국적 상황이 혼합되면서 새로운 양식과 내용이 만들어지면서 새로운 혼종 양식이 된 것이다(이수안, 2012).

마지막으로 반한류에 대한 영역이다. 반한류의 원인과 상호 호혜적 교류가 필요하다는 분석들이 주를 이루고 있다. 그동안 일본은 시장도 크고 저작권이 보장되어 있기 때문에 한류의 수익원으로서의 역할을 해왔다. 그러나 정치적, 외교적인 이유로 일본에서의 반한류는 꺾일 줄 모르고 있다. 중국도 프라임타임대에 외국드라마 방영을 금지하는가 하면 포맷수출에도 제한을 두는 등 각종 규제를 통해 한국의 콘텐츠 수입을 억제하고 있다. 동아시아 지역은 한류의 중심지라는 점에서 이들 지역

5) 1984년 홉스테드는 유교주의(Confucian dynamism)를 추가하여 5가지로 나누고 있다

에서의 반한류는 그만큼 타격이 큰 것이다. 그러나 많은 경우 반한류는 정치나 외교적인 국가 간 갈등에서 시작되었다는 점에서 스필오버 효과에 주목하고 있다. 이러한 반한류에 대한 연구는 앞으로 한류가 더욱 확산되면서 논의가 확대될 전망이다.

2) 문화교류

한류를 문화 교류 관점에서 연구하는 것은 한류가 기업의 수출을 통한 이익창출이라는 경제학적인 접근의 반성으로 문화의 교류차원에서 접근이 필요하다는 관점이다. 문화교류는 상업적인 목적보다는 이익을 목적으로 하지 않는 순수한 문화적 교류활동을 의미하지만 이익이 목적이라 하더라도 상업적 교역하는 과정에서 결과적으로 문화교류가 직간접적으로 일어나는 형태를 모두 포함한다.

국제문화교류와 문화외교는 약간의 차이가 있는데, 국제문화교류는 '국가를 홍보하고 자국문화를 이해시키는 노력'이라고 할 수 있고, 문화외교는 '특정국가의 정부기구 또는 그 정부기구의 지원을 받는 특정단체가 자국의 문화적 국가이익을 대외적으로 실현하기 위해 벌이는 일련의 활동'이라 정의된다(김명섭, 2003). 따라서 국제문화교류는 순수하게 문화예술의 교류에 목적이 있다면 문화외교는 외교적인 목적과 국가이익을 위한 국가 간 문화 활동이고, 방식 상에서도 국제문화교류는 비공식적, 문화외교는 공식적인 것이 많다. 그러나 실제로 진행되는 문화 활동에 있어서는 큰 차이를 보이지 않는다.

문화콘텐츠의 수출을 통해 경제적인 효과도 나타났지만 문화교류의 측면에서 한국의 문화를 해외에 알리는 효과도 있다. 따라서 정부나 일부기관에서 무료로 해외에 문화콘텐츠를 보급하거나 상호 문화행사 등을 통해 문화의 교류를 활성화시키고 있다. 해외문화원을 통해 교류가 미진한 국가의 문화를 소개하는 문화 행사 개최, 재외공관 예술전시 사업과 문화협정 체결을 통한 문화교류 증진 사업을 진행하고 있으며, 한국국제교류재단은 민간문화예술단체의 해외진출, 국가의 문화적 이미지 제고를 위한 계기성 문화 행사와 해외 박물관 한국관 전시를 진행하고 있다. 또한 인적 교류, 한국어 보급사업 등 다양한 사업들은 모두 국제문화교류, 문화외교와 관련되어 있다. 특히 이익을 목적으로 일방적인 문화콘텐츠 수출은 반한류를 촉발하는 원인이 되기 때문에 상생적 문화교류, 즉 쌍방향 문화교류가 필요하다는 당위성이 설득력을 가지면서 쌍방향 교류의 연구가 진전되었다. 쌍방향 교류는 일반적인 한류 정책의 마지막에 항상 쌍방향 교류가 언급되듯이 반한류의 억제수단으로 매우 중요한 의미를 가진다.

IV. 결 론

본 연구는 한류에 대한 시각과 연구영역을 분석함으로써 한류를 객관적이고 종합적인 분석하는데 도움을 주고자 하는 것이다. 한류는 지금까지 많은 연구 성과를 보여 왔으나 연구자의 전공에 따라 연구의 범위가 한정되거나 한쪽의 시각만으로 한류를 보는 연구가 많았다. 그러나 한류를 종합적이고 객관적으로 평가하기 위해서는 다양한 관점의 한류 연구가 있어야 하고 이를 위해서는 다양한 영역의 한류 관점을 파악할 필요가 있다. 따라서 본 연구는 다양한 관점에서 한류를 조망해보고 연구자들이 어떠한 분야에서 어떠한 연구들에 관심을 가지고 있는지를 분석하였다.

본 연구결과 한류는 경영학적 영역, 산업경제학적인 영역, 인문학적 영역, 사회심리학적 영역, 문화적 영역 등 5가지 영역으로 구분하였다. 경영학적 영역은 다시 국제화, 마케팅, 경쟁력 등으로 세분하였고, 산업경제학적 영역에서는 직접적 경제효과, 간접적 경제효과 등으로, 인문학적 영역은 한류 콘텐츠 내용 분석, 역사적 관점 등으로, 사회심리학적 영역에서는 팬덤현상, 문화동화 등으로, 문화적 영역에서는 문화수용이론, 문화교류 등으로 세분하였다. 각각에 대해 한류와의 연관성과 연구동향 등을 기술하였다. 향후에는 사회심리학적 영역이나 문화적 영역 등에서 더 많은 연구가 있어야 할 것으로 보이고, 타 지역 문화와의 비교학적 연구, 기술 분야 등을 개척해야 할 것으로 보인다.

본 연구의 한계점으로는 첫째, 한류의 영역을 구분하는데 있어서 기존 논문과 연구 내용을 참고했지만 최종적인 분류기준이 주관적이라는 점이다. 이는 기존의 연구가 종합적인 분류가 없었고 일부분에 한정된 분류로 되어 있었기 때문이다. 향후에는 좀 더 많은 연구가 진행되어 한류의 영역과 관점이 확대되기를 바란다. 둘째, 연구의 범위가 넓고, 한류와 관련된 논문의 종류가 많아 논문 인용이 제한된 점이다. 본 연구는 서지연구가 아니다 보니 기존 논문이 모두 대상이 아니라 유형별로 분류해서 필요한 논문만을 대상으로 했기 때문이기도 하다. 셋째, 5가지 영역의 구분이 선명하지 못하다는 점도 있다. 문화적 영역과 사회심리학적 영역 등은 서로 겹칠 수 있고, 영역 간 구분이 명확치 못하다는 한계점이 있다. 이는 영역간의 구분이 애매하거나 서로 영향을 주는 관계이기 때문이다.

향후에는 좀 더 많은 국내외 논문들과 연구 자료를 활용하여 심도 있는 연구결과가 나오기를 기대하며 새로운 영역으로의 개척이 요구된다.

참고문헌

고정민(2005), 한류 콘텐츠의 경쟁원천에 대한 연구,『문화산업연구』, 5(2) :5-18.

______(2007),『문화콘텐츠 경영전략』, 커뮤니케이션북스.

______(2009), 드라마 대장금의 경제적 효과에 대한 연구,『문화산업연구』, 9(1): 19-35.

______(2012), 한국 문화콘텐츠산업의 국제화에 관한 연구,『인문콘텐츠』, 27: 143-154.

______(2012), 한류 확산과 백제기악 일본전파 유사점과 상이점에 대한 연구,『충청학과 충청문화』, 15:181-193.

김기덕 · 이동배 · 장제윤(2012), 한류 드라마에 나타난 가족주의, 건국대학교 글로컬문화전략연구소,『문화콘텐츠연구』, 2: 7-29.

김명섭(2003), 프랑스의 문화외교: 미테랑대통령집권기(1981-1995)를 중심으로,『한국정치학회보』, 37(2): 343-363.

김장현(2012),『한류를 통한 국가이미지 제고방안』, 제주평화연구원.

김호영 · 윤태진(2012), 한국 대중문화의 아이돌(idol) 시스템 작동방식: 아이돌 문화 생산 · 소비의 이중적 구조에 대한 탐색적 연구,『방송과 커뮤니케이션』, 13(4): 45-81.

문상현(2005), 문화생산과 수용, 그리고 한류의 의미, (재)한국문화산업교류재단, 문화서지자료.

문성준(2008), 미디어 효과와 문화변용: 시카고 한인타운에서의 미디어 효과와 문화가치,『방송통신연구』, 66: 161-185.

박치완 · 김성수 · 조소연 외(2009),『글로컬문화콘텐츠 어떻게 그리고 왜?』, 한국외국어대학교 출판부, 248-249.

번미연 · 이인성(2008), 한류스타 이미지가 중국 상해시의 여대생 패션에 미치는 영향,『한국디자인문화학회지』, 14(4): 217-226.

삼성경제연구소(2012), K팝의 성공요인과 기업의 활용전략, 제841호.

______(2013), 新한류 지속발전을 위한 6大전략, 제899호.

서은숙(2009), 다문화시대 한류의 정체성과 방향, 『인문콘텐츠』, 14 : 157-184.
손승혜(2009), 학술 논문의 메타 분석을 통해 본 한류 10년: 연구 경향과 그 정책적 함의에 대한 탐색적 연구, 『언론과 사회』, 17(4): 122-153.
심두보(2007), 한류와 한국 드라마, 그리고 여성의 팬덤, 『방송공학회지』, 12(5): 414-422.
유세경 · 이석 · 정지인(2012), 중국 일간지의 "한류" 보도에 나타난 프레임 분석: 2001~2010년 기간에 보도된 기사 분석을 중심으로, 『한국언론정보학보』, 57: 202-226.
이수안(2012), 유럽의 한류를 통해 본 문화혼종화: K-Pop 열풍을 중심으로, 『한독사회과학논총』, 22(1): 117-146.
이장우(2013), 『창조경제에서의 경영전략』, 법문사.
______(2007), 한류 드라마 콘텐츠의 국제경쟁력과 해외진출 전략, 『경영학연구』, 36(6): 1419-1447.
한국수출입은행(2012), 한류수출 파급효과 분석 및 금융지원 방안, 『중점연구』 2012-1.
한국저작권위원회(2012), 『주요 한류국가 한국 저작물 유통 및 이용실태 조사』.
한국창조산업연구소(2010), 『한중일 문화산업교류 확대방안 연구』, 문화체육관광부.
Berry, J. W.(1997), Immigration, Acculturation, and Adaptation, The American Society of Missiology, *Applied Psychology: An International Review*, 46: 5-68.
Financial Times, Feb-08-2002, "Seoul music strives for a global audience", 12.
Gerbner, G.(1998), Cultivation analysis: An overview, *Mass Communication & Society*, I(3/4), 175-195.
Hitt, M. A.(2001), Ireland, R. D., & Hoskisson, R. E., *Strategic management: competitiveness and globalization*, Cincinnati, Thompson Learning.
Hofstede G.(1984), *Culture's consequences: international differences in work-related values*, Newbury Park, CA: Sage Publications.
Pieters, J. N.(2004), *Globalization and Culture: Global Melange*, Oxford: Rowan & Littlefield Publishes INC, 67-68.

Straubhaara, J. D.(1991), Cultural Diversity; Beyond media imperialism: Assymetrical interdependence and cultural proximity, *Critical Studies in Mass Communication*, 8(1): 39-59.

MBC 대장금 홈페이지(http://www.imbc.com/broad/tv/drama/daejanggum/concept/index.html)

[ABSTRACT]

A Study on Research Field of Korean Wave

Ko, Jeong Min*

This paper describes a variety of disciplines and fields that can be studied about Korean Wave. The research field of Korean Wave is classified into several fields such as internationalization, marketing and competitive advantages theory for business administration, the direct economic effects and indirect economic effects for industrial economics, content analysis and historical perspective for humanities, fandom phenomena and cultural assimilation for social psychology, finally cultural acceptance and cultural exchanges for culture. This study inferred that more research about area of social-psychological and cultural analysis should be conducted and cultural and biological research, technological approach about Korean Wave are needed in the future.

Key words Korean Wave, business, social psychology, industrial economics, humanities

---

* Professor, Arts MBA in Hongik University

우리나라 한류연구의 경향 분석*

임학순** · 채경진***

【국문초록】

2000년대 초반부터 시작된 우리나라의 한류열풍은 10여년이 흐른 지금 한류가 주요 연구분야로 논의될 만큼 양적으로도 성장했을 뿐만 아니라 질적으로도 성숙해가고 있다. 본 연구에서는 한류연구가 시작된 2002년부터 가장 최근인 2013년까지 한류연구의 경향을 살펴보는 것을 목적으로 한다. 이를 위해 우리나라의 주요 전문학술지에 게재된 526편의 한류관련 논문을 대상으로 학문분야, 연구주제, 연구대상 국가, 연구형태 등 총 네 가지 기준을 중심으로 시기별 분석을 실시하였다. 분석결과 한류연구는 비교적 늦게 생겨난 학문임에도 불구하고 짧은 기간 동안 양적인 성장과 더불어 학문분야, 연구주제, 연구대상 국가에 있어서도 다양화되는 경향을 보였다. 또한 최근 들어 공동연구 및 학제 간 연구가 증가하고 있는 것은 한류연구가 가진 복합성을 고려할 때 긍정적인 것으로 평가된다. 하지만 한류연구는 외연적 확대에 비해, 연구주제에 있어 새로운 시각 및 이슈 발굴이 미흡하며, 한류연구 대상국가에 있어서도 중국 및 일본에 편중된 것으로 나타났다. 이와 더불어 한류소비자의 특성에 대한 종합적인 접근, 한류를 기업 경영전략 차원에서

---

* 본 연구는 저자들이 가톨릭대학교 한류대학원 한류지식센터(2014), 『한류연구 동향 및 연구 디렉토리』 자료집에 발표한 내용을 보완하여 학술논문 형태로 작성한 것임. 본 연구에서 사용된 통계는 가톨릭대학교 한류대학원 한류지식센터(2014)의 원천자료를 추가적으로 확대하여 분석한 결과임.

** 가톨릭대학교 한류대학원 한류지식센터장, 미디어기술콘텐츠학과 교수

*** 가톨릭대학교 문화비즈니스연구소 연구위원

접근, 한류현상의 전문적 연구 기관 및 인력의 부족현상을 한계로서 지적하였다. 마지막으로 본 연구에서는 향후과제로서 한류 현지의 문화코드와 한류트렌드에 대한 지속적인 조사 연구의 필요성과 더불어 한류 활용 비즈니스 모델과 전략개발을 위한 연구의 필요성을 제시하였다.

주제어 한류, 한국학, 콘텐츠산업, 대중문화, 메타분석

I. 들어가며

한국의 대중문화를 바탕으로 형성된 한류현상은 학문적인 차원에서도 중요한 연구대상으로 고려되어 왔다. 한류의 초기 형성단계에서는 주로 한류현상의 발생요인에 관한 논의가 이루어졌다. 이와 함께 문화의 국제화 맥락에서 한류현상이 갖는 의미와 성격에 관한 논의도 중요하게 다루어졌다. 이 과정에서 문화근접성 이론과 문화혼종성 이론 등이 한류연구의 이론적 준거로 고려되었다. 한류현상이 일시적 유행에서 머물지 않고 지속적으로 확산되면서 한류연구 또한 다양한 학문분야에서 이루어지기 시작하였다. 2000년대 초반부터 인문학, 사회과학 등 다양한 분야에 걸쳐 한류연구가 급속도로 증가함으로써 독립된 학문영역으로서의 한류에 대한 관심이 점점 더 커지고 있는 추세이다.

한편 한류의 지리적 권역이 확대되고, 한류현상이 지속되면서 한류현상에 대한 인식 또한 문화적 측면에서 경제적 측면으로 확대되었다. 이와 함께 한류의 가치와 파급효과에 관한 논의가 대두되었으며[1] 한류소비자에 대한 조사 연구 또한 늘어났다. 더불어 한류를 자원으로 활용하는 방안에 관한 논의도 제기되었다.

이와 같이 한류에 관한 학문적 연구가 늘어나고 있지만, 지금까지 한류연구를 거시적 관점에서 체계적으로 정리한 연구는 손승혜(2009)의 연구를 제외하면 찾아보기 어렵다. 손승혜(2009)는 한류관련 학술논문 250편을 대상으로 메타분석을 실시하였으며, 전문가 인터뷰와 함께 연구분야, 연구방법, 연구지역에 대해 통계적으로 접근하였다. 이들 통

1) 그 동안 한류의 경제적 효과에 관한 연구는 주로 한류의 수출 및 경제에 대한 파급효과 분석을 중심으로 이루어져 왔다. 이러한 연구로는 산업정책연구원(2005), 무역협회(2005), 남수중(2011), 한국수출입은행(2012), 최문성(2012), 대한상공회의소(2012) 등을 들 수 있다

해 그동안의 한류연구는 경제성 측면과 단기적 활용 방안 중심의 연구가 주를 이루어왔음을 밝혀냈고, 연구방법이나 대상지역의 편중 문제 등을 한계점으로 지적하였다. 다만 손승혜(2009)의 연구는 2008년까지의 기간에 한정하고 있으므로 이 후의 연구 경향을 살펴보기에는 한계가 나타난다.

따라서 본 연구는 한류의 태동기인 2000년대 초반부터 가장 최근까지인 2013년 12월까지의 우리나라 한류연구의 경향을 살펴보는 것을 목적으로 한다. 이를 위해 국내의 전문학술지에 게재된 한류관련 학술논문을 대상으로 학문분야, 연구주제, 연구대상 국가, 연구형태를 중심으로 분석을 실시하고자 한다.

II. 분석대상 및 기준

본 연구는 한류연구 경향을 살펴보기 위해 분석대상을 전문학술지로 한정하였다. 분석에 사용된 한류관련 학술논문은 한국연구재단의 한국학술지인용색인 홈페이지[2]에서 목록을 수집하였으며, 총526편 중 등재지 373편(70.9%), 등재후보지 142편(27%), 미등재지 11편(2.1%)으로 구성되어 있다. 연구자 소속은 대학이 475편(93%)으로 가장 많았고, 연구원 16편(3%), 공공기관 12편(2.3%), 현장 종사자 9편(1.7%)으로 나타났다.

2) http://www.kci.go.kr, 검색일자: 2014. 01. 17.

〈표 1〉 학술논문 현황

구분		계	
		빈도	%
등급	등재지	373	70.9
	등재후보지	142	27.0
	미등재	11	2.1
연구자 소속	대학	489	93.0
	연구원	16	3.0
	공공기관	12	2.3
	현장 종사자	9	1.7

주: 연구자 소속은 첫 번째 저자를 기준으로 산정하였다.

또한 이들 연구를 대상으로 학문분야, 연구주제, 연구대상 국가, 연구형태, 연구의 영향력 등 총 다섯 가지 기준에서 연구경향을 분석하였다. 우선, 학문분야는 인문학, 사회과학, 예술체육, 교육학, 공학, 생활과학, 학제간 연구로 기준을 설정하고 시기별 경향을 살펴보았다.

이 연구에서는, 연구주제를 한류현상, 한류콘텐츠, 한류기업, 한류소비자, 한류관광, 한국문화교육, 문화교류로 분류하고 시기별 경향을 살펴보았다. 우선 한류현상에 관한 연구는 타국가 안에서의 한국문화에 대한 붐이 일어난 현상을 연구한 논문이 해당되며, 한류콘텐츠에 관한 연구는 K-drama, K-pop 등 콘텐츠 자체에 대한 사례분석을 실시한 논문이 해당된다. 한류기업에 관한 연구는 한류를 이끈 기업과 더불어 한류로 인해 수혜를 입은 기업, 한류를 전략적으로 접근하고 있는 기업 등에 대한 연구가 포함된다. 한류소비자에 관한 연구는 한류상품 자체에 대한 소비와 한류로 인한 한국제품소비 모두를 포괄하여 소비자를 대상으로 분석한 연구가 포함된다. 이밖에 한류관광, 한국문화교육, 문화교류는 한류의 결과를 통해 나타난 영향과 활용에 대한 연구들로 구성된다.

〈표 2〉 분석기준

분석 기준	내용
1. 학문분야	① 인문학, ② 사회과학, ③ 예술체육, ④ 교육학, ⑤ 공학, ⑥ 생활과학, ⑦ 학제간 연구
2. 연구주제	① 한류현상, ② 한류콘텐츠, ③ 한류기업, ④ 한류소비자, ⑤ 한류관광, ⑥ 한국문화교육, ⑦ 문화교류
3. 연구대상 국가	① 아시아 (중국, 일본, 대만, 베트남, 태국, 북한, 몽골, 기타, 전방), ② 유럽, ③ 북중미, ④ 남미, ⑤ 아프리카
4. 연구형태	① 단독연구 ② 공동연구

연구대상 국가는 아시아, 유럽, 북중미, 남미, 아프리카로 설정하되, 아시아의 경우 좀 더 세분화하여 주요 국가별로 분류하였고, 마지막으로 연구형태는 단독연구 및 공동연구의 비중을 시기별로 살펴보았다.

III. 한류연구의 경향

첫째, 526편의 한류논문에 대한 학문분야를 살펴보면, 사회과학 분야가 265편(50.4%)으로 과반을 차지하였고, 인문학이 157편(29.8%), 학제 간 연구가 37편(7%), 예술체육이 35편(6.7%), 교육학이 12편(2.3%), 생활과학이 11편(2.1%), 공학이 9편(1.7%)으로 나타났다.[3)]

초기에 인문학, 사회과학으로 대표되던 한류연구는 최근으로 올수록 여러 분야로 확장되고 있음을 알 수 있다. 특히 2013년에는 사회과학의 편수가 전년대비 20편이 증가하였고, 예술체육 분야도 5편에서 10편

3) 한류연구 논문이 게재되는 주요 학술지로는 '한국콘텐츠학회 논문지', '국제지역연구', '인문콘텐츠', 'Comparative Korean Studies', '관광학 연구', '문화산업 연구', 'e-비즈니스연구', '관광연구', '관광연구저널', '일본문화연구' 등을 들 수 있다.

〈표 3〉 시기별 학문 분야[4)]

		계	인문학	사회 과학	예술 체육	교육학	공학	생활 과학	학제 간 연구
2002		7	4	3					
2003		5	2	2		1			
2004		9	3	4				2	
2005		21	7	10	1	1	2		
2006		44	14	25	1	1		1	2
2007		77	20	42	6	5	1	1	2
2008		41	14	19	4	1			3
2009		50	19	23	3		1	2	2
2010		36	8	23	2		1	1	1
2011		51	16	28	3				4
2012		74	25	33	5			2	9
2013		111	25	53	10	3	4	2	14
계	빈도	415	132	212	25	9	5	9	23
	%	100	29.8	50.4	6.7	2.3	1.7	2.1	7.0

으로 2배 증가한 것이 주목할 만하다. 또한 교육학, 공학 등 아직까지 비중은 작지만 여러 분야로 한류연구가 확장되고 있는 점은 긍정적으로 평가된다. 또한 2006년 2편에 불과하던 학제 간 연구는 2013년 현재 14편으로 7배가량 증가한 것이 특징이며, 이러한 학문적 패러다임의 변화는 한류연구가 가진 복합적, 실용적 성격에 견주어 볼 때 향후에도 학제 간 연구는 점차 증가할 것으로 전망된다.

둘째, 연구주제를 살펴보면, 한류현상이 225편(42.8%)으로 가장 많았고, 한류콘텐츠가 135편(25.7%), 한류관광이 62편(11.8%), 한류소비자가 38편(7.2%), 한류기업이 23편(4.4%), 문화교류가 22편(4.2%), 한

4) 학제 간 연구는 한국연구재단 한국학술지인용색인 홈페이지(http://www.kci.go.kr)에서 학제 간 연구로 분류된 논문들이 해당된다.

국문화교육이 21편(4%)으로 나타났다.

〈표 4〉를 통해 한류연구는 한류현상, 한류콘텐츠를 중심축으로 시기가 지날수록 한류관광, 한류소비자, 한류기업 등의 주제가 새롭게 부각되는 추세임을 알 수 있다. 특히 한류 기업, 한류 소비자에 대한 연구는 최근 들어 꾸준하게 유지되는 추세를 보이고 있고, 한류 관광에 대한 연구 역시 기복은 있지만 최근 2년간 10편 이상씩 게재되고 있음을 알 수 있다.

또한 2007년부터 한류에 반대하는 목소리가 일본을 중심으로 나타나면서 혐한류, 반한류의 원인을 진단하는 연구가 나타나기 시작하였다. 이와 함께 한국문화에 대한 호기심이 여러 대륙으로 확장되면서 한

〈표 4〉 시기별 연구 주제

		한류 현상	한류 콘텐츠	한류 기업	한류 소비자	한류 관광	한국 문화교육	문화 교류
2002		4	2					1
2003		4						1
2004		5	2			1		1
2005		11	4		2	3		1
2006		22	9	2	5	4	2	
2007		37	17	1	5	10	3	4
2008		16	10	2	4	5	3	1
2009		18	13	2	4	6	2	5
2010		12	11	3	3	6		1
2011		21	15	4	4	5	2	
2012		28	19	4	4	12	2	5
2013		47	33	5	7	10	7	2
계	빈도	225	135	23	38	62	21	22
	%	42.8	25.7	4.4	7.2	11.8	4.0	4.2

국문화교육 및 문화교류에 대한 연구도 최근 들어 지속화되고 있는 것으로 파악된다.

셋째, 한류의 연구대상 국가를 살펴보면, 중국이 132편(38.4%), 일본이 94편(27.3%)으로 이 두 나라 대상 연구가 전체 중 과반을 차지했다. 구체적으로 살펴보면, 초창기 중국에 한정되었던 연구가 2005년에 일본, 2006년에 들어서면서 몽골, 이집트, 싱가포르 등으로 다양화되었

〈표 5〉 시기별 중점 연구대상 국가

구분		아시아									유럽	북미	남미	아프리카
		중국	일본	대만	베트남	태국	북한	몽골	기타	전반				
2002		3								2				
2003		6												
2004		5												
2005		7	4							1				
2006		9	14					2	1	5				1
2007		15	15		1	1			1	7	2			
2008		10	8	1	2	1			1	4		1		
2009		15	12			2			2	7	3		1	
2010		10	7	1	2	1			1	1	1		2	
2011		17	13	1	1	1	2				2	2	1	
2012		17	10	1	3				3	4	5	1	1	
2013		18	11	1	1	3	2	2	6	6	8	3		
계	빈도	132	94	5	10	9	4	4	15	37	21	7	5	1
	%	38.4	27.3	1.5	2.9	2.6	1.2	1.2	4.4	10.8	6.1	2.0	1.5	0.3

주: 연구성격에 따라 중복 집계가 가능하며, 표기되지 않은 주요 국가(빈도)는 다음과 같다.
기타는 인도네시아(3), 우즈베키스탄(1), 말레이시아(2), 싱가포르(3), 필리핀(2),홍콩(4)
유럽은 독일(3),러시아(4), 불가리아(1), 우크라이나(1), 영국(1), 프랑스(7),폴란드(1), 터키(1)
북미는 미국(5), 캐나다(1)
남미는 브라질(1), 칠레(1)
아프리카는 이집트(1)

고, 2007년에는 베트남, 태국, 그리고 유럽까지 연구범위가 확대되었음을 알 수 있다.

다만 연구대상 지역을 아시아 지역으로 한정할 경우 해당 연구 중 90.3%를 차지하는 것을 알 수 있는데 이는 학문적 접근이 어려운 나라가 적지 않아 생기는 문제로 해석된다. 특히 현재 한류 붐이 확산된 국가가 대륙별로 고르게 분포되어 있는 것과는 반대로 이러한 학문적 편중 현상이 완화되고 있지 않은 점이 이러한 설명을 뒷받침해준다. 하지만 한류초기의 연구에 비해 점차 유럽, 북미, 남미 등의 연구가 증가하고 있는 것을 살펴볼 때 시간이 지날수록 이러한 문제점은 조금씩 완화될 것으로 전망된다.

넷째, 한류 논문의 연구 형태를 살펴보면, 2008년도까지는 공동연구

〈표 6〉 연구 형태

		단독연구		공동연구	
		빈도	%	빈도	%
2002		5	71.4	2	28.6
2003		5	100		
2004		6	66.7	3	33.3
2005		15	71.4	6	28.6
2006		31	70.5	13	29.5
2007		56	72.7	21	27.3
2008		29	70.7	12	29.3
2009		32	64	18	36
2010		15	41.7	21	58.3
2011		27	52.9	24	47.1
2012		42	56.8	32	43.2
2013		63	56.8	48	43.2
계	빈도	326		200	
	%	62		38	

에 비해 단독연구의 비중이 2배 이상 많았지만, 2009년을 기점으로 2010년에는 공동연구(58.3%)가 단독연구(41.7%)보다 많아지는 결과를 보였다. 또한 공동연구는 2008년부터 꾸준히 증가추세에 있으며, 2011년부터는 단독연구가 공동연구보다 조금 우세한 형태로 지금까지 유지되고 있음을 알 수 있다. 이러한 공동연구의 증가는 한류연구가 실증조사를 바탕으로 한 실용적 학문으로서 성격이 강하여 연구자의 전문분야에 의한 학문적 분업에 기인하기 때문인 것으로 보인다.

IV. 논의 및 과제

한류현상에 관한 학문적 접근은 앞에서 분석한 바와 같이 다양한 학문 분야에서 지속적으로 이루어지고 있으며, 한류에 대한 공동연구와 학제간 연구 또한 증가하고 있는 추세이다. 이러한 한류연구는 한류현상의 의미와 특성을 규명하는데 기여할 뿐 아니라 한류자원을 활용하는 전략을 개발하는 차원에서도 의미가 있다고 할 수 있다. 이와 같이 그동안 한류연구는 양적으로는 확대되어 왔으나, 한류현상을 지속적으로 조사, 연구하는 학문 공동체와 기관 또한 아직은 취약한 실정이다. 그리고 한류연구를 지속적으로 수행하는 전문 인력 또한 아직은 취약한 실정이다.

본 연구의 분석 결과에 따르면, 우리나라에서 한류 연구주제는 점차 다양화되고 있지만, 새로운 시각 및 이슈 발굴이 활발하게 이루어지지는 못하고 있는 것으로 나타났다. 한류콘텐츠에 관한 연구는 한류드라마와 K-Pop에 치중되어 있으며, 만화, 애니메이션, 다큐멘터리, 영화, 캐릭터 등에 대한 연구는 취약하다. 또한 한류콘텐츠에 관한 연구는 한류콘텐츠 전반에 관한 분석에 치중하고 있으며, 한류콘텐츠 개별 사례에 관한 심층 분석은 미흡한 실정이다. 한류기업의 콘텐츠비즈니스 전략에 관한 연구 또한 매우 미흡한 실정이다. 한류의 지속, 확산 과정에서 중요한 요인으로 제시되고 있는 미디어에 관한 연구 또한 중요하게 다루어지지 못하고 있다.

한류 소비자에 관한 연구의 경우, 한류 체험이 한국 상품 구입에 미치는 영향에 치중되어 있으며, 한류소비자의 특성에 대한 종합적인 분석은 매우 미흡한 실정이다. 한류소비자의 특성과 행태에 영향을 미치는 한류지역의 사회문화적, 정치경제적 맥락에 관한 연구가 충분하게 이루어지지 못하고 있다. 또한 한류소비자들의 인구학적 특성에 따른 비교 연구가 다양하게 이루어지지 못하고 있다. 이에 따라 한류지역의 소비자 트렌드 및 문화코드 분석이 체계적으로 이루어지지 못하고 있으며, 한류소비자 연구 결과가 한류비즈니스의 준거자료로 활용되지 못하고 있다고 볼 수 있다.

한류 권역에 대한 사례 연구 또한 중국 및 일본지역에 편중되어 있다. 한류권역이 아시아를 넘어 유럽, 북미, 남미, 아프리카 등으로 확산되고 있지만, 한류연구는 아직 중국 및 일본 지역에 머무르고 있는 실정이다. 그 결과, 한류에 관한 국가별, 지역별 비교연구 또한 매우 취약한 실정이다.[5] 앞으로 한류연구에서는 다양한 개별 국가에 대한 사례 연구

---

5) 비교연구에 관한 최근의 연구로는 한국콘텐츠진흥원(2012)와 송정은 외(2013)의 연구를 들 수 있다. 한국콘텐츠진흥원(2012)은 『국가별 한류콘텐츠 수출동향과 한국상품 소비 인식 분석: 중국, 일본, 태국, 베트남 사례 비교』 보고서에서 나라에 따라 한류 관련 태도에 차이가 나타나고 있다고 지적한 바 있다. 이 보고서에 따르면, 베트남이 한류 체험이후 한국 관련 태도의 변화에 가장 긍정적으로 나타난 것으로 분석되었으며, 베트남 소비자는 한국방문, 화장품, 의류, 한식 소비에 보다 많은 관심을 가지고 있는 것으로 나타났다. 이에 비해 일본은 태도변화는 낮게 나타났으나, 한국방문과 화장품, 의류, 한식 소비에는 상대적으로 높은 관심을 보였다, 중국과 태국 역시 한국 방문과 화장품, 한식 등에 대한 관심이 높은 것

와 비교 연구가 활발하게 이루어질 필요가 있다. 그리고 이러한 사례연구는 현지의 사회문화적, 정치경제적 맥락에 대한 분석을 포괄할 필요가 있다.

또한 한류연구에서는 한류를 경제적 파급효과를 창출하는 자원으로 인식하고 있지만, 아직 한류를 기업 경영전략 차원에서 어떻게 접근하고, 활용해야 하는지에 대해서는 논의가 매우 미흡한 실정이다. 그리고 문화한류와 경제 한류의 연계성에 대한 논의가 이루어지고 있지만, 실증적인 연구는 아직 미흡하다. 송정은 외(2013)는 '동남아지역의 경제한류: 베트남, 태국, 인도네이사를 중심으로'라는 논문에서 한류를 문화한류와 경제한류로 구분하여 정의하고 있다. 이 연구에서는 전통적인 한류, 즉 드라마, K-Pop, 영화 등의 대중문화를 '문화한류'로 칭하고, 3개국에서 시장 점유율 수위를 다투는 전자산업 및 휴대폰 산업 등을 통해 한국의 이미지가 높아지는 현상을 '경제한류'로 정의하고 있다. 장원호 외(2013)는 '문화한류와 경제한류의 관계 분석: 태국의 사례를 통한 시론적 연구'에서 문화한류가 경제한류의 요인으로 작용하고 있다고 분석하고 있다.[6] 그리고 KOTRA(2011b)는 비즈니스한류라는 용어를 사용하여 경제한류와 문화한류가 밀접하게 연관되어 있다고 진단하고, 비즈니스 한류를 '한국제품이 현지 소비자들을 대상으로 해당 시장에서 높은 판매율을 기록하는 등 한국상품의 인기가 높아진 현상'으로 정의하

으로 나타났다. 송정은 외(2013)는 동남아 지역의 경제한류를 베트남, 태국, 인도네시아 사례를 초점토론조사(Focus Group Discussion)를 통해 비교하여 분석하고 있는데, 개별 국가의 한류소비자들을 대상으로 한국에 대한 인식, 한류에 대한 인식, 한국기업 및 한국 제품 브랜드, 한국제품 구매 품목, 한류의 영향력 등을 비교 분석하고 있다.

6) 국가브랜드위원회 외(2011)는 경제한류를 '한국의 경제성장을 통해 국제사회에서 한국의 이미지를 제고하고, 한국을 배우자는 붐'으로 정의하고 있다. 그리고 Kotra(2011a)는 문화한류에서 경제한류로의 도약을 위해 한류를 적극적으로 활용할 필요가 있다고 지적하고 있다.

며, 비즈니스 한류의 배경을 한류에 대한 열광적인 반응이 '한국상품 구매로 이어져 한국제품 소비가 유행이 된 현상'으로 해석하고 있다. 앞으로 문화한류와 경제한류, 비즈니스 한류의 시너지 창출 방안에 관한 연구가 필요하다.

한류가 한국기업의 제품에 미치는 영향에 대해서는 제품에 따라 다를 수 있는데, 주로 패션상품, 관광상품, 화장품 등에 치중되어 있다. 홍지산 외(2011)의 연구에서는 한류의 수출 확대효과가 화장품, 가공식품, 의류 순으로 선호도가 높게 나타났다고 밝힘으로써 한류의 수출효과가 상품에 따라 차이가 있을 수 있다는 점을 시사하고 있다. 또한 한류의 경제적 효과는 지역에 따라 다를 수 있다. 남수중(2011)의 연구에 따르면, 한국의 소비재수출과 문화상품 수출의 상관관계가 중국지역에서는 높게 나타났지만, 일본지역에서는 낮게 나타났다. 그러나 한류의 파급효과가 제품과 지역에 따라 차이가 발생하는 요인에 관한 연구는 매우 취약한 실정이다.

이와 같이 한류연구는 양적인 확장에도 불구하고, 한류현장과 연관된 다양한 요인들에 대한 심층 분석은 취약하다고 볼 수 있다. 그리고 한류를 창조적으로 활용하여 새로운 부가가치를 창출하기 위한 전략 개발 연구 또한 미흡하다고 볼 수 있다. 앞으로 한류연구는 한류현상에 대한 과학적 설명뿐 아니라 한류자원의 활용을 통한 새로운 가치 창조 전략을 개발하는 차원으로 확대되어야한다. 이를 위해서는 한류 현지의 문화코드와 한류트렌드에 대한 지속적인 조사 연구가 필요하다. 이러한 문화코드 및 트렌드 조사결과는 기업의 한류활용 전략 개발 연구의 중요한 지표로 활용될 수 있기 때문이다.

또한 한류 활용 비즈니스 모델과 전략을 개발하기 위한 연구가 활발하게 이루어질 필요가 있다. 이를 위해서는 문화마케팅, 문화경영,

Cross Cultural Management, 스토리텔링 등 문화전략 분야의 연구 뿐 아니라 관광, IT, 미디어, 한식, 패션, 교육, 화장품 등 다양한 분야와의 융복합 연구가 활발하게 이루어질 필요가 있다.

참고문헌

국가브랜드위원회 · KOTRA · 산업정책연구원(2011), 『문화교류를 통한 전략적 국가브랜드맵작성』.

남수중(2011), 문화상품의 수출효과 분석 - 한국의 대중, 대일 수출 비교를 중심으로, 『동북아경제연구』, 23(1): 1-32.

대한상공회의소(2012), 『한류의 경제효과와 우리기업의 활용실태』.

산업정책연구원(2005), 『한류의 통합적 경제 효과 분석』, 아시아문화산업교류재단.

손승혜(2009), 학술 논문의 메타분석을 통해본 한류 10년: 연구 경향과 그 정책적 함의에 대한 탐색적 연구, 『언론과 사회』, 17(4): 122-153.

송정은 · 김익기 · 장원호(2013), 동남아지역의 경제한류: 베트남, 태국, 인도네시아를 중심으로, 『지역사회학』, 15(1): 57-90.

장원호 · 김익기 · 조금주(2013), "문화한류"와 "경제한류"의 관계 분석 : 태국의 사례를 통한 시론적 연구, 『한국경제지리학회지』, 16(2): 182-197.

최문성(2012), 한류가 우리나라 수출에 미치는 효과, 『통상정보연구』, 14(1): 67-86.

KOTRA 지식서비스사업팀(2011a), 『문화한류에서 경제 한류로서의 도약을 위한 글로벌 한류동향 및 활용전략』.

______(2011b), 『동남아 비즈니스 한류현황과 활용전략』.

한국무역협회(2005), 『한류의 경제적 효과 분석』.

한국연구재단 한국학술지인용색인 홈페이지, http://www.kci.go.kr.

한국수출입은행(2012), 『한류수출 파급효과 분석 및 금융지원 방안』.

홍지산 · 박진우 · 제현장 · 최용민(2011), 한류를 보면 수출이 보인다: 한류를 활용한 수출 상품마케팅 4P 전략을 중심으로, 『Trade Focus』, 한국무역협회.

한국콘텐츠진흥원(2012), 『국가별 한류콘텐츠 수출동향과 한국상품 소비 인식 분석: 중국, 일본, 태국, 베트남 사례 비교』.

[ABSTRACT]

Analyzing the Trends in the Academic Studies on the Korean Wave

Yim, Haksoon* · Chae, K. Jin**

This article is concerned with the academic studies on the Korean Wave phenomenon since the end of the 1990's. 526 articles from 2002 to 2013 were identified as being related to the topic of Korean Wave studies. This article categorized these academic studies in terms of the academia area, research topic, related country, and research types. As a result, the Korean Wave studies has been dramatically increased. The Korean Wave phenomenon has been considered as an important research topic in the various academic communities. The interdisciplinary studies on the Korean Wave have been expanded. This article concludes that the identity of the Korean Wave studies should be established in the future. In addition, this article suggested the comparative studies on the Korean Wave in terms of the characteristics of the Korean Wave consumer and socio-cultural context of the related countries.

Key words Korean Wave, Hallyu, Korean Studies, Contents Industries, Popular Culture, meta analysis

---

* Professor, School of Digital Media, The Catholic University of Korea

** Senior Researcher, Research Institute for Cultural Business, The Catholic University of Korea

한류 소비자 관련 연구에 대한 메타분석

- 2002~2013년까지 국내 학술지에 게재된 논문을 중심으로 -

박성현*

【국문초록】

본 연구는 한류 소비자를 대상으로 한 연구지형과 추이를 파악하고자 메타연구를 진행하였다. 이를 위해 한류소비자에 대한 첫 연구가 개시된 2002년부터 현재까지 한류 소비자 연구가 어떠한 국가와 세대를 대상으로 연구가 진행되었는지를 조사하였다. 연구결과 한류 소비자 연구는 초기부터 현재까지 주로 중국과 일본 소비자를 대상으로 진행되고 있으며 소수이긴 하나 한류의 성장과 함께 다국가를 대상으로 한 연구가 진행되는 양상을 나타내고 있다. 아울러 한류 소비자 연구에서 다루고 있는 세대를 분석한 결과 주로 전 세대를 아우르는 연구가(10-60대까지) 주를 이루고 있었다. 한류 소비자를 대상으로 시행된 연구는 주로 신문방송학과, 관광학, 경영경제 분야에서 접근하는 연구가 주를 이루었다. 즉 문화콘텐츠 소비의 현황과 문화콘텐츠 발전을 위한 분석, 그리고 이를 파생하여 함께 성장할 수 있는 관광과 경영 분야에서 꾸준히 연구됨을 알 수 있었다. 이런 연구결과에 비춰 향후 한류소비자 연구는 업계와 정책 분야에 도움이 될 수 있도록 선도적 차원에서 한류성숙시장인 아시아를 넘어 한류신흥시장에 대한 소비자 정보를 분석하는 연구가 시행되어야 할 것이다. 또한 전체 세대를 대상으로 포괄적인 결론을 내기보다 각 세대가 선호하는 한류콘텐츠 장르와 인기의 요인이 다를 것이기 때문에 세대별 심층적 연구를 통해 현재 이들이 소비하는 한류가 가진 소비적 가치나 사회적 가치를 분석해 볼 필요가 있다. 마지막으로 한류 소비자를 대상

* 한국문화산업교류재단 조사연구 팀장

으로 한 연구가 산업적 측면에서 접근하여 다양한 방면으로 성장하는 한류 지속가능성을 모색하는 것도 유익한 연구이나 각 국가 간의 문화 교류, 상호이해의 한 방법으로써 한류에 대한 연구가 광범위하게 진행되어야 할 것이다.

주제어 한류, 한류 소비자, 문화산업, 문화교류, 대중문화

I. 서 론

현재 한류는 과거에 경험하지 못한 큰 변화를 맞이하고 있다. 지역적 측면에서는 아시아, 중동, 유럽지역을 넘어 문화콘텐츠 생산의 최대 강국이자 최대소비국인 미국이 자리하고 있는 미주 시장에서도 그 인기를 확장하여 가고 있다. 유통 측면에서는 글로벌 SNS 유튜브와 페이스북이 소비자들의 머릿속에 인지된 한류 콘텐츠 접촉 채널로 자리잡고 있으며 세계 각국에서 진행되고 있는 인터넷과 모바일 폰의 빠른 확산은 한류의 기회로 다가오고 있다.

한류가 시작된 1990년 말경 한류의 시작과 더불어 논의된 이야기들은 과연 한류가 존재하느냐였다면 2005년 중반 K-pop의 인기로 연이어진 한류 2.0시대에는 한류의 지속가능성에 대해 끊임없이 문제를 제기하였다. 하지만 한류는 그러한 우려를 불식시키고 장르를 다양화하며 계속적으로 성장하고 있다. 이러한 성장에 기반하여 지금은 한국문화전반에 대한 선호도로 이어지게 만들어야 한다는 이른바 한류 3.0에 대한 논의들이 활발하게 나타나기 시작하였다.

한류로 인해 정부와 지방자치단체들의 문화콘텐츠에 대한 정책적 지원이 증가하고 산업계에서도 기업들의 참여가 늘어나기 시작했으며 대학과 연구기관에서도 한류에 대해 본격적으로 학문적인 연구를 진행해오고 있다.

다양한 분야에서 한류의 새로운 발전 가능성을 모색하면서 실질적인 위상 또한 변화를 겪고 있는 것이 사실이다. 아울러 초기 한류와 다르게 현재의 소비자들이 한류를 즐겨하는 이유와 소비패턴은 다양화되고 있으며 변화되고 있다. 또한 그에 발맞춰 한류 소비자와 관련한 연구도 그 경향이 새롭게 변화하고 있을 것이라 유추할 수 있다.

이에 따라 본 연구에서는 초기 한류부터 현재 한류에 이르기까지 한류 소비자 관련 연구가 어떠한 양상으로 흐르고 또 변화하고 있는지를 메타분석을 통해 연구하기로 한다. 또한 현재 연구의 경향을 파악하여 향후 진행되어야 할 연구에 대해서도 제언하고자 한다.

메타분석은 종합적 메타분석과 분석적 메타분석으로 구분될 수 있다. 종합적 메타분석의 경우 연구의 전반적인 주제와 방법들을 분석하여 특정 연구영역의 연구방향이 어떻게 진행되고 있는지를 살펴보기에 적절한 방법이다. 반면 분석적 메타분석은 한 가지 개념이나 주제에 관해 집중적으로 분석하며 동일한 주제를 다룬 연구들을 분석 단위로 삼아 측정한 결과를 통합적으로 다시 살펴보는 연구이다. 연구의 역사가 짧고 같은 이론이나 개념이 반복적으로 사용된 경우가 적을 경우 종합적 메타분석을 사용하게 되면 연구의 전반적인 경향과 활용된 방법론 등을 파악하여 연구 분야에 대한 거시적인 판단을 하기에 유리하다(류준호 · 윤승금 · 이영주, 2000).

본 연구에서는 메타분석을 통하여 그동안 각 학문분야와 연구분야에서 진행되어 온 한류에서의 소비자 관련 연구를 전체적으로 조망해 봄으로써 신한류 환경에서의 한류 활용에 대해 체계적으로 파악하는 한편 향후 연구 방향에 대해 모색하고자 한다. 따라서 본 연구에서는 종합적 메타분석 방법을 활용할 것이다. 본 연구에서는 구체적으로 아래에 제시된 연구문제를 통하여 새로운 한류 환경에서의 소비자 관련 연구를 분석할 것이다.

II. 이론적 논의

메타분석은 분석된 논문을 총체적으로 분석하는 것으로 일정한 연구문제나 가설에 초점을 맞춰 일반화된 결론을 도출하는 연구방법이다. 이러한 연구는 특정 분야의 전체적인 연구 경향의 흐름을 확인할 수 있어 연구 성과에 대한 진단과 비판적 성찰을 하는데 적합하다 (Emmers-Sommer & Allen, 1999; Green & Hal, 1984).

한류에 관한 연구는 국제커뮤니케이션 현상의 중요한 관심분야로 부상하였다. 이는 아시아 지역에서 한국의 대중음악과 텔레비전, 영화에 대한 소비가 증대되면서 시작되었으며 현재는 아시아 지역 외에도 유럽, 미주 등 다양한 국가를 상대로 한 한류 연구가 진행되고 있다.

현재까지 진행된 한류연구 경향은 한류의 실체, 한류의 지속화, 한류의 활용, 새로운 한류의 개발 등으로 이어지고 있다. 특히 한류의 경제적인 가치 측면에서 접근하는 연구와 논의가 두드러지게 증가하고 있음을 볼 수 있다. 하지만 한류 소비자를 대상으로한 연구는 짧은 시간 안에 전개된 탓에 신속하게 현상을 해석하는데 치우쳐 유기적 관계 속에서 각각의 의미를 연결 짓는 포괄적 논의가 부족하다. 특히 신한류 환경에 있어 가장 중요한 것은 능동적인 행태를 보이는 소비자이다. 연구자의 직관적 관찰 수준에서 한류 소비자 연구는 어떤 통합적 틀이나 방법론에서 일관적인 발전을 추구하고 있지 못하고 있다.

따라서 본 연구에서는 현재 한류 소비자 연구에 대한 경향성을 살펴보고 미래지향적인 연구 방향성을 제시하는 차원에서 한류 소비자 연구에 대한 전체적인 조망 작업을 수행하고자 한다.

III. 연구문제 및 연구방법

1. 연구문제

본 연구는 한류 소비자 연구에 대한 연구경향을 파악하기 위해 시도된 것으로서 어떤 국가의 어떠한 세대들 중심으로 연구가 진행되었는지를 분석해 보고자 한다. 또한 다양한 학문 분야에서 한류를 어떻게 다뤄내고 있는지를 파악해 보고자 한다.

이에 따라 다음과 같이 연구문제를 설정하였다.

연구문제 1. 한류 소비자 연구는 어떠한 학문분야에서 이루어지고 있는가?
연구문제 2. 한류 소비자 연구는 어떠한 국가의 소비자를 분석하고 있는가?
연구문제 3. 한류 소비자는 어떠한 세대의 소비자를 분석하고 있는가?
연구문제 4. 한류 소비자 연구는 어떠한 방법론을 적용하고 있는가?

2. 자료수집

본 연구는 국내에서 진행된 한류 소비자 관련 논문을 분석대상으로 하였다. 한류 소비자 관련 논문의 기준은 한류를 직접 즐기는 혹은 한류로 인해 인식이 변화된 소비자를 대상으로 조사된 논문으로 정하였다.

분석기간은 국내에서 한류 소비자 관련 논문이 처음 게재된 2002년부터 2013년 현재까지를 대상으로 하였다. 분석대상의 추출은 국내 논문의 경우 국내 학술지 논문의 대다수를 온라인으로 검색할 수 있는 한국학술정보의 KISS(Koreanstudies Information Service System), 누리미디어의 DBpia, 한국교육학술정보원(RISS)에서의 논문검색을 통해 이루어졌다. 구체적으로 제목이나 국문초록에 본 연구주제와 관련된 '한류'라는 단어가 포함된 논문을 추출하여 분석하였다.

본 연구주제 관련 단행본, 발표집, 보고서 등 다양한 형태의 출간물이 있지만 심사위원이 있고 심사기준에 의하여 통과된 연구논문이 본 연구주제의 연구경향을 잘 반영해 주기 때문에 대상 자료는 학술지로 국한하였다. 이런 과정을 통해 최종적으로 64개 학술지 108편의 논문이 분석 대상 자료로 선정되었다.

3. 분석단위 및 분류방법

한류 소비자 연구가 어떠한 학문 분야에서 주로 이루어지고 있는지 살펴보는 것은 본 연구주제와 관련된 연구의 지평을 살펴보는 중요한 의미가 있을 것이다. 본 연구에서의 학문적 배경은 한국연구재단의 국가과학기술 표준기술체계를 기준으로 한류 소비자 연구가 다뤄진 학문적 배경, 연구대상 국가, 세대, 방법론 등을 맞게 수정 또는 구성하여 분류하였다. 구체적 분류기준은 논문이 게재된 학회지의 성격으로 정하였다.

4. 분석결과

1) 소비자 관련 한류 연구의 전반적 동향

2002년부터 2013년 11월까지 게재된 한류 소비자 연구는 총 64개 학술지 108편의 논문이었다. 본 연구에서 분석한 연구 논문 총 108편 가운데 문화콘텐츠 분야의 전문학술지인 『한국콘텐츠학회전문지』 8편(7.41%), 관광학 분야의 전문학술지 『대한관광경영학회 관광연구』 6편(5.56%), 『관광연구저널』 5편(4.63%), 『관광학연구』 5편(4.63%) 그리고 경영학 관점에서 접근한 『미디어 경제와 문화』 5편(4.63%), 『대한경영학회지』 3편(2.78%) 등의 순으로 나타났다.

〈표 1〉 한류 소비자 연구 게재 학회지 및 편수

학회지	편수	비율
한국콘텐츠학회논문지	8	7.41%
대한관광경영학회 관광연구	6	5.56%
관광연구저널	5	4.63%
관광학 연구	5	4.63%
미디어 경제와 문화	5	4.63%
대한경영학회지	3	2.78%
사회과학연구	3	2.78%
한국방송학보	3	2.78%
경상논총	2	1.85%
광고연구	2	1.85%
국제지역연구	2	1.85%
문화산업연구	2	1.85%
문화정책논총	2	1.85%
외식경영연구	2	1.85%
일본근대학연구	2	1.85%
일본문화학보	2	1.85%
청소년학연구	2	1.85%

(계속)

학회지	편수	비율
커뮤니케이션학 연구	2	1.85%
한국언론정보학보	2	1.85%
한국언론학보	2	1.85%
한국조리학회지	2	1.85%
호텔경영학연구	2	1.85%
ComparativeKoreanStudies	1	0.93%
e-비지니스연구	1	0.93%
ITBI리뷰	1	0.93%
경영연구	1	0.93%
경영학연구	1	0.93%
경주연구	1	0.93%
관광경영연구	1	0.93%
관광연구	1	0.93%
관세학회지	1	0.93%
교육사회학연구	1	0.93%
국제경영리뷰	1	0.93%
국제경영연구	1	0.93%
마케팅연구	1	0.93%
문학과 영상	1	0.93%
문화관광연구	1	0.93%
방송통신연구	1	0.93%
상품학연구	1	0.93%
소비문화연구	1	0.93%
소비자학연구	1	0.93%
언론학연구	1	0.93%
예술경영연구	1	0.93%
이중언어학	1	0.93%
인문사회과학연구	1	0.93%
일어일문학	1	0.93%
일어일문학연구	1	0.93%
중국연구	1	0.93%
중국학연구회	1	0.93%

(계속)

학회지	편수	비율
중남미연구	1	0.93%
중등교육연구	1	0.93%
평화학연구	1	0.93%
한국광고홍보학보	1	0.93%
한국도시설계학회지	1	0.93%
한국복식학회지	1	0.93%
한국사진지리학회지	1	0.93%
한국사회과학연구	1	0.93%
한국소비자광고심리학회지	1	0.93%
한국식생활문화학회지	1	0.93%
한국의류학회지	1	0.93%
한국인체예술학회지	1	0.93%
한국항공경영학회지	1	0.93%
한성어문학	1	0.93%
현대중국연구	1	0.93%
합계	108	100.00%

본 연구 기준에 따른 한류 연구 분야에서 소비자를 대상으로 하는 연구논문은 2002년도에 처음 게재된 것으로 나타났다. 당시 중국 북경 외국어대학에 있던 이은숙(2002)이 "중국에서의 한류 열풍 고찰"이란 제목으로 『문학과 영상』에 게재한 논문이 최초의 광고에서의 소비자 연구 논문인 것으로 분석되었다. 이후 조혜영(2003)이 "한국 체류 중국 유학생들의 한류와 한국 이미지 인식에 관한 연구" 의 제목으로 『교육사회학연구』에 논문을 게재하였다. 초기 한류 소비자 연구는 중국에서의 한류 현황에 대해 초점을 맞추고 있는 것으로 나타났다.

게재편수를 바탕으로 연구의 전반적인 현황을 요약해보면, 2008년에서 2013년까지 총 82편의 연구가 등장하면서 관심분야로써 본격적으로 성장하였다고 볼 수 있다. 더욱이 2012년도와 2013년도에 가장 많은 논문이 게재되면서 이 분야의 연구는 계속해서 활발히 진행될 것으로 예상된다.

〈표 2〉 한류 소비자 관련 논문 게재수 및 비율

년도	게재수	비율
2002년	1	0.93%
2003년	5	4.63%
2004년	2	1.85%
2005년	5	4.63%
2006년	10	9.26%
2007년	3	2.78%
2008년	11	10.19%
2009년	13	12.04%
2010년	12	11.11%
2011년	12	11.11%
2012년	17	15.74%
2013년	17	15.74%
합계	108	100.00%

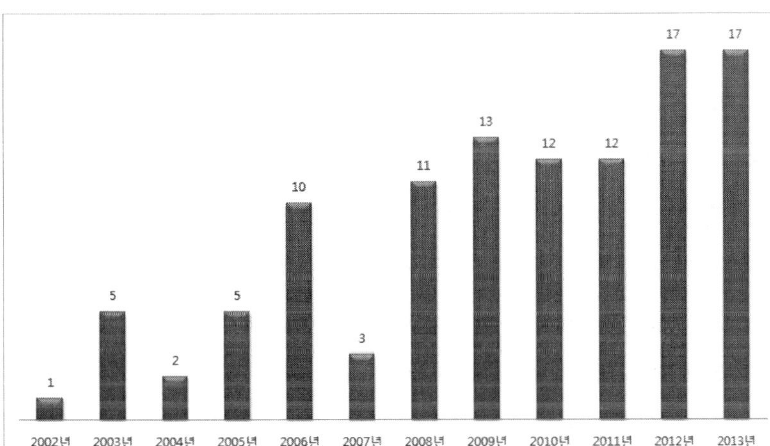

〔그림 1〕 한류 소비자 관련 논문게재추이 2002년~2013년

〈표 3〉 한류소비자 연구 외국인 공동저자 등록 현황

년도	외국인 저자가 등록된 논문편수	비율
2008년	2	13.33%
2009년	4	26.67%
2010년	1	6.67%
2011년	3	20.00%
2012년	3	20.00%
2013년	2	13.33%
합계	15	100.00%

한류 소비자 연구에서 저자 중 한국인을 제외한 또는 공동저자로서 현지인이 등록된 상황을 살펴보면 2008년 하대용과 펑펑이 저술한 "한류를 통한 한국제품특성과 소비자 의식이 소비자 구매행동에 미치는 영향에 관한 연구 - 중국대학생을 중심으로"란 논문이다. 이후 현지인과의 공동연구가 꾸준히 게재되고 있음을 알 수 있다.

2) 연구결과

(1) 연구문제 1에 대한 결과

〈연구문제 1〉에서는 한류 소비자 연구들이 어떠한 학문분야에서 이루어지고 있는지를 알아보고자 하였다.

한류 소비자 연구의 학문적 배경은 한국연구재단의 국가과학기술표준기술체계를 기준으로 분류하였다. 구체적 분류기준은 논문이 게재된 학회지로 정하였다. 분석결과 한류 소비자 관련 연구는 신문방송학 32편(29.6%), 관광학 23편(21.3%), 경영경제 18편(16.7%), 지역지리 7편(6.48%), 문화연구 6편(5.56%) 등으로 나타났다.

한류와 관련한 논문이 신문방송학 분야에서 주로 다뤄지고 있음을 알 수 있었다. 이는 드라마, K-pop, 영화 등 미디어 중심의 한류 콘텐츠가 인기를 얻고 있는 상황을 반영한다고 볼 수 있다.

다음으로는 관광학 분야에서 높은 수치를 나타내고 있다. 한류로 인해 높아진 한국에 대한 관심과 방문으로 인해 한해 1천만 관광객 시대를 열고 있는 현 시점에서 한류 관광객들의 유치 및 지속적 유입, 관광지 차별화를 위해 관광학 분야에서도 연구가 활발히 진행되고 있음을 알 수 있었다.

다음으로 경영경제 분야에서 한류 소비자 연구가 활발히 진행되었는데 한류콘텐츠가 인기를 얻으며 발생되는 직접적, 간접적 수익에 대한 연구, 그리고 한류콘텐츠 자체가 고수익을 창출할 수 있는 전략 또는 한류콘텐츠와 연계된 산업군의 발전 전략 등이 지속적으로 연구되는 것을 알 수 있다.

〈표 4〉 한류 소비자 연구의 학문적 배경 경향

학문적 배경	편수	비율
신문방송	32	29.63%
관광	23	21.30%
경영경제	18	16.67%
지역/지리	7	6.48%
문화연구	6	5.56%
일어일문학	4	3.70%
의상	3	2.78%
교육학	2	1.85%
식품과학	2	1.85%
청소년학	2	1.85%
가정학	1	0.93%
국어국문학	1	0.93%
도시공학	1	0.93%
문학	1	0.93%

(계속)

학문적 배경	편수	비율
미용	0	0.00%
사진	1	0.93%
심리학	1	0.93%
언어학	1	0.93%
정치외교학	1	0.93%
중어중문학	1	0.93%
사회과학일반	0	0.00%
예술일반	0	0.00%
합계	108	100.00%

(2) 연구문제 2에 대한 결과

〈연구문제 2〉에서는 한류소비자 연구에서 다루어진 국가의 경향을 알아보고자 하였다.

조사결과 중국 소비자를 대상으로 한 연구가 49편(45.3%), 다국(2개국 이상) 29편(26.85%), 일본 15편(13.89%) 등으로 나타났다. 이중 중국과 일본을 합한 비율이 총 64편으로 전체 연구의 약 60% 이상을 차지하며 한류 확산의 중심지인 중국과 일본 소비자에 대한 관심이 상당하다는 것을 알 수 있었다.

아울러 2개국 이상을 다룬 논문을 다국가로 분류하였는데 다국가로 진행된 논문의 비율이 상당히 높게 나타나고 있음을 알 수 있다. 다국가 소비자 한류 논문의 내용들은 각 국가에서 한류를 어떻게 인식하고 수용하는지에 대한 차이점에 초점을 맞추거나 혹은 유사한 지역에서의 국가들을 통합하여 한류 수용에 대한 요인에 대해 조사하였다. 또한 일본과 중국 두 국가만을 대상으로 한류 수용에 대한 차이점을 연구하는 연구도 상당수 진행된 것으로 파악할 수 있다.

〈표 5〉 한류소비자 연구 조사대상 국가 비율

조사대상국가	편수	비율
중국	49	45.37%
다국가	29	26.85%
일본	15	13.89%
태국	4	3.70%
북한	3	2.78%
베트남	2	1.85%
프랑스	2	1.85%
영국	1	0.93%
필리핀	1	0.93%
홍콩	1	0.93%
말레이시아	1	0.93%
합계	108	100.00%

〈표 6〉 2002~2013년 연도별 한류 소비자 연구 대상 국가

연도	베트남	중국	일본	태국	북한	프랑스	영국	필리핀	홍콩	다국가	말레이시아
2002	0	1	0	0	0	0	0	0	0	0	0
2003	0	5	0	0	0	0	0	0	0	0	0
2004	0	2	0	0	0	0	0	0	0	0	0
2005	0	4	0	0	0	0	0	0	0	1	0
2006	0	4	3	0	0	0	0	0	0	3	0
2007	0	1	2	0	0	0	0	0	0	0	0
2008	1	6	1	0	0	0	0	0	0	3	0
2009	0	4	5	2	0	0	0	0	0	2	0
2010	0	5	0	0	0	0	0	0	0	7	0
2011	0	7	0	2	1	0	0	0	0	2	0
2012	1	5	2	0	0	1	0	1	0	7	0
2013	0	5	2	0	2	1	1	0	1	4	1

특히 다국가를 대상으로 진행된 논문은 2010년을 기점으로 대폭적으로 상승한 것을 알 수 있다. 즉 2000년 초기 한류가 주로 아시아 국가에서 소비되고 있을 당시는 중국과 일본 소비자를 대상으로 한 연구가 주를 이루었으나 K-pop이 이끄는 한류 2.0 시대인 2005년부터는 지역을 다양화시키는 양상을 나타내다 2010년에 들어 본격적으로 다국가를 대상으로 한 연구가 활발하게 진행되고 있음을 알 수 있다.

(3) 연구문제 3에 대한 결과

〈연구문제 3〉에서는 한류 소비자 연구에서 다루고 있는 세대를 분석하는 것이다. 한류의 주 소비층이 10~20대임을 감안할 때 분석결과처럼 20대 단독 세대 즉 대학생 등에 초점을 맞춘 연구가 총 22편(20.37%)로 가장 많이 다뤄지고 있음을 알 수 있었다.

〈표 7〉

세대	편수	비율
10대	1	0.93%
20대	22	20.37%
10대~20대	8	7.41%
10대~30대	3	2.78%
10대~40대	4	3.70%
10대~50대	16	14.81%
10대~60대	7	6.48%
10대~70대	1	0.93%
20대~30대	1	0.93%
20대~40대	7	6.48%
20대~50대	16	14.81%
20대~60대	10	9.26%
20대~70대	2	1.85%
불특정	10	9.26%
합계	108	100.00%

또한 대체적으로는 모든 세대를 아우르는 연구가 진행되고 있어 한류의 장르가 다양화되며 20대 뿐 만 아니라 다양한 세대를 함께 다루는 연구가 진행되고 있음을 알 수 있었다.

(4) 연구문제 4에 대한 결과

〈연구문제 3〉에서는 한류 소비자 연구에서 다루어진 방법론이 무엇인지를 전반적으로 알아보고자 하였다. 먼저 양적 분석을 통한 연구가 88편을 차지하는 반면, 질적분석은 16편, 복수분석이 3편, Q 방법론이 1편 사용되었다.

세부적으로 양적 분석에서는 설문조사가 87편, 2차 자료 분석은 1편이 사용되어 연구방법에 있어 편향되어 있음이 나타났다. 또한 질적 분석에서는 심층인터뷰 8편, 포커스그룹 인터뷰5편, 팬클럽 홈페이지 게시판 분석이 3편으로 나타났다.

이는 한류 소비자 관련 연구들이 아직 다양한 방법으로 분석되지 못함을 알 수 있다. 설문조사에 의한 직접적인 조사 방법이 가장 효율적일 수 있으나 분석 방법의 다양화를 통해 좀더 연구결과의 일반화를 만들어 갈 수 있을 것이라 사료된다.

〈표 8〉

<table>
<tr><th colspan="2">방법론</th><th>편수</th><th colspan="2">비율</th></tr>
<tr><td rowspan="2">양적</td><td>설무</td><td>87</td><td>80.56%</td><td rowspan="2">81.48%</td></tr>
<tr><td>2차</td><td>1</td><td>0.93%</td></tr>
<tr><td rowspan="3">질적</td><td>심층인터뷰</td><td>8</td><td>7.41%</td><td rowspan="3">14.81%</td></tr>
<tr><td>포커스그룹인터뷰</td><td>5</td><td>4.63%</td></tr>
<tr><td>게시판분석</td><td>3</td><td>2.78%</td></tr>
<tr><td colspan="2">혼합</td><td>3</td><td>2.78%</td><td>2.78%</td></tr>
<tr><td colspan="2">Q방법론</td><td>1</td><td>0.93%</td><td>0.93%</td></tr>
<tr><td colspan="2">합계</td><td>108</td><td>100.00%</td><td>100.00%</td></tr>
</table>

IV. 결론 및 함의

본 연구는 한류연구에서 소비자들을 대상으로 한 첫 연구가 개시된 2002년부터 현재까지 한류 소비자 연구가 어떠한 국가와 세대를 대상으로 연구를 진행하였는지 파악하고자 메타분석을 실시함으로써 연구지형과 추이를 파악하고자 하였다.

연구결과 한류 소비자 연구는 초기부터 현재까지 주로 중국과 일본 소비자를 대상으로 진행되었다. 이는 여전히 한류에 대한 연구가 아시아 지역에 초점이 맞춰져 있는 것으로 현재 업계가 아시아 시장 외에도 다양한 국가로 진출하고 있는바 폭넓은 국가의 소비자 연구가 필요하다고 여겨진다. 물론, 시간이 흐르면서 다국가를 비교하는 연구가 활발해지고 영국, 프랑스 등 기존에 다루지 않았던 국가의 소비자에 대한 연구가 진행되고 있다는 점은 한류 소비자 연구의 외연적 확대를 기대할 수 있는 요소이다. 하지만 여전히 한류가 활성화 된 지역을 중심으로 학계 연구가 진행되고 있다는 것은 현재 현상을 분석하는 데에 그칠 수 있다는 우려를 낳게 된다.

결과에서도 나타나듯이 중국과 일본을 대상으로 한 연구가 60%에 육박하고 있다. 이는 한류 소비자 연구가 한류성숙지역을 대상으로 한 현상 관찰에도 의의가 있지만 그 보다는 업계와 정책 분야에 도움이 될 수 있도록 선도적 차원에서 한류신흥시장에 대한 소비자 정보를 분석해 주는 역할도 필요하다. 이에 따라 한류신흥지역이라 할 수 있는 중남미, 중동 등에 대한 구체적인 분석이 필요할 것으로 여겨진다.

또한 한류의 연구가 신문방송학과, 관광학, 경영경제 분야에서 접근하는 연구가 주를 이루었다. 즉 문화콘텐츠 소비의 현황과 문화콘텐츠 발전을 위한 분석, 그리고 이를 파생하여 함께 성장할 수 있는 관광과 경영 분야에서 꾸준히 연구됨을 알 수 있었다.

한류의 발전은 타 산업분야에 접목되어 다양한 형태로 상호호혜적인 성장을 모색할 수 있다는 점에서 지금의 한류 소비자 연구가 선택과 집중을 효율적으로 하고 있음을 알 수 있다. 즉 한류의 지속적인 산업적 가치가 담보되어야 다양한 형태의 한류도 가능할 것이다. 하지만 한류 메타 연구를 진행했던 손승혜(2009)도 지적을 하였듯 한류의 연구가 수입 국가의 사회적, 문화적 콘텍스트나 한국과의 문화적 관계에 초점을 맞추기 보다는 국내 요인에 대한 관심을 기반으로 정책적, 산업적 제언을 중심으로 이뤄져 있다. 즉 다양한 문화 간의 상호 이해의 한 방법으로써 한류에 대한 연구가 광범위하게 진행되어야 할 것이며 장기적 사회문화적 의미에 대해 논의되어야 할 것이다.

다음으로 한류 소비자 연구에서 다루고 있는 세대를 분석한 결과 주로 전 세대를 아우르는 연구가(10-60대까지) 주를 이루고 있었다. 한류의 경우 특정 장르에 따라 이를 소비하는 집단이 두드러지게 나타날 수 있다. 이에 따라 각 세대를 중심으로 심층적 연구를 통해 현재 이들이 소비하는 한류가 가진 소비적 가치나 사회적 가치를 분석해 볼 필요가 있다.

통상적으로 한류는 젊은 10~20 초반이 주 소비층이며 이들은 소비능력이 다소 떨어지는 세대라 할 수 있다. 그러므로 이들을 대상으로 한류의 사회적 가치, 의미를 파악하고 산업적 측면에서는 이 세대의 소비를 결정하는 의사결정권자는 누구인지 그리고 그 의사결정권자에게 소비를 끌어내기 위해 한류는 어떤 의미를 가져야 하는지에 대해서도 논의가 필요할 것이다. 이는 문화적, 사회적, 산업적 측면을 다각도로 분석하여 상호호혜적인 발전을 도모할 수 있을 것이다.

결론적으로 현재의 한류소비자 연구는 현상을 분석하기 위한 연구가 상당수인 것으로 파악할 수 있다. 한류 업계는 아시아 시장을 넘어 세계시장으로 확대되며 빠르게 성장한 반면 한류 연구는 여전히 아시아 시장에 머무르는 듯 한 인상을 남긴다. 또한 한류의 확산이 CT의 발전과 더불어 성장방안을 모색하는 시점을 고려할 때 관련 연구분야에서 한류 소비자를 대상으로 한 구체적인 논의가 없다는 것이 아쉽다. 같은 맥락에서 융복합 문화를 창출해내가는 새로운 한류 콘텐츠가 마련되어야 할 것이고 한류가 전 세계시장을 대상으로 하는 콘텐츠라면 분명 모든 인종과 모든 국가를 아우를 수 있는 콘텐츠 개발이 필요하다. 문화교류는 당위적인 차원을 넘어 전략적 차원에서도 분명 필요한 일이다. 향후 한류의 소비자 연구는 새로운 시장과 분야에 대한 개척 정신을 가지고 업계와 정계에 활로를 열어주는 선도자적인 연구를 감당해 내야 할 것이다.

참고문헌

류준호 · 윤승금 · 이영주(2010), 문화콘텐츠 관련 연구에 대한 메타분석, 『언론과학연구』, 10(1) : 124-165.

손승혜(2009), 학술 논문의 메타 분석을 통해 본 한류 10년: 연구 경향과 그 정책적 함의에 대한 탐색적 연구, 『언론과 사회』, 17(4) : 122-153.

이은숙(2002), 중국에서의 한류열풍 고찰, 『문학과 영상』, 3(2): 31-59.

조혜영(2003), 한국 체류 중국 유학생들의 한류와 한국 이미지 인식에 관한 연구, 『한국교육사회학 연구』, 13(2) : 209-234.

Emmers-Sommer, T. & Allen, M.(1999), Surveying the effect of media efefct: A meta-analytic summary of the media effect research in Human Communication Research, *Human Communication Research*, 25(4): 478-497.

Green, B. & Hall, J.(1984), Quantitative methods for literature review, *Annual Review of Psychology*, 35: 37-53.

【 ABSTRACT 】

Analyzing the Trends in the Korean Wave Consumer Studies

Park, Sung-Hyun*

This study conducted a meta-analysis to investigate the topography and development of the researches targeting the Korean Wave consumers. To achieve this, the studies of Korean Wave consumers from 2002 (when the first study was started) to the present were analyzed to find out which countries and generations were based on the studies. The result shows that the researches of Korean Wave consumers have handled the Chinese and Japanese consumers mainly from the beginning, and a few researches, with the growth of the Korean Wave, started to focus on multiple countries. In addition, according to the result of analyzing the generation handled in the studies, many of them covered almost all ages (teenagers to sixties) and most studies about the Korean Wave consumers approached their subject from the journalistic, touristic, economical and managerial points of view. In short, the analysis of the generation of Korean Wave consumers is mainly conducted in the touristic and business fields, because they will grow with figuring out the present condition of consuming cultural contents and analyzing for the development of cultural contents. With these conclusions, further studies of the Korean Wave consumers should take a leading part in

* Ph.D., Researcher of Korea Foundation for International Culture Exchange

expanding their territories from Asia where the Korean Wave is already well matured to the new Korean Wave's market, which will be helpful to related business and politic areas. Besides, because each age group has different taste of Korean Wave genres and different reason of enthusiasm, the research should figure out consuming and social values of the Korean Wave through the deep analysis of respective age groups rather than comprehensive research of whole generations. Finally, the study of the Korean Wave consumers should aim its goal not only for the industrial aspect, but also for a way of cultural exchange and mutual understanding.

Key words Hallyu , the Korean Wave, Korean Wave consumer, Cultural Exchange, Cultural Industry

케이팝의 세계화와 디지털화

- 유튜브 반응 동영상과 커버댄스 경연대회 -

이규탁*

【국문초록】

2012년 미국을 비롯한 전 세계의 주목을 받았던 싸이(Psy)의 「강남스타일」의 중요한 성공 요인은 바로 해당 노래의 뮤직비디오가 유튜브(YouTube)를 통해 빠르게 세계 수용자들에게 퍼지며 화제가 되었다는 것이다. 또한 이 노래는 뮤직비디오뿐만 아니라 「강남스타일」을 접한 수용자들의 다양한 형태의 반응, 그리고 갖가지 방식의 모방과 패러디, 리메이크 동영상을 통해 그 화제성을 꾸준히 확대 재생산하기도 했다. 사실 「강남스타일」 이전부터 해외 케이팝 팬들은 케이팝을 접한 사람들의 솔직한 반응을 담은 '반응 동영상(reaction video)'과 아이돌 그룹들의 춤을 직접 재현한 후 그것을 촬영하여 유튜브에 올리는 '케이팝 커버 댄스(K-Pop cover dance)'를 통해 케이팝을 즐겨왔다. 이렇게 유튜브를 적극적으로 활용하여 음악을 즐기는 케이팝 수용자들의 문화 향유 방식은 다른 음악 장르의 팬에게서는 쉽게 찾아보기 힘든 독자적인 형태의 수용 방식이라고 할 수 있다. 이러한 특징은 케이팝이 대중음악 유통과 소비의 디지털화를 통해 세계 시장에서 인기를 얻기 시작한 음악이라는 점과 더불어 한국의 문화산업계가 유튜브를 음악 상품의 홍보와 유통의 장으로 적극적으로 활용하고 있다는 점, 그리고 세계 시장에서 여전히 소수의 음악이자 비주류 음악이라고 할 수 있는 케이팝을 비교적 진입 장벽이 낮은 유튜브라는 공간을 통해 즐기고 널리 알리려는 해외 케이팝 팬들의 의도가 맞물리며 일어난 현상이라고 할 수 있다. 특히

* 가톨릭대학교 한류대학원 강사

정부의 주도 아래에 케이팝 산업계가 참여하여 개최되고 있는 커버댄스 경연대회는 해외 케이팝의 소비에서 유튜브가 차지하는 높은 비중을 활용하여 개최되는 행사라고 할 수 있다. 커버댄스대회는 뉴미디어와 케이팝 세계화와의 관계, 정부 주도의 한류 지원 정책의 허와 실, 케이팝 활성화와 유튜브 내의 저작권 문제와 같은 다양한 이슈를 복합적으로 포함하고 있으며, 케이팝 발전을 포함한 한류의 확산에 뉴미디어를 어떤 방식으로 활용해야할 것인가에 대해 중요한 화두를 던지는 행사라고 할 수 있다.

주제어 케이팝, 한류, 유튜브, 커버댄스대회, 디지털화

I. 들어가며

2012년 미국을 비롯한 전 세계를 뒤덮었던 싸이(Psy)의 '강남스타일 신드롬'은 국내 미디어에 다양한 이야깃거리를 만들어냈다. 뉴스에서는 '강남스타일은 언제 빌보드(The Billboard)에서 1위를 할 것인 것인가?' 혹은 '왜 강남스타일은 이번 주에도 1위를 하지 못했는가?'에 대해 자세하게 설명했으며, 해외 유명 영화배우나 가수가 한국을 방문하면 기자들은 꼭 '강남스타일을 아느냐?'라는 질문을 던지곤 했다. 그리고 싸이가 마돈나(Madonna), 브리트니 스피어스(Britney Spears), 엠씨 해머(MC Hammer), 저스틴 비버(Justin Bieber) 등과 같은 해외 인기 가수와 같은 무대에 서게 되면 그 소식은 곧 우리나라 대부분의 미디어에 대서특필되며 '싸이가 이만큼 유명하고 대단한 사람들과 같은 급의 가수가 되었다'라는 자랑스러운 어조로 강조되곤 했다.

이러한 다양한 이야깃거리 중 국내 미디어의 가장 많은 관심을 받은 사안은 바로 '강남스타일에 대한 외국인들의 다양한 반응 양상들'이었다. 미디어에서는 하루가 멀다 하고 강남스타일의 '말 춤'을 따라 추는 외국 수용자들의 동영상을 보여주었으며, 때로는 그것을 그대로 흉내내는 것에 그치지 않고 창조적인 방식으로 변형하거나 패러디한 팬들의 다양한 모습을 보여주었다. 이러한 모방과 패러디들은 지속적으로 화제가 되며 「강남스타일」의 인기를 꾸준히 확대 재생산하는데 기여했으며, 그 중 미국 오하이오 주립 대학교(Ohio State University)의 악단이 춤을 곁들여 다양한 관악기로 편곡하여 연주해낸 「강남스타일」 공연 영상[1]은 우리나라뿐만 아니라 미국을 비롯한 전 세계적으로 화제가 되며 싸

1) http://www.youtube.com/watch?v=bTPEcRrzhZ8

이로부터 '내가 본 많은 「강남스타일」 버전들 중 가장 감동적인 장면'이라는 평을 듣기도 했다(임영진, 2012).

「강남스타일」이 노래 자체의 힘보다도 유튜브에 올린 해당 곡의 뮤직비디오를 통해 먼저 전 세계로 알려질 수 있었던 것처럼, 「강남스타일」에 대한 모방과 패러디로 이루어진 다양한 형태의 리메이크(remake)들 역시 수용자들이 유튜브(YouTube)에 직접 올린 동영상을 통해 우리나라를 포함한 전 세계의 케이팝 수용자들에게 알려지며 화제가 되었다. 그러나 「강남스타일」이 최초의 국제적인 케이팝 히트곡이 아닌 것처럼, 케이팝 음악 및 춤에 대한 다채로운 방식의 모방 및 재해석 역시 「강남스타일」이 처음은 아니다. 케이팝이 동아시아[2] 지역을 넘어 미국을 비롯한 서구 지역에 본격적으로 그 팬 층을 만들어가기 시작한 2011년 무렵부터, '케이팝 커버 댄스(K-Pop Cover Dance)'라는 이름으로 케이팝 아이돌 그룹들이 무대에서 보여주는 춤을 수용자들이 따라한 영상이 유튜브를 통해 차츰 확산되기 시작하였던 것이다. 이에 케이팝 아이돌이 속한 국내 연예기획사와 음반사를 비롯, 이들과 밀접한 관계를 지닌 방송국 및 한류를 정책적으로 지원하고자 하는 문화산업 관련 정부 기관에서는 2011년부터 정부에서 주관하는 공식적인 '케이팝 커버 댄스 경연대회'를 개최하며 이 새로운 유행을 국제적인 케이팝 홍보의 장으로 키우기 위해 노력하고 있다. 유튜브를 기반으로 이루어지는 행사라는 점, 외국인을 주 대상으로 하는 행사라다는 점,[3] 그리고 문

---

2) 본 논문에서 '동아시아'라는 용어는 한국, 중국, 일본, 몽골 등을 포함하는 동북아시아 및 필리핀, 베트남, 태국, 홍콩, 인도네이사 등의 국가를 포괄하는 지역을 지칭하는 '동남아시아'를 모두 포함하는 개념으로 사용되었다.

3) 2회 대회까지는 외국인만 참가가 허용되었으나, 2013년 열린 3회 대회부터는 내국인의 참가도 허용되었다.

화산업계와 정부 단체, 해외 기업이 공동으로 개최하는 민관(民官) 합동 행사라는 점에서 이 '커버 댄스 경연대회'는 케이팝의 세계화와 디지털화의 관계, 그리고 케이팝의 세계화를 위한 미디어와 문화산업, 정부의 전략이 복합적으로 드러나는 흥미로운 현상이라고 할 수 있다. 또한 최근 문제가 되고 있는 디지털 시대의 음악 저작권 이슈와도 깊은 연관을 지니는 등 이 행사는 최근 한류 흐름에 대해 여러 가지 측면에서 생각할 거리를 제공하는 행사라고 할 수 있다.

II. 대중음악 유통/소비의 디지털화와 수용자의 취향 분화

최근의 케이팝 음악, 특히 2000년대 중반 이후의 케이팝 음악은 '녹음된 사운드 프로듀싱의 질(퀄리티) 면에서 20세기 한국가요와는 수준의 차이를 느낄 정도로' 정교해졌으며(신현준, 2011), 이러한 음악의 질적 향상은 서구 수용자들이 케이팝에 대해 느낄 수 있는 음악적 이질감을 없애는 데 큰 역할을 했다고 할 수 있다. 그렇지만 음악 질적인 측면의 우수함이 반드시 시장에서의 성공을 보장하는 것은 아니다. 많은 대중음악 관련 연구자들이 지적하듯 대중음악의 상업적인 성공은 음악의 질뿐만 아니라 음악의 효율적인 유통 및 배급 및 미디어 노출과 홍보 같은 음악 외적인 요소, 즉 산업적인 요소가 상당히 중요한 역할을 담당한다(Negus, 1999; Hesmondhalgh, 2007). 잠재적인 해당 음악 수용자들에게 접근할 통로가 확보되지 못한다면 아무리 듣기 좋고 질 좋은 음악이라도 상업적인 성공을 거두기는 힘든 것이다. 이런 측면에서 볼 때, 2000년대 후반 이후 가속화하기 시작한 대중음악 유통과 보급, 소비의 디지털화(化)야말로 케이팝 음악이 동아시아 권역을 넘어 더 넓은 지역으로 그 팬 층을 넓힐 수 있었던 가장 중요한 원인이라고 할 수 있을 것이다.

2003년 4월 미국의 애플(Apple)사는 당시까지만 해도 음악산업계로부터 '대중음악산업을 망치는 불법행위'로 지탄받던 MP3 파일 다운로드를 합법적으로 유료화한 인터넷 서비스인 아이튠즈(iTunes)를 개설했다. 저작권 보유 주체인 대형 음반사와의 협상을 통해 적절한 저작권료를 지불하며 음원으로 얻는 이득을 최소화하는 대신 그 음원을 재생하는 기기, 즉 하드웨어를 파는 것을 통해 수익을 창출하고자 하는 애플의 전략은 당시로서는 '콜럼부스의 달걀'을 연상시키는 발상의 전환이었으며, 이러한 사고 전환은 멋지게 맞아 떨어졌다. 대중음악산업 및 많은 IT산업 관계자들의 비관적인 전망과는 달리 아이튠즈는 설립 2년만인 2005년 이미 이전까지 성행하고 있던 각종 불법 다운로드 사이트들의 이용량을 넘어서는 미국 최고의 디지털 음원 배급 사이트로 성장하였다(Goldsmith & Wu, 2008: 118-121). 아이튠즈의 성공은 '음원으로 인한 저작권 수익은 음반 판매를 통해 창출해야 하며, MP3 다운로드는 음반 매출을 떨어뜨리는 행위이므로 반드시 근절해야 한다'라는 인식이 지배적이었던 미국 대중음악산업계의 패러다임에 혁신적인 변화를 가져왔고, 이후 미국을 비롯한 전 세계 음악산업계에서 음악 유통과 소비의 디지털화가 급격히 진행되기 시작하였다. 2000년대 초반까지만 해도 수용자들의 음악상품 소비가 CD를 중심으로 하는 음반을 통해 이루어졌던 반면, 2000년대 중반 이후부터는 MP3, 휴대폰 벨소리(ringtone), 통화 연결음 서비스(ring back tone) 등과 같은 디지털 음원이 높은 비중을 차지하게 된 것이다. 국내의 경우 이러한 유통/보급/소비의 디지털화가 비교적 빠르게 진행되면서 현재는 디지털 음원의 매출이 전체 음악매출액의 93% 이상을 차지하고 있는 반면(한국콘텐츠진흥원, 2013),

세계적으로 보면 아직 디지털 음원 매출의 비중이 음반 매출의 비중을 넘어서지는 못하고 있다(PWC, 2012). 그러나 디지털 음원 매출은 2000년대 중반부터 급속한 상승세를 기록하고 있는 것이 분명하며, 2014년에서 2015년 사이에는 디지털 음원의 매출이 전체 음악 상품 매출액의 50%를 상회할 것이라고 예상되고 있다(*ibid.*).

2000년대 중반 이후의 세계 대중음악산업에서 디지털 음원과 맞먹는 중요성을 가진 디지털 소비 형태는 바로 인터넷 동영상 스트리밍(streaming) 서비스인 유튜브이다. 일차적으로 유튜브를 통한 뮤직비디오 감상이 보편화되었음은 물론 방송국에서는 자신들의 공식 유튜브 채널을 통해 프로그램에 출연하여 무대를 가진 가수들의 영상을 편집하여 유튜브에 올리고 있으며, 그 외에 개인이 자신의 휴대폰 및 기타 휴대용 디지털 기기로 촬영한 공연 동영상 등도 유튜브에 끊임없이 올라오고 있다. 최근 일부 유명 가수들은 아예 유튜브를 통해 자신들의 콘서트를 무료로 생중계하기도 하는데, 일례로 아일랜드 출신의 세계적인 록밴드 유투(U2)는 2009년 10월 25일 미국 엘에이(LA)에서 열린 콘서트 실황을 유튜브를 통해 무료 생중계했다. 이제 유튜브는 MP3와 더불어 대중음악산업 유통과 소비의 디지털화를 대표하는 존재가 되었는데, 이에 따라 80년대에 설립되어 영미(英美)대중음악계에서 중요한 역할을 담당하던 음악 전문 케이블 채널 MTV는 유튜브에 밀려 이미 2000년대 중반에 하루 종일 뮤직비디오만을 방영하는 프로그램을 거의 모두 폐지했다. 사실 이런 상황은 국내의 대표적인 대중음악 전문채널인 엠넷(Mnet) 역시 마찬가지인데, 이 채널들은 음악을 다루는 프로그램 대신 10대를 대상으로 하는 리얼리티 쇼 및 드라마와 패션 프로그램 등에 주력하고 있는 실정이다. 수용자들은 이제 유튜브를 통해 뮤직비디오 시청 및 각종 음악 관련 영상 자료를 향유하고 있으며, 산업계 역시 다양한 방식으로 유튜브를 활용하고 있는 것이다.

음악 유통과 소비의 디지털화, 그 중에서도 유튜브를 통한 유통 및 소비는 수용자들의 소비 패턴 변화에 큰 영향을 끼치고 있다. 예전에는 내가 좋아하는 뮤직비디오를 보려면, 혹은 좋아하는 노래를 들으려면 MTV나 라디오에서 그 음악을 틀어줄 때까지 기다려야 했고, 그 기다림의 과정에서 자신이 원하지 않는 음악도 들어야만 했다. 그러나 이제는 굳이 내가 원하지 않는 음악에 노출되지 않고도 유튜브를 통해 내가 원하는 음악에만 접근하여 그것을 향유할 수 있게 된 것이다. 또한 스마트폰의 보급은 유튜브를 일종의 휴대용 오디오처럼 만들었다. 일부 수용자들은 자신이 좋아하는 곡들의 유튜브 영상으로 재생목록을 만든 후, 그것을 반복 재생하면서 듣는 방식으로 활용하며 굳이 매번 영상을 보지 않으면서 유튜브를 활용하고 있는 것이다.

이러한 유통·소비 방식의 디지털화는 대중음악산업에 큰 영향을 끼쳤는데, 그 중에서도 가장 중요한 것이 바로 '취향의 다변화'이다. 대중음악산업에서 취향의 다변화는 곧 '틈새 시장 형성의 가능성 증대'를 의미한다. 사실 다른 문화산업에 비해 대중음악산업은 상대적으로 틈새시장 형성의 가능성이 높은 편이다. 이에 대해 대중음악 연구자인 키스 니거스(Keith Negus)는 대중음악산업은 자본의 논리가 지배적인 영화산업 등과는 달리 소규모 생산 및 판매를 통해 형성된 틈새시장 중심의 음악과 대규모 생산/판매가 이루어지는 주류 시장의 음악간의 상호의존관계(inter-dependent relationship)가 대중음악 산업의 특징임을 지적하기도 했다(Negus, 1999: 17). 즉 대중음악은 언제나 소규모로 생산된 비주류 음악을 주류 무대로 끌어올리며 거기에 상업성을 부여했다는 것이다. 주류 산업계는 언제나 비주류 음악과 음악인들에게 관심을 가지고 그들의 아이디어에 의존하며 자신들의 외연을 확장했고, 그 결과 한 때는 비주류 음악이었던 록(rock)이나 힙합(hip hop), 전자음악 등이 꾸준히 주류 음악의 영역으로 포함되어왔다.

그러나 1970년대를 거치며 대중음악산업의 세계화와 거대화가 본격적으로 진행되자, 소위 '대형 히트 음악(mega hit music)'과 슈퍼스타(superstar)가 한 시대의 음악 흐름을 지배하는 현상이 보편화되기도 했다. 각 시대에는 시대를 대표하는 음악인과 장르가 있었고, 수많은 사람들이 거대 자본을 바탕으로 만들어진 똑같은 음악을 소비하게 된 것이다. 예를 들면 1980년대를 대표하는 스타인 마이클 잭슨(Michael Jackson)과 마돈나(Madonna)는 각자 전 세계적으로 수천만 장에 달하는 앨범을 판매하며 해당 시대 대중음악의 대표자라고 부를 수 있을 만큼 막강한 영향력과 시장 지배력을 가지고 있었다. 하지만 2000년대로 들어오면서 영미대중음악계에는 예전만큼 강한 지배력과 대표성을 가진 음악 장르 및 가수를 찾아보기가 힘들어졌다. 2000년대 이후의 영미대중음악에서는 록, 힙합, 전자음악, 댄스음악, 알엔비(R&B) 등의 다양한 장르가 골고루 인기를 얻고 있으며, 80년대의 뉴 웨이브(New Wave)나 헤비 메탈(Heavy Metal), 혹은 90년대의 그런지(Grunge) 음악이나 브릿팝(Britpop) 음악처럼 '2000년대를 상징하는 음악 장르'를 선뜻 꼽기가 어려워 진 것이다. 더불어 80년대의 마이클 잭슨이나 90년대의 너바나(Nirvana)처럼 '시대의 아이콘'이라고 부를 수 있을 만큼 압도적인 인기와 영향력을 지낸 슈퍼스타도 더 이상 등장하지 않게 되었다. 똑같은 음반을 수백만 혹은 수천만의 수용자가 구입하던 음반 중심의 시장과는 달리 현재의 수용자들은 이제 자신이 원하는 곡 하나 혹은 두 개만을 디지털 음원으로 다운받거나 유튜브를 통해 스트리밍으로만 즐기고 있으며, 이에 따라 수천만에게 같은 음악이 들려지는 흐름보다는 다양한 취향을 가진 사람들을 위한 비교적 작은 규모의 틈새시장이 발달할 수 있는 환경이 조성된 것이다.

2000년대 후반 이후 케이팝이 본격적으로 서구 시장에서 자신의 존재감을 드러낼 수 있게 된 것 역시 디지털화에 따른 대중음악 수용자들의 취향 분화 및 그에 따른 틈새시장 형성에 기인한 바가 크다고 할 수 있다. 유튜브를 통한 「강남스타일」의 성공은 디지털화된 음악 유통/소비 형태가 만들어낸 틈새시장 공략 성공의 대표적인 예이다. 우선 「강남스타일」은 영미대중음악계의 최신 댄스음악과 비교해도 전혀 뒤지지 않는 질감의 음악이었기 때문에 서구의 수용자들에게 음악적으로 큰 거부감을 주지 않았다. 그렇지만 이 노래가 알려지게 된 가장 중요한 계기는 대표적인 디지털 유통/배급 수단인 유튜브를 통해서였다. 많은 팬을 거느린 미국의 유명 힙합 가수 티-페인(T-Pain)이나 영국의 인기 가수 로비 윌리엄스(Robbie Williams) 등이 자신들의 트위터(twitter)를 통해 유튜브 동영상으로 올라와 있는 「강남스타일」의 뮤직비디오에 대해 언급하면서 이 노래는 해당 가수의 팬들에게 화제가 되었고 빠른 속도로 전 세계에 소개될 수 있었던 것이다.

「강남스타일」은 케이팝 음악 중에서도 이례적으로 대성공을 거둔 경우이지만, 사실 일부 서구 수용자들은 「강남스타일」 이전부터 이미 케이팝 음악을 즐기고 있었다. 모든 장르의 음악을 대상으로 하는 종합차트 'Hot 100(단일 노래 순위)' 및 'Billboard 200(앨범 판매 순위)' 외에도 록, 알엔비/힙합, 컨트리(country), 라틴 음악(Latin Music) 등 장르별로 별도의 차트를 만들어 순위를 집계하고 있는 『빌보드』에서 2011년 케이팝 음악의 순위를 집계하는 '주간 케이팝 차트(Weekly K-Pop Chart)'를 새로 신설한 점이 이를 증명한다. 또한 『롤링 스톤(Rolling Stone)』이나 『스핀(Spin)』 같은 미국의 유명 대중음악 전문지는 물론 『뉴스위크(Newsweek)』, 『타임(Time)』, 영국의 『가디언(The Guardian)』

등과 같은 시사 전문지에서도 「강남스타일」의 성공 이전에 이미 케이팝 음악에 대한 특집 기사를 수록하기도 했다(Benjamin, 2011; Mukasa, 2011; Bevan, 2012; Mahr, 2012; Poole, 2012). 그리고 신현준이 지적했던 것처럼 해외의 케이팝 수용자들은 다른 장르 음악 수용자들에 비해 좀 더 적극적으로 인터넷을 활용하고 있는 집단이기도 하다(신현준, 2011). 그들은 인터넷을 통해 팬 커뮤니티를 형성하고 최신 케이팝에 대한 정보를 서로 공유하며, 동시에 잠재적인 수용자들에게 케이팝에 대한 '입소문'을 내주는 역할을 수행하고 있는 것이다. 그리고 이들이 자신들의 음악 소비 활동과 팬 활동을 주로 수행하는 가장 중요한 인터넷 공간이 바로 유튜브이다.

III. 케이팝 수용자의 유튜브 활용

앞서 언급한 바와 같이, MP3와 더불어 현재 대중음악산업의 가장 중요한 음악 상품 유통 및 소비 경로는 바로 유튜브이다. 그런데 한 가지 주목해야 할 지점은, 다른 장르의 수용자에 비해 케이팝 수용자들이 보다 적극적으로 유튜브를 활용하고 있다는 것이다. 2013년 11월에 열린 제1회 '유튜브 음악 시상식(YouTube Music Awards)'에서 원 디렉션(One Direction), 레이디 가가(Lady Ga Ga), 저스틴 비버(Justin Bieber), 혹은 마일리 사이러스(Miley Cyrus)와 같은 세계적인 영미권 청춘 팝스타들을 제치고 케이팝 아이돌 그룹 소녀시대의 「I Got a Boy」가 대상을 차지한 일은 전 세계 케이팝 팬들이 얼마나 유튜브를 적극적으로 활용하고 있는지를 보여준 상징적인 사건이라고 할 수 있다. 유튜브 음악상은 유튜브에 공식적으로 업로드된 뮤직비디오에 대한 조회수와 '좋아요' 클릭수를 바탕으로 먼저 10개의 후보곡을 추린 후, 이 10곡을 대상으로 인터넷 투표를 진행하여 최종 순위를 결정하였다. 즉 자국 팬들만의 투표만으로는 한계가 있는 방식이며, 게다가 많은 케이팝 팬이 존재하는 중국에서는 아예 유튜브 접속이 차단되어 있어서 공식적으로는 유튜브 투표에 참여할 수조차 없었다. 따라서 이 투표 결과는 동아시아뿐만 아니라 전 세계 케이팝 팬들의 적극적인 참여로 이루어진 것이라고 할 수 있다. 즉 케이팝 팬들이 현 영미대중음악계 젊은 스타들의 열성적인 팬들보다도 훨씬 더 적극적으로 유튜브 음악상의 팬투표에 참여했던 것이다. 의외의 투표 결과에 저스틴 비버나 마일리 사이러스의 팬들 중 일부가 투표 조작 의혹을 제기하기도 했으나 유튜브 측에서는 노래 선정 과정과 투표 방식으로 미루어볼 때 조작의 가능성은 없다며 그들의 주장을 일축하였다. 이에 대해 미국의 유력 일간지 월스트리트 저널(The Wall Street Journal)은 '케이팝 팬들의 경우 세계인들에게(자신들이 사랑하는 케이팝 가수들을) 알리고 싶다는 절박함이 어떤 음악 팬들보다도 강하다'라고 언급하며 이것이 케이팝 팬들이 다른 음악/가수들의 팬들보다 유튜브를 더욱 적극적으로 활용하는 이유 중 하나라고 지적하기도 했다(Yang, 2013).

보통 대중음악 수용자들이 유튜브를 활용하는 방식은 주로 콘서트장에서 휴대용 기기로 촬영한 공연 영상을 올리거나 자신이 가지고 있는 오디오 음원에 적당한 영상 및 사진을 붙여 유튜브에 올리는 식으로 이루어진다. 그 외에도 텔레비전에 방영된 무대 영상을 디지털 방식으로 녹화하여 올리는 경우, 그리고 자신이 특정한 가수의 음악을 직접 연주하거나 노래 부른 영상을 올리는 경우도 많다. 사실 이러한 행위는 저작권법에 저촉되기 쉽고, 특히 저작권자의 허가 없이 오디오 음원을 올리는 경우는 명백한 저작권 침해 사례가 되어 해당 동영상은 저작권자의 항의를 통해 비공개 처리되거나 삭제되는 일이 비일비재하다. 그러나 현실적으로 유튜브의 수많은 동영상을 일일이 모니터할 수가 없기 때문에, 유튜브에는 여전히 다양한 종류의 음악 관련 영상들이 등록되어 있다.

이러한 다양한 유튜브 활용법 중 케이팝 수용자들이 가장 많이 활용하는 방식은 크게 네 가지로 나눌 수 있는데, ① 텔레비전에 방영된 케이팝 가수들의 무대 영상을 컴퓨터를 통해 디지털 파일로 저장한 후 편집해서 올리는 것, ② 케이팝 가수들의 공연 영상을 휴대폰 및 디지털 카메라 등으로 녹화하여 올리는 것, ③ 케이팝 음악 및 뮤직비디오를 본 수용자들의 반응을 담은 영상을 올리는 것, 그리고 ④ 케이팝 가수들의 춤과 노래를 따라 하거나 패러디한 영상을 올리는 것이다. 물론 이 동영상은 유튜브 시청이 가능한 전 세계의 케이팝 팬들에게 공개되지만, 첫 번째와 두 번째 동영상은 거의 대부분 국내 수용자들이 올리는 반면 세 번째와 네 번째의 동영상들을 올리는 수용자들은 주로 해외의 수용자들이다.

1. 최신 무대 영상의 신속한 업로드

이 중 첫 번째와 두 번째 활용 방식은 현재 케이팝 음악이 향유되는 방식과 깊은 관련이 있다. 사실 가수들이 텔레비전 프로그램에 나와서 연주하고 노래를 한 영상, 혹은 개인이 휴대 장비로 촬영한 콘서트 영상이 편집본으로 유튜브에 올라오는 일 자체는 비단 케이팝에만 한정된 일은 아니다. 그러나 영미대중음악 가수들의 경우는 케이팝 가수들처럼 자주 텔레비전 프로그램에 출연하여 무대를 갖지 않으며, 우리나라의 아이돌 가수들처럼 '한창 잘 나가는' 가수라면 국내 '행사' 무대처럼 관객들의 접근이 쉬운 소규모 무대를 갖는 일도 흔치 않다. 외국 가수들이 출연하여 직접 공연을 하는 텔레비전 프로그램은 몇몇 토크쇼와 버라이어티 쇼에 한정되어 있으며, 또한 그들의 출연 영상이 바로 유튜브에 올라오는 것도 아닐뿐더러 사실상 올라오지 않는 영상이 더욱 많다. 또한 방송 영상의 경우, 개인 유저가 스스로 디지털 녹화를 거쳐 유튜브에 올린 영상은 종종 '저작권법 위반'으로 간주되어 삭제되곤 한다. 그러나 케이팝 가수들의 경우는 일단 그들의 무대가 중심이 되는 텔레비전 음악 전문 프로그램만 해도 KBS의 「뮤직뱅크」, MBC의 「쇼! 음악중심」, SBS의 「SBS 인기가요」, Mnet의 「엠카운트다운」 등 총 4개에 달한다. 그 외에도 케이팝 가수들은 KBS에서 방영하는 「유희열의 스케치북」처럼 다양한 장르의 음악인이 출연하는 음악 전문 프로그램 및 다양한 예능 프로그램에도 출연하여 노래와 춤을 보여주기도 한다. 게다가 케이팝 가수들은 행사를 통해 영미권 가수들과는 비교도 할 수 없을 만큼 관객들과의 접근성이 좋은 소규모 무대를 많이 갖는다. 이러한 행사는 관객들과의 거리가 매우 가까우며, 따라서 공연 영상을 촬영하기가 비교적 용이하다. 물론 영미권 대중음악 가수들도 소규모 공연을 자주 갖지만 그들의 소규모 공연은 대부분 소규모 공연장이나 클럽을 중심으로 이루어지며, 우리나라처럼 음악과는 전혀 무관한 행사에서 공연을 하는 경우는 거의 없다. 특히 현재의 케이팝 가수들처럼 한창 인기의 전성기를 구가하고 있는 가수들이 음악 외적인 행사에 출연하는 경우는 거의 찾아볼 수 없다. 그러나 국내에서는 오히려 한창 '잘 나가고 있는' 가수들일수록 더욱 많은 행사를 하게 된다.

재미있는 것은, 우리와 비슷한 방송 환경을 가지고 있다고 하는 일본의 경우는 비교적 저작권법을 엄격하게 적용하고 있기 때문에 이러한 동영상이 유튜브에 잘 올라오지 않는 반면 국내 방송사의 경우는 개인이 이러한 영상 편집본을 올리는 행위를 엄격하게 제재하고 있지 않을 뿐만 아니라 오히려 방송사 스스로가 적극적으로 케이팝 가수들의 프로그램 출연 영상 편집본을 유튜브에 올리고 있다는 것이다. 각 방송사들은 KBS World TV, MBCkpop, SBSMusic1과 같은 공식 유튜브 채널을 개설하고 이를 통해 자신들의 각종 음악 프로그램에 출연한 케이팝 가수들의 무대 영상을 지속적으로 올리고 있다. 즉 다른 나라의 가수들보다 상대적으로 많은 텔레비전 프로그램 및 소규모 행사에 출연하는 우리나라 대중음악산업의 환경과 더불어, 개인 유저와 방송국의 적극적인 영상 업로드를 통해 케이팝 가수들의 각종 무대 공연 영상은 다른 나라, 다른 음악 장르 뮤지션의 영상들과는 비교도 할 수 없을 만큼 빠르고 다양하게 유튜브에 공개되고 있는 것이다.

2. '반응 동영상': 해외 케이팝 팬들의 케이팝 향유 방식

세번째 활용 방식, 즉 케이팝 가수들의 음악과 관련 영상을 접한 사람들의 반응을 영상에 담아 그것을 올리고 거기에 대해 댓글로 서로 의견을 교환하는 것은 해외 케이팝 팬들 사이에서 활발히 쓰이는 향유 방식으로, 다른 장르 및 다른 국가 음악 팬들에 비해 유독 케이팝 팬들에게 더욱 자주 쓰이고 있다는 점이 흥미롭다. 「강남스타일」과 관련한 각종 다양한 반응 동영상이 대표적인 예인데, 2012년 후반 「강남스타일」이 큰 인기를 얻고 있던 당시 노래와 뮤직비디오를 시청하며 놀라거나 즐거워하는 등 다양한 반응을 보이는 수용자들의 모습이 유튜브에 많이 올라왔다. 그리고 이러한 유튜브 동영상들은 국내 미디어를 통해 지속적으로 소개되며 「강남스타일」의 인기를 증명하는 예시로 설명되기도 했다. 사실 「강남스타일」 이전부터 케이팝 음악 및 가수들의 공연 무대와 뮤직비디오에 대한 반응은 꾸준히 유튜브에 올라오며 케이팝 팬들 사이에 회자되고 있었다. 그러나 「강남스타일」 이후 유튜브는 해외 수용자들이 케이팝을 향유하고 다른 이들에게 그것을 알리는 루트로 확실하게 자리 잡았다. 유튜브 공식 블로그의 자료에 따르면, 「강남스타일」의 등장 전 케이팝 관련 공식 뮤직비디오의 조회수는 약 22억을 기록했지만 「강남스타일」 이후 이 수치는 약 3배로 증가했으며, 케이팝 관련 콘텐츠의 약 91% 이상이 한국 이외의 지역에서 시청되고 있다(YouTube Trends Team, 2013). 특히 주목할 만한 점은 2012년 이후 상위 케이팝 채널 조회수의 대부분은 동아시아 이외의 지역에서 발생하고 있다는 것이다(*ibid.*).

또한 케이팝 팬들은 한국의 기획사와 방송사에서 공식적으로 유튜브에 올리는 뮤직비디오 와 무대 영상을 시청하는 것뿐만 아니라, 케이팝에 대한 자신들의 반응을 직접 촬영하여 올리기도 하고 그것을 공유하기도 하면서 새로운 방식으로 팬들끼리 커뮤니티를 형성하는 한편 아직 케이팝에 익숙하지 않은 수용자들을 새로운 팬으로 끌어들이기 위해 노력하고 있다. 특정한 영상이나 음악 등을 사람들에게 보여주고 그것에 대한 사람들의 반응을 촬영한 것을 '반응 동영상(Reaction Video)'이라고 하는데, 요 몇 년 사이에 노트북이나 컴퓨터에 장착되어 있는 웹카메라나 휴대폰에 달려있는 카메라 등 비교적 좋은 화질을 가진 간단한 촬영 장비가 널리 보급되면서 다양한 종류의 반응 영상이 촬영되어 유튜브에 올라오고 있다. 이 반응 동영상들은 해외의 젊은 수용자들을 중심으로 높은 인기를 누리고 있으며, 현재 유튜브 최고 인기 유저 중 하나인 파인 브라더스(The Fine Brothers, 유튜브 아이디명은 TheFineBros)가 바로 이러한 반응 동영상들을 통해 유튜브 상의 스타로 떠오른 대표적인 온라인 프로듀싱 팀이다. 이들은 베니 파인(Benny Fine)과 라피

파인(Rafi Fine)이라는 두 명의 형제로 이루어져 있으며, 현재 유튜브에서 7백만 명에 가까운 구독자(subscriber)를 거느리고 있는 스타 프로듀싱 팀이다. 이들은 다양한 연령대의 시청자들을 대상으로 한 각종 반응 동영상을 통해 유튜브의 스타 유저로 떠올랐다. 이후 이들은 영화와 소설, 게임 등에 대한 스포일러를 담은 'Spoiler' 시리즈, 유튜브로부터 1억 불의 지원금을 받아 제작한 시트콤「MyMusic」등을 통해 미디어 업계로부터 '인터넷 시대의 텔레비전 방송이 나아갈 길'을 제시했다는 평가를 받고 있는 팀이기도 하다("AretheFineBrothers", 2012; Dredge, 2013 참조).

재미있는 것은 유튜브에 올라와 있는 반응 동영상들 중 케이팝에 대한 서구 수용자들의 반응 동영상의 비중이 상당히 크다는 점이다. 반응 동영상은 셀프 촬영, 즉 자신의 카메라로 자신의 반응을 촬영하여 올리는 사람부터 케이팝 팬의 반응, 심지어 이전까지 케이팝을 전혀 접해보지 못한 사람들의 긍정/부정적인 반응을 모두 포함하고 있다. 이러한 동영상들은 개인적으로 촬영하여 올리는 경우도 많지만 그 중에는 전문적으로 케이팝 반응 동영상만을 지속적으로 올리는 유저들이 따로 존재하며, 이들은 적게는 수백 명에서 많게는 수만 명에 이르는 구독자들을 보유하고 있을 정도로 유튜브에서 상당한 인기를 누리고 있다.[4] 촬영된 각종 반응 동영상 및 그 영상들을 올린 유저들의 프로필을 통해 확인할 수 있는 업로드 유저들과 반응 동영상 출연자들은 대부분 10대에서 20대로 보이며, 동아시아계와 백인, 흑인, 히스패닉 등 다양한 인종/민족적 배경을 가지고 있고 성별은 여성인 경우가 더 많은 편이다. 앞서 언

4) 대표적으로 KSpazzing, Dylan Jacob, MisterPopoTV, KPOP DERPS, Kitty107347, Project Chu 등이 있다.

급한 파인 브라더스 역시 'YouTubers React to K-Pop',[5] 'Teens React to Gangnam Style'[6] 등 다양한 종류의 케이팝 반응 영상을 제작하여 유튜브에 업로드하기도 했다.

이러한 반응 동영상은 케이팝에 대해 긍정적인 반응을 담고 있는 경우도 있고 부정적인 반응인 경우도 있다. 중요한 점은 이 동영상을 전문적으로 올리는 유튜브 유저들이 단지 케이팝을 무조건적으로 찬양하거나 혹은 웃음거리로 삼기 위해 올리는 것이 아니라, 새로 나온 신곡이나 기존 곡이지만 자신들이 처음 들어본 케이팝 음악에 대해 느낀 바를 비교적 솔직하게 다른 케이팝 팬들과 공유하기 위한 목적으로 올리는 경우가 많다는 것이다. 이러한 동영상들이 올라오면 전 세계의 케이팝 팬들이 해당 동영상에 댓글을 달며 서로 의견을 교환하곤 하는데, 이러한 행위를 통해 케이팝 수용자들은 유튜브를 하나의 '공개적인 케이팝 관련 게시판'으로 활용하고 있다. 또한 케이팝에 대해 생소한 사람들에게 음악을 들려주고 뮤직비디오를 보여주거나 이 반응 동영상을 보여주면서 그들의 관심을 유도하고자 하는 의도가 다분히 포함되어 있는 경우도 많다.

현재 세계 대중음악시장에서 케이팝은 주류(mainstream) 음악이라기보다는 소수의 충성스러운 팬을 거느리고 있는 소수의 마니아, 혹은 비주류(minor) 음악이라고 할 수 있다. 특히 세계 대중음악의 중심이라 자부하는 미국은 사실 외국 음악, 특히 영어권이 아닌 나라의 음악에 거의 관심을 기울이지 않으며, 따라서 외국의 음악에 관심을 가지는 소수의 비주류 팬들이 미국 주류 미디어 및 유통 시장에서 외국의 음악을 접

5) http://www.youtube.com/watch?v=ekJ-ldOD0TQ

6) http://www.youtube.com/watch?v=uYFmxgzPP3Q

하기란 매우 어렵다. 이러한 상황에서 미국의 케이팝 팬들이 케이팝 음악을 접하고 다른 케이팝 팬들을 만날 수 있는 기회는 매우 제한적인 반면, 유튜브는 소수의 현지 케이팝 팬들이 쉽게 서로 정보를 교환하고 친목을 도모할 수 있는 공간으로서 매우 효과적이라고 할 수 있다. 그것은 앞서 언급한 것처럼 한국 대중음악산업계가 유튜브를 통한 음악의 유통과 홍보에 적극적으로 참여하고 있기 때문이다. 따라서 미국을 비롯한 동아시아 외 지역의 케이팝 팬들은 비교적 진입 규제가 낮고 많은 질 좋은 케이팝 영상 및 정보를 얻을 수 있는 유튜브를 통해서 국제적으로 서로 교류하며 커뮤니티를 형성하고 있는 것이다. 또한 케이팝이라는 장르의 인지도를 보다 넓은 수용자들에게 알리고자 하는 이들의 자발적인 노력은 실제로 상당한 효과를 보고 있는데, 이것은 음반 판매와 라디오 방송, 그리고 끊임없는 공연 투어를 통해서 인지도 상승을 얻고자 했던 대중음악산업의 기존 방식과는 차별되는 새로운 방식이라고 할 수 있다.

IV. 커버댄스 경연대회

앞서 언급한 케이팝 수용자들의 유튜브 활용 방식 중 네번째, 즉 케이팝 가수들의 춤을 따라 추는 영상을 올리는 것은 사실 케이팝 수용자들에게만 국한된 유튜브 활용 방식은 아니다. 유명한 가수의 노래 부르는 방식을 흉내 내거나 춤을 똑같이 따라 추는 것은 예전부터 굉장히 흔한 일이었다. 수없이 존재하는 모창 가수들을 굳이 언급하지 않더라도, 필자 역시 십대 학창 시절 당시 유행하던 서태지와 아이들의 「난 알아요」 춤이나 듀스(Deux)의 「나를 돌아봐」 춤, 현진영의 「흐린 기억 속의 그대」 춤 동작 등을 친구들과 함께 열심히 따라 해보곤 했으며 중고등학교 수학여행의 '장기자랑' 시간에는 해당 음악을 틀어 놓고 이 춤들을 똑같이 재현하는 일이 비일비재했다. 외국도 이와 크게 다르지 않아서, 잊을 만하면 「비틀즈(The Beatles)와 제일 비슷한 밴드 뽑기」나 「엘비스 프레슬리(Elvis Presley) 닮은꼴 뽑기 경연대회」등을 개최한 것이 해외 토픽 뉴스로 보도되곤 한다.

그러나 소리와 영상을 불특정 다수에게 쉽게 전달할 수 있는 유튜브가 대중화되면서 이런 다양한 '따라하기'를 많은 이들에게 보여줄 수 있는 여건이 조성되었다. 실제로 굉장히 많은 사람들이 자신의 노래하는 모습이나 기타 연주, 드럼 연주 등을 녹화하여 유튜브에 올린 후 자신의 노래 및 연주에 대한 반응을 묻곤 한다. 그 중에서도 미국의 유명한 알엔비 가수 리한나(Rihanna)의 히트곡 「Umbrella」를 어쿠스틱 기타로 연주하며 노래하는 영상을 유튜브에 올리며 스타가 되었던 마리에 딕비(Marié Digby)나 다양한 가수들의 노래를 자신이 직접 기타를 치며 리메이크한 유튜브 영상을 통해 역시 유명세를 탄 가브리엘 애플린(Gabrielle Aplin)과 같은 이들은 이러한 '따라하기' 영상을 유튜브에 올린 후 실제로 주류 음반사에 발탁되어 정식으로 프로 음악계에 데뷔하여 성공을 거두기도 했다. 그리고 유튜브를 상당히 적극적으로 활용하는 케이팝 팬들 역시 자신이 좋아하는 케이팝 음악을 직접 불러본 영상, 혹은 아이돌 그룹들이 추는 춤을 따라한 영상을 많이 업로드하곤 한다.

특기할 만한 사항으로 케이팝 팬들의 '따라하기' 유튜브 영상은 대부분 노래보다는 춤에 집중되어 있는데, 그것은 각 멤버들의 화려한 군무(群舞)가 음악만큼, 혹은 그 이상으로 중요하게 여겨지는 케이팝 자체의 특성상 춤이 팬들의 주목을 받는 경우가 많기 때문이다. 이에 대해 국내 대표 연예기획사인 에스엠 엔터테인먼트(SM Entertainment, 이하 SM)의 전속 작곡가인 유영진 이사는 "내가 곡을 쓴다는 것은 무대와 곡이 일체화되는 작업이다"라고 언급한 바 있으며, 노래 자체보다도 "완벽한 퍼포먼스를 위한 음악을 만드는 것이 목표"임을 직접 밝힌 바 있다(강명석, 2010). SM에서는 이러한 자신들의 음악적 지향을 'SMP(SM Music Performance)'라는 독자적인 용어로 정의하곤 하는데, 노래보다 춤과 의상 등 종합적인 무대 퍼포먼스를 더욱 중시하는 것은 비단 SM만의 특징이라기보다는 대부분의 케이팝 아이돌 그룹 및 해당 분야 작곡가들의 일반적인 경향이라고 할 수 있다. 따라서 케이팝 음악에 대한 수용자들의 평가도 노래보다 춤이 우선시되는 경우가 많은데, 이는 해외의 케이팝 팬들 역시 마찬가지이다. 게다가 해외 케이팝 팬들의 경우 아무래도 한국말로 이루어진 가사를 따라 부르기가 쉽지 않기 때문에 노래보다는 춤을 따라하는 경우가 더 많기도 하다. 이러한 케이팝 춤 따라하기 유행은 빌보드지에서 특집으로 보도할 정도로 해외의 일반적인 대중음악 팬들에게도 화제를 모으고 있다(A Look Inside, 2011).

1. 케이팝 커버댄스 경연대회: 정부 차원에서의 유튜브 활용

'케이팝 커버댄스 경연대회(공식 영문 명칭은 K-Pop Cover Dance Festival, 이하 커버댄스대회)'는 이러한 해외 수용자들의 독특한 케이팝 향유 방식에 착안하여 개최하기 시작한 행사이다. '커버(cover)'라고 하는 단어는 원래 자신의 노래가 아닌 다른 가수의 곡을 리메이크할 때 쓰이는 말인데, 여기에 노래/음악 대신 '춤'을 의미하는 '댄스(dance)'를 결합한 것이 바로 커버댄스로 이에 대해 1회 커버댄스대회에서는 "커버댄스란 팬코스프레의 일종으로, 특정가수의 댄스를 모방하는 행위를 일컫는 말"이라고 정의하기도 하였다.[7] 케이블 방송국인 엠넷(이하 Mnet)의 '슈퍼스타 K', 에스비에스(이하 SBS)의 'K-Pop Star', 엠비씨(이하

MBC)의 '위대한 탄생' 등의 오디션 프로그램이 존재하고 있지만 이 프로그램들이 출연자들의 '노래하는 능력'에 초점을 맞추고 있는 반면 커버댄스대회는 순수하게 춤추는 능력, 그것도 기존에 존재하는 아이돌 그룹의 춤에 대한 재현에 집중하고 있다는 점에서 기존의 오디션 프로그램과 큰 차이가 있다. 또한 이 커버댄스 대회를 다른 일반적인 오디션 대회와 차별화시켜 주는 다른 중요한 요소는 바로 방송국과 연예기획사 등 문화산업과 관련된 민간 업체뿐만 아니라 문화체육관광부, 해외문화홍보원, 지방자치단체 등 정부 기관이 적극적으로 관여하는 민관(民官) 합동행사라는 점이다.

이 행사는 2011년에 처음 시작되어 연 1회 개최되고 있으며, 가장 최근에 열린 2013년 제3회 커버댄스대회의 간략한 개요는 다음과 같다. 대회는 총 3개의 라운드로 구성되었으며 1라운드는 온라인 예선, 2라운드는 오프라인 본선, 그리고 마지막 3라운드는 결선으로 이루어진다. 2라운드는 도쿄, 방콕, 벤쿠버, 시드니, 모스크바 등 아시아, 유럽, 오세아니아, 북미, 남미, 아프리카의 약 10개의 지역에서 열렸으며, 마지막 라운드는 한국 경주에서 치러졌는데 최종 라운드에 진출한 모든 참가자는 한국으로 오는 항공비를 비롯한 체재비 일체를 지원 받았다.[8] 1라운드 온라인 예선에는 세계 80여 개 국가에서 총 1,500팀이 참가하였으며, 이후 2013년 10월 5일 경주에서 치러진 결선라운드를 통해 태국 출신의 12인조 남성 그룹 '밀레니엄 보이(Millennium Boy)'가 2013년 최고의 케이팝 히트곡 중 하나인 엑소(EXO)의 「으르렁」 춤을 완벽하게 재현해 낸 무대를 통해 우승을 차지했다.[9]

7) http://www.imbc.com/broad/tv/ent/kpopshow

8) 다만 2라운드 오프라인 본선의 참가비용은 참가자 부담.

이 대회에서 주목할 부분은 바로 1라운드 온라인 예선이다. 대회 참가 신청을 할 때 신청자들은 유튜브에 자신들의 커버댄스 동영상을 먼저 업로드한 후 해당 동영상의 소스 코드를 신청서에 적어서 제출해야 한다. 그러고 나면 이 유튜브 동영상을 토대로 심사가 진행되는데, 동영상 조회수 30%, 추천투표수 20%, 전문가 평가 점수 50%를 반영하여 점수를 매기게 된다. 즉 1라운드 통과 여부는 유튜브를 통한 인기투표가 큰 점수를 차지하게 되는데, 이 과정에서부터 각 기획사는 물론 문화체육관광부와 해외문화홍보원 등의 정부 기관에서는 유튜브를 통한 케이팝 홍보 효과를 적극적으로 추구하고 있다. 일례로 3회 커버댄스대회에서 우승을 차지한 태국의 밀레니엄 보이(Millenium Boy)의 경우는 이미 팬클럽 회원만 9만 명 가까이 보유한 인기 댄싱팀이라고 하며, 이들의 팬들은 이들이 태국에서 공연한 커버댄스 무대를 직접 촬영하여 활발히 유튜브에 업로드를 하고 있을 정도이다. 이러한 예선 방식은 유튜브에 산재해있는 전 세계의 케이팝 팬들을 결집시키는 방법인 동시에, 본래 유튜브 활용도가 높은 편인 케이팝 팬들에 대한 홍보 효과도 겸하게 되는 것이다.

또한 경연대회의 입상자 선발에서는 어느 정도 지역적인 안배와 더불어 인종/민족적인 안배도 고려되고 있음을 확인할 수 있다. 2012년 커버댄스대회의 최종라운드에 오른 13개 팀의 국적을 살펴보면 총 11개 국가 출신으로 아프리카, 유럽, 미주, 아시아를 고루 배분했으며, 2013년의 경우는 이전 대회에 비해 동아시아 지역 참가자의 결선라운드 진출 비율이 대폭 증가했지만 대신 2라운드 본선 진출에 성공한 총 107개

9) 참고로 1회 대회의 우승팀은 러시아의 Febris Erocitca, 2회 대회 우승팀은 태국의 Lollipop CZ였다.

의 팀 중 유럽에서 49개 팀, 아시아에서 46개 팀, 미주 지역에서 12개 팀을 선정한 것을 확인할 수 있다. 참가자들의 실력도 실력이지만 그보다도 다양한 지역에서 온 다양한 인종/민족의 참가자를 전면에 내세우며 케이팝의 세계적인 인기를 홍보하는 것을 우선시하고 있는 것이다.

2. 케이팝 커버댄스와 저작권

정부 차원에서 한류를 지원하고자 하는 노력은 한국 대중문화의 국제적 인기가 가시화된 2000년대 초반부터 꾸준히 있어왔으며, 커버댄스 대회 역시 동아시아 외 지역에서 일어나기 시작한 한류, 특히 케이팝의 인기를 확산시키기 위한 해외문화사업의 일부로 진행되고 있다. 이에 따라 2011년과 2012년의 커버댄스대회는 아예 '한국 방문의 해' 캠페인과 결부되어 개최되었으며, 세 번의 대회 모두 한국의 대표적인 관광지인 경주를 개최지로 삼았다. 특히 1회 대회였던 2011년의 경우는 MBC와 연계하여 「K-Pop 로드쇼 40120」라는 이름의 프로그램으로 제작되어 약 두 달간 방영되기도 했다.[10)]

사실 유튜브에 커버댄스 영상을 올릴 경우 해당 음악의 저작권자에게는 일정한 비용이 지급되어야 한다. 실제로 미국의 한 어머니가 라디오에서 흘러나오는 미국의 인기 가수 프린스(Prince)의 노래를 배경으로 자신의 어린 딸이 춤을 춘 영상을 유튜브에 올렸다가 해당 노래에 대한 저작권을 가진 음반 회사로부터 거액의 저작권 청구 소송을 당한 적이 있을 정도다(Lessig, 2005). 물론 유튜브에는 이러한 커버댄스 영상

10) 2011. 09. 22~2011. 11. 17의 기간 동안 매주 목요일 밤 11시 5분부터 1시간 동안 방영되었다.

말고도 수많은 저작권 위반 사례가 있으며, 심지어 영상 없이 아예 음원만 올라와 있는 경우도 흔하다. 그러나 이러한 경우 역시 저작권 위반임이 확인될 경우 저작권자의 확인을 거쳐 유튜브에서 해당 동영상을 삭제하며, 저작권자가 원한다면 해당 위반 사례에 대한 저작권료 지불을 청구할 수 있는 것이다. 그러나 커버댄스대회를 주관하는 정부에서는 이러한 점을 인지하고 있음에도 불구하고 참가자들에게 자신들의 커버댄스 영상을 유튜브에 올리도록 하는 방침을 고수하고 있다. 문화체육관광부나 해외문화홍보원 등 관련 기관에서는 각 기획사에 '협조 공문'을 발송하여 케이팝 음악의 저작권자인 국내 연예기획사 및 음반사에 양해를 구하고 있지만, 이와는 별개로 유튜브 측에서 커버댄스 영상을 저작권 침해로 판단하고 삭제하는 경우도 존재할 만큼 이 문제에 대한 명확한 해결은 이루어지지 않은 상태이다.

원래대로라면 이 행사를 주관하는 정부 기관에서 저작권자에게 일정한 비용을 지급해야 할 것이다. 그러나 '한류 홍보와 확산'이라는 목적하에 정부 기관에서 앞장서서 저작권 규정을 위반하고 있는 것이며, 국내의 기획사와 음반사 역시 소속 아이돌 그룹 및 그들의 노래에 대한 홍보의 목적으로 저작권료를 포기하고 있다고 할 수 있다. 저작권을 일정 부분 단념하면서 더 큰 이득을 노리는 전략은 이미 2000년대 초반 한류가 중국 대륙을 중심으로 인기를 얻던 시기에도 유용하게 활용된 바 있다. 피스(Pease)는 2000년대 초반 중국에서 유통된 한국 대중음악 상품의 90% 이상이 불법 복제 제품이었기 때문에 중국 내에서의 음반 판매나 콘서트 등을 통해 얻은 수익이 '한류'라는 이름에 비해 그다지 높지 않았음을 지적하였다. 그러나 일본과는 달리 한국 대중음악산업계는 중국에서의 불법 복제에 대해 느슨한 태도를 취함으로써 중국의 엄격한 검열 제도를 피함과 동시에 좀 더 많은 이들에게 한국 대중음악이 용이하게 보급될 수 있는 길을 열었고, 이렇게 중국에서 인기를 얻은 한국 음악은 곧 동아시아의 중국어 문화권 국가 및 화교들을 통해 더 넓은 지역으로 확산될 수 있었다는 것이다(Pease, 2009). 서구 대중음악산업과 유튜브에서 음악과 뮤직비디오를 유료화하기 위해 노력하고 있는 지금,[11] 오히려 국가적인 차원에서 산업계에 저작권을 일정부분 단념하도록 권유하고 있는 아이러니한 상황인 것이다.

그러나 유튜브에서 이루어지고 있는 저작권에 대한 문제제기가 과연 정당한 일인가에 대해서는 다소 논란의 여지가 있다. 앞서 언급한 프린스 음악 관련 저작권 소송의 일화에서도 알 수 있듯이, 개인이 상업적인 용도가 아닌 단순한 배경음악 수준으로 음악을 사용하였는데도 높은 금액의 저작권료를 요구하는 것에 대해서는 여전히 많은 논란이 있다(Lessig, 2005). 또한 유튜브 자체가 원래 거대 주류 미디어가 해주지 못하는, 개인들이 직접 제작한 동영상을 적은 비용과 수고만으로도 올릴 수 있는 대안적인 미디어 성격으로 설립되었음에도 불구하고 구글에 매각된 이후 저작권을 강조하거나 콘텐츠에 대한 검열을 강화하고 유료화를 시도하는 등 주류 미디어의 행동 방식을 그대로 답습하는 것에 대한 비판도 존재한다(Vaidhyanathan, 2011).

V. 맺음말 및 향후 연구 과제

2010년대로 들어오면서 케이팝이 동아시아 지역을 넘어 미국과 유럽 지역을 포함하는 좀 더 넓은 지역에서 인기를 얻을 수 있었던 배경에

11) http://www.ytn.co.kr/_ln/0104_201310260631013430

는 대중음악 소비와 유통의 디지털화가 있었다. MP3과 유튜브로 대표되는 대중음악 향유 매체의 디지털화는 수용자 취향의 다변화를 불러일으켰고, 이로 인해 세계 대중음악 시장 내에서의 틈새시장 형성 가능성은 이전에 비해 상당히 높아졌다. 동아시아 지역에서의 한류가 중국을 비롯한 동아시아 지역 국가들의 미디어 시장 개방 및 경제 발전으로 인한 미디어 상품 수요와 국내 드라마/음악 산업의 발전 및 해외 진출 의지가 '기가 막힌 타이밍(felicitous timing)'에 맞물리며 시작될 수 있었던 것처럼(Chua Beng Huat & Iwabuchi, 2008:4), 2010년대의 케이팝 역시 디지털화와 취향의 다변화라는 세계 대중음악산업 변화의 시점과 케이팝의 흥기(興期)가 적절히 맞물리며 서구 수용자와 미디어의 주목을 받게 된 것이다.

다양한 디지털 미디어 중 해외 수용자들이 케이팝 향유를 위해 적극적으로 활용하는 미디어는 바로 유튜브이다. 많은 수용자들이 유튜브를 통해 음악을 듣고 뮤직비디오를 시청하는 동시에 자신들이 촬영한 공연 영상이나 연주 영상을 올리고 있지만, 그 중에서도 케이팝 팬들은 좀 더 적극적이고 능동적으로 유튜브를 활용하고 있다. 유튜브에 올라와 있는 수많은 케이팝 관련 반응 동영상과 커버댄스 동영상이 그 대표적인 예라고 할 수 있는데, 케이팝 팬들은 이러한 동영상들을 올리고 그것을 시청하거나 댓글을 통해 서로간의 의견을 교환하며 케이팝 음악에 대한 충성도를 강화하는 동시에 그것을 좀 더 많은 수용자들에게 알리기 위해 적극적으로 노력하고 있다. 즉 해외의 케이팝 팬들은 비교적 진입이 자유로운 열린 인터넷 공간인 유튜브를 케이팝 향유를 위한 기뮤니디로 활용하고 있는 것이다.

커버댄스대회는 이러한 유튜브 내 케이팝 팬들의 높은 충성도를 바탕으로 산재되어 있는 해외 케이팝 팬들을 결집시킴과 아울러 더 많은 잠재적인 수용자들에게 케이팝을 홍보하기 위한 정부 기관 주도의 민관 합동 행사이다. 이 대회는 내국인보다는 외국인 위주로, 그리고 케이팝 인기의 중심인 동아시아뿐만 아니라 유럽과 미국, 남미 등 현재 국내에서 케이팝의 새로운 목표 시장으로 삼고 있는 지역들에 대한 노골적인 안배가 바탕이 된 국제 행사이다. 기존의 많은 정부 기관 주도의 한류 행사들과는 달리, 이 커버댄스대회는 수용자들이 자발적으로 만들어낸 흐름을 비교적 잘 활용한 행사로, 참가자들이 대회 참여를 위해 유튜브에 올리는 커버댄스 영상들은 수용자들에게는 그 자체로 유행에 따라 케이팝을 즐기는 방식이 되는 동시에 정부 기관 및 케이팝 산업계에게는 수용자들을 위한 효과적인 홍보 수단이 되는 것이다. 그러나 이 행사는 정부의 주도 하에 이루어지는 저작권료의 유예(猶豫)를 바탕으로 성립되는 행사라는 문제점을 지니고 있다. 물론 케이팝 산업계에서도 홍보의 목적으로 정부에 협조적인 태도를 취하고 있는 것이 사실이지만, 수용자들이 스스로 만들어 낸 유행에 정부 기관이 의도를 가지고 개입할 경우 오히려 자연스러운 흐름이 망가지는 전례들이 많았기 때문에 이러한 정부 주도 행사에는 차분한 검토와 진지한 성찰이 필요한 시점이다.

일례로 최근 프랑스를 방문했던 박근혜 대통령의 첫 공식 일정이 바로 프랑스의 한류 팬클럽인 봉쥬르 꼬레(Bonjour Corée)가 주최한 한류 관련 행사에 참석하는 것이었는데, 봉쥬르 꼬레의 전신이라고 할 수 있는 코리안 커넥션(Korean Connection)에 적극적인 재정 지원을 하며 해당 민간단체를 한류 확산의 전진 기지로 이용하려던 정부의 지원과 개입이 참담한 실패로 끝나며 오히려 역효과를 냈던 사실을 생각해보면 상당히 아이러니한 일이다. 코리안 커넥션은 어린 시절 프랑스로 입양된 한국계 프랑스인 막심 파케(Maxime Paquet)가 설립했던 단체로, 인터넷을 중심으로 산재해있던 프랑스 한류팬들을 조직화하면서 한 때 '프랑스 한류의 핵'이라고 불릴 만큼 유명한 단체였다. 2011년 5월 파리에서의 열린 케이팝 콘서트(SM 소속 가수들의 합동 공연인 'SM Town 콘서트')가 성공적으로 개최된 후 그 결과에 고무된 문화체육관광부와 한국관광공사 등 정부 기관에서는 다양한 방식으로 코리안 커넥션을 적극적으로 후원했으며, 파케는 정부의 지원을 등에 업고 국내 다수의 미디어와 인터뷰를 하는 등 프랑스와 유럽의 한류 열풍의 중요 조력자로 떠올랐다. 이러한 지원을 등에 업고 파케는 '좀 더 광범위한 수익 사업을 진행하겠다'라고 선언하는 등 열의를 보이기도 했다. 그러나 정부 기관의 관련 비용 협찬을 바탕으로 진행한 한국 관광행사 'Go! Go! Korea'에 대한 호응이 지지부진하자 파케와 코리안 커넥션의 회계담당자는 행사 진행에 대한 책임을 지지 않고 갑자기 잠적해버렸으며, 관광공사 파리 지사 및 일정을 주관한 여행사 측에서는 손해를 무릅쓰고 희망자들을 대상으로 한국 관광 일정을 소화해주는 촌극을 연출하였다. 그러나 환불을 요구한 20여명은 이후에도 돈을 돌려받지 못했으며, 이 중 2명은 손해 배상 소송을 제기하는 등의 일이 벌어졌다. 결과적으로 코리안 커넥션 및 파케 등에 대해 신중히 알아보지 않고 그들을 밀어준 정부의 지원 정책은 막 점화하기 시작한 프랑스/유럽 내의 한류 열풍에 찬물을 끼얹고 말았던 것이다.[12)]

사실 산업 현장에서 한류에 대한 정부 지원에 냉소적인 반응을 보이는 것, 그리고 정부의 적극적인 개입이 지나친 국가색 강조나 애국심에 대한 호소로 이어지며 오히려 방해물로 작용했던 결과에 대한 지적은

12) 자세한 내용은 해당 사건에 대한 SBS 뉴스의 취재 기사와 관련 영상을 참조할 것 http://news.sbs.co.kr/section_news/news_read.jsp?news_id=N1001262117; http://media.daum.net/foreign/others/newsview?newsid=20120705073007726

꾸준히 제기되어온 문제이다(심두보, 2008: 30; 한경미, 2011). 그러나 이미 다 갖추어진 '명백한 결과물'에 뒤늦게 편승하는데 그치는 경우가 많았던 기존 정부의 한류 지원 행사와는 달리, 커버댄스대회는 비교적 발 빠르게 새로운 흐름을 잡아내어 이를 정부 주도의 공식 행사로 연결시킴으로써 해외 한류 수용자들에게 직접적인 호응을 이끌어내고 있는 행사라는 점 역시 무시해서는 안 되는 요소이기도 하다.

이렇듯 반응 동영상과 커버댄스대회는 케이팝의 폭넓은 세계화와 유튜브를 비롯한 뉴미디어와의 관계, 뉴미디어를 통한 수용자들의 직접 참여 문화 확산 및 여러 미디어와의 융합 활용, 정부의 한류 활성화 정책의 향후 발전 방향 모색, 케이팝 활성화와 저작권법 문제 및 사이버 스페이스(cyber space)에서의 저작권 관련 문제 등 한류, 케이팝, 미디어와 관련한 다양한 이슈가 존재하는 현상이라고 할 수 있다. 따라서 반응 동영상에 대한 내용 분석 및 해당 동영상을 제작하고 유튜브에 올리는 유저들을 대상으로 한 심층 인터뷰, 한류 활성화 정책과 관련된 정부 기관 관계자에 대한 인터뷰 및 지금까지의 해당 정책에 관한 비판적인 검토, 뉴미디어와 디지털화 시대의 저작권법에 대한 분석 및 대안 모색 등이 향후 연구해야할 과제라고 할 수 있을 것이다.

참고문헌

강명석(2010. 06. 09), 나 같은 작곡가 하나 있는 것도 재미있는 일: 유영진 인터뷰-1, 『텐아시아』, http://tenasia.hankyung.com/archives/4251

신현준(2011), 가장 세계적이라서 가장 한국적이 된 음악의 10년 동안의 이야기, 『List, Books from Korea』, 14. http://kor.list.or.kr/articles/article_view.htm?Div1=8&Idx=788

임영진(2012. 09. 25), 싸이, 美 대학도 점령, 마칭밴드 버전 '강남스타일', 『중앙일보』. http://article.joins.com/news/article/article.asp?total_id=9420645

한경미(2011. 06. 24), 파리에서 물었다. "K-Pop 아시나요?", 『오마이뉴스』.
http://www.ohmynews.com/NWS_Web/view/at_pg.aspx?CNTN_CD=A0001581271

한국콘텐츠진흥원(2013), 『2012 음악산업백서』.

A Look Inside the 'K-Pop Cover Dance' Trend(2011, Oct. 18), The Billboard, retrieved from http://www.billboard.com/articles/news/465675/a-look-inside-the-k-pop-cover-dance-trend.

Are the Fine Brothers the Future of Television?(2012, May 3), Business Week, retrieved from http://www.businessweek.com/videos/2012-05-03/are-the-fine-brothers-the- future-of-television

Benjamin, Jeff(2012, May 18), The 10 K-Pop Groups Most Likely to Break in America,
Rolling Stone, retrieved from http://www.rollingstone.com/music/lists/the-10- k-pop-groups-most-likely-to-break-in-america-20120518

Bevan, David(2012), How Jay Park Became the Face of a 'New Breed' of K-Pop R&B, Spin Magazine, retrieved from http://www.spin.com/blogs/how-jay-park-became- face-new-breed-k-pop-rb

Chua, Beng-Huat & Iwabuchi, Koichi(eds.)(2008), *East Asia Pop Culture: Analyzing the Korean Wave*, Hong Kong: Hong Kong University Press.

Dredge, Stuart(2013, August 20), Inspired by the 11 Crowd, MyMusic Season Two
Launches on YouTube, The Guardian, retrieved from http://www.theguardian. com/technology/2013/aug/20/mymusic-fine-brothers-youtube-sitcom

Goldsmith, Jack & Wu, Tim(2008), *Who Controls the Internet?: Illusions of a Borderless World*, Oxford: Oxford University Press.

Hesmondhalgh, David(2007), *The Cultural Industries*, London: Sage.

Hibberd, James(2009, March 11), MTV Sets Its Sights on Comedy Scripts, Reuters,

retrieved from http://www.reuters.com/article/2009/03/11/us-mtv-idUSTRE52A1 7Y20090311

Lessig, Lawrence(2005), *Free Culture: The Nature and Future of Creativity*, New York: Penguin.

Mahr, Krista(2012, March 7), South Korea's Greatest Export: How K-Pop's Rocking the World, Time Magazine, retrieved from http://globalspin.blogs.time.com/2012/03/07/south-koreas-greatest-export-how-k-pops-rocking-the-world/

Mukasa, Edwina(2011, December 15), Bored by Cowell Pop? Try K-Pop, The Guardian, retrieved from http://www.guardian.co.uk/music/2011/dec/15/cowell-pop-k-pop

Negus, Keith(1999), Music Genres and Corporate Cultures, London: Routeledge.

Pease, Rowan(2009), Korean Pop Music in China: Nationalism, Authenticity, and Gender, in Jonathan D. Mackintosh et al.(eds.), Cultural Studies and Cultural Industries in Northeastern Asia: What a Difference a Region Makes(151-167), Hong Kong: Hong Kong University Press.

Poole, Robert M.(2012, January 23), Korean Hip-Hop: K-Hop Goes Global, Newsweek Magazine, retrieved from http://www.thedailybeast.com/newsweek/2012/01/22/korean-hip-hop-k-hop-goes-global.html

PWC(2012), Music Segment Insights, Global Entertainment and Media Outlook:2012-2016,

Retrieved from http://www.pwc.com/gx/en/global-entertainment-media-outlook/ segment-insights/music.jhtml

Shim, Doobo(심두보)(2008), The Growth of Korean Cultural Industries and the Korean Wave, in Chua Beng Huat and Koichi Iwabuchi(eds.), *East Asian Pop Culture: Analysing the Korean Wave*(15-32), Hong Kong: Hong Kong University Press.

Vaidhyanathan, Siva(2011), *The Googlization of Everything(And Why We Should Worry)*, Berkeley and Los Angeles: University of California Press.

Yang, Jeff(2013, November 4), Why Girls' Generation and K-Pop Won Big at the YouTube Music Awards, The Wall Street Journal, retrieved from http://blogs. wsj.com/speakeasy/2013/11/04/why-girls-generation-and-k-pop-won-big-at- the-youtube-music-awards/

YouTube Trends Team(2013, July 15). A Year Since Gangnam Style, K-Pop Keeps Getting

Bigger, retrieved from http://youtube-trends.blogspot.kr/2013/07/a-year-since-gangnam-style-k-pop-keeps.html

【 ABSTRACT 】

Digitalization and Globalization of K-Pop

- YouTube Reaction Video & Cover Dance Festival -

Lee, Gyu Tag*

Gangnam Style's global success in 2012 was heavily dependent on YouTube. Without the influence of YouTube, Gangnam Style could have not be known to the world so widely and so fast. Not only the famous music video, but reaction videos by various audiences and diverse kinds of parody and remake videos of Gangnam Style also strengthened its popularity. Actually, before Gangnam Style phenomenon, global K-Pop audiences have enjoyed K-Pop through uploading, watching, and making comments on reaction videos and cover dance videos in YouTube. Fans of other musical genres also use YouTube as their way of enjoying and consuming music, but K-Pop audience is one of the most active fans who use YouTube as their way of enjoying, consuming, and promoting their favorite music and musicians. It is a unique aspect of K-Pop that the current rising popularity of K-Pop in the global popular music industry is highly dependent on new media such as YouTube. The development of K-Pop as global music is related to the digitalization of music distribution and consumption which has proceeded since the early 2000s. K-Pop music industry has been actively using YouTube and other new media as the means of distribution and promotion of their products, for K-Pop is still a minor musical genre, not main-

* Instructor, Hallyu Graduate School.

stream music. Especially in the US, still the center of global music industry, it cannot be expected that non Anglo-American music such as K-Pop will be accepted by mainstream media (such as TV and radio industry) in spite of its international popularity. Therefore K-Pop industry tries to penetrate into US and global market through YouTube where the entry barrier is relatively low. And global K-Pop audiences, not the mainstream but to be reckoned with, are accessing K-Pop through the YouTube and making their own community in that space. 'K-Pop Cover Dance Festival', led by Korean Government and supported by K-Pop industry, is one of the interesting event relied on the importance of YouTube in the globalization of K-Pop. It covers several important issues of K-Pop and Hallyu such as the relationship between the new media and the globalization of K-Pop, pros and cons of Government's policies of supporting K-Pop (and Hallyu in general), the conflict between the development of K-Pop and the global copyright regime, and the copyright issues of YouTube, a highly controversial topic. Therefore, Cover Dance Festival is one of the significant events related to the future of K-Pop that how K-Pop industry should make the best use of digitalization and new media for its globalization.

Key words K-Pop, Hallyu, YouTube, Cover Dance Festival, Digitalization

경제한류와 문화한류가 한국 브랜드 이미지 형성에 미치는 역할

- 인도네시아에서의 한국 브랜드 이미지를 중심으로 -

송정은*

【국문초록】

현재 한류는 글로벌 문화트렌드로서 성장하고 있으며 한류의 영향력도 확대되고 있다. 한류는 한국제품의 수출의 증가와 해외에서 한국에 대한 인지도 및 친숙도 향상에 특히 영향이 크다. 본 연구는 인도네시아 조사 참여자의 한류의 경제적, 문화적 영향력과 한국에 대한 태도를 바탕으로 한국의 브랜딩 이미지 제고를 위한 방안을 제언하는데 의의가 있다. 이를 위해, 본 연구는 집단심층토론(Focus Group Discusssion)을 통해 경제한류와 문화한류를 경험하는 인도네시아인들이 한국의 브랜드 이미지를 형성하는데 영향을 미치는 주요 요인들을 살펴보았다. 연구 결과, 경제·문화한류는 국가 브랜딩 아이덴티티로서 한국과 한국 문화에 대한 매력도를 강조할 수 있는 수단이다. 하지만 아직까지 국가브랜딩을 위한 문화한류의 요소들이 한류 장르 및 스타의 이미지 활용에만 제한되어 있어 한국의 브랜드 이미지를 발전시키기에 부족하다. 따라서 한류의 지속가능한 발전과 이를 통한 한국의 긍정적 브랜드 이미지 제고를 위해서는 한류 문화소비자들이 그들의 관심사에 부합하는 콘텐츠와 다양한 종류의 한국의 문화예술을 인지하고 경험할 수 있도록 해야 할 것이다.

주제어 한류, 경제한류, 문화한류, 국가브랜딩, 인도네시아

---

* 서울시립대학교 SSK 연구교수

I. 서 론

한류는 다양한 경로를 통해 수용자들과 접촉하며 한국과 한국 문화의 매력적인 면모를 어필하고 있다. 한류는 초기 한국 드라마, 음악, 영화의 확산을 의미하였는데 한류의 영향력이 다방면으로 확대되면서 현재 한류의 의미는 한국 문화를 포함한 한국이 주체가 되는 모든 활동을 포함한다. 한류는 글로벌 팝문화로 확산되고 있으며 그 영향력은 각각 정치, 경제, 사회, 문화적 측면에서 점차 증가되고 있다. 특히 한류의 유행에 따른 한국의 이미지 향상, 한국 기업의 제품에 대한 선호도 및 한류의 경제적 효과가 부각되었다.

한국의 국가 이미지는 내 · 외국인이 각각 한국에 대해 연상하고 동의하는 인지적, 감정적, 행동적 요소이다. 한국에 대한 인지도는 한류의 확산에 의해 향상되었고, 이와 함께 한류는 단기간 내에 한국에 대한 호감을 높이는 계기가 되었다. 한국은 문화적 요소를 활용하여 한국을 홍보하고 매력적이고 친숙한 이미지를 형성하려 노력하였는데, 한국의 팝문화(popular culture), 특히 드라마와 음악은 한국의 국가브랜딩의 주요 요소가 되었다. 한류는 내국인들에게는 새로운 문화적 정체성의 표현이자 국가 브랜딩 요소이고 외국인들에게는 기존의 한국에 대한 인식을 전환시킬 수 있는 요소가 되었다.

1990년대 이후 한국 기업은 급속도로 해외에 진출하며 전 세계에 한국의 인지도와 경쟁력을 향상시키고 있다. 해외에서 한국 기업은 제품의 품질 향상 및 진취적인 경영 전략을 바탕으로 발전하였다. 특히 한국 기업의 현지화 전략과 한류를 활용한 브랜딩 활동은 한국 제품의 수출 증대와 함께 한류가 전파될 수 있는 범위를 넓히며 상호 협력관계를 강화하고 있다. 즉, 한국 기업의 브랜딩 전략으로서의 한류의 활용은 기업에 대한 친숙도를 높이고 자사 상품의 수출을 증가시켰다. 동시에 기업의 한류 마케팅은 한류가 홍보될 수 있는 기회도 되었다. 한류의 유행은 한국의 대기업 외에도 중, 소기업이 한류 관련 제품을 해외에 수출할 수 있는 기회를 만들었다.

한류와 한국의 이미지에 대한 선행연구는 주로 한류 스타의 광고효과, 한국을 방문하는 관광객의 태도 및 상품구입 의사결정, 한국에 대한 정보 여부 및 여론조사 등에 초점이 맞추어져 있다(이창현 · 김유경 · 이효복, 2010; 이종호 · 옥정원 · 우도강, 2009; 정용균 · 홍성구, 2009; KOTRA, 2011, 2012; 국가브랜드위원회 · KOTRA · 산업정책연구원, 2011). 한국의 이미지에 대한 조사는 대부분 한국 방문 관광객을 유치하기 위해 한국과 관련된 인지적, 감정적, 경험적 요소에 대한 한류 소비자들의 긍정적 또는 부정적 반응을 파악하는데 집중하고 있다. 한류를 활용한 광고효과에 대한 연구들은 한류의 유행에 따른 한국 제품의 수출효과에 대한 것이다. 현재까지 한류를 활용한 광고 연구는 한류스타의 이미지와 인기에 의존한 홍보 사례에 편중하는 경향이 있다. 한류스타의 광고효과도 화장품과 음식 품목을 중심으로 한류의 중심지라 할 수 있는 특정 국가 — 중국, 일본, 베트남 등에 집중되어 있다.

이러한 연구들은 정량적 조사를 통해 한류 문화상품, 한류 스타, 및 한류 관련 상품 등 부분적 요소에 대한 주력하고 있으나, 한국의 국가이미지 향상을 위한 브랜딩 활동, 한국 기업의 경쟁력 강화 전략, 그리고 한류 문화상품의 확산 및 커뮤니케이션 효과의 유기적 관계에 대한 고찰은 미흡하다. 또한 한류 수용자를 대상으로 한 정량조사는 다수이지만, 수용자들의 한류에 대한 경험을 구체적으로 살펴보기 위한 수용자 중심의 조사연구는 적은 편이다.

한류는 한국의 이미지 및 경쟁력 향상을 위한 브랜딩 요소이고 세계에서 한국의 영향력이 확대될수록 한류 또한 확산될 수 있기 때문에, 한국의 국가 브랜딩, 해외에 진출한 한국 기업의 현지화 및 한류의 상관관계는 더욱 중요해지고 있다. 따라서 본 연구는 국가 브랜딩, 경제한류, 문화한류의 개념을 바탕으로 각 요소의 상관관계를 고려하고 향후 한국의 브랜드 이미지 강화를 위하여 경제한류와 문화한류의 발전방향을 논의하고자 한다. 이를 위해 경제한류와 문화한류가 활발히 진행되고 양국 간의 협력관계를 강화하고 있는 인도네시아에서 현지 20~40대 남·여 한류 수용자를 대상으로 초점토론조사(Focus Group Discussion: FGD)를 실시하였다. 본 연구는 인도네시아 조사 참여자의 한류의 경제적, 문화적 영향력과 한국에 대한 태도를 바탕으로 한국의 브랜딩 이미지 제고를 위한 방안을 제언하는데 의의가 있다.

II. 논의의 배경

1. 국가 이미지와 국가 브랜딩

이미지에 대한 정의는 학자들마다 차이가 있는데, 홀(Hall)은 국가 이미지를 국가 간의 정신적, 사회적, 역사적 관계에 기반한 복합적인 결과라고 정의했다(Hall, 1986). 홀의 국가이미지에 대한 정의는 이미지 이론의 창시자 보울딩(Boulding)의 정의와 유사한데, 보울딩은 이미지를 셀프(Self) 이미지와 타인(Other)의 시각에 따른 이미지가 있다고 전제하고 두 이미지 사이에는 차이점이 있다고 주장하였다(Boulding, 1953). 후자의 경우, 타인은 주어진 정보를 스스로의 가치, 견해에 따라 인지하고 그에 따라 이미지를 형성하기 때문에, 이미지는 고정적이지 않고 역사적, 사회적 변화에 따라 달라질 수 있다(Boulding, 1953; Kahle & Kim, 2006). 이에 따라 국가이미지는 한 국가가 나타내는 셀프 이미지와 타인의 이미지를 포함한다.

국가의 이미지는 내적 이미지와 대외적 이미지로 구분된다. 국가의 내적 이미지는 셀프 이미지로 국가 정체성에 대한 국가의 자체 인식과 정체성 확립과 결속력을 강화하기 위한 유, 무형의 것이다. 반면에 국가의 대외적 이미지는 국가의 고유의 정체성 및 경쟁력을 표출하기 위해 관련된 시각적, 인지적, 감정적, 행동적 요소를 외부에 나타내는 것이다. 국가의 대외적 이미지는 한 국가의 내적 이미지를 바탕으로 다양한 경로를 통해 국가의 매력적인 면을 외부에 어필하기 위한 유·무형의 것이다. 한 국가의 대외적 이미지에 대한 타인의 인상 및 의견은 개개인의 문화수준, 직·간접적인 경험에 따라 차이가 크다.

국가 이미지의 형성요인은 학자들에 따라 다양하다. Wang(1978)은 경제 발전 수준, 민주주의 정도, 문화적 유사성을, 오미영·박종민·장지호(2003)는 품질 우수, 긍정 사고, 시장 경쟁, 국가 우호, 비즈니스, 문화 개방(세계화 요인), 의료 용역, 위생 관리, 교통 관리(사회복지 환경 요인), 높은 교육, 경제 발전, 민주국가(현대화 요인), 정치 불안, 경제 불안(사회 안정 요인) 등으로 꼽았다(유재웅, 2008: 47). 남궁곤(2000)은 개인의 인지적, 감정적, 행동적 요인들에 따라 한 국가에 대한 이미지가 결정된다고 하였으며, 스테판과 스테판(Stephan, C. & Stephan, W.)은 이문화간의 커뮤니케이션(Intercultural communication)에서 인지적, 감정적 요인들이 행동적 요인에 영향을 미친다고 하였다(Stephan, C. & Stephan, W., 2002).

개인의 인지적, 감정적 요인들은 서로 밀접하게 연관되어 있으며 인지적, 감정적 요인은 한 개인이 속한 사회의 문화 요인, 맥락 요인

〈표 1〉 국가이미지에 영향을 미치는 인지적, 감정적 요인

인지적 요소	국가의 강점 및 약점 / 전통 및 근대화 정도 / 교육 / 언어지식 / 관용 / 사회적 이슈 / 환경 / 다문화사회 / 젠더 / 예술 / 예술적 창의성 및 획기적인 것 / 전통 및 현대예술에 대한 명성 / 문화교류 / 문화적 유산 / 테크놀로지 / 긍정적 또는 부정적인 특징 / 기업 / 유명 브랜드 / 정치적 이슈 / 민주화 / 국제관계 / 국제적 업적 / 국가안보 / 국가정보 요소 / 미디어 / 미디어에 대한 명성 또는 평판 / 인물 / 고정관념 / 국민성(긍정적, 부정적) / 국민 / 재외문화원의 인지도 및 문화원 활동
감정적 요소	선입견 / 고정관념 / 친숙도 / 국가와 그 문화, 문화적 정체성에 대한 인상

(contextual factors)에 영향을 받는다. 국가 이미지에 대해 개인은 직·간접적으로 경험한 인지적, 감정적 요인을 바탕으로 해당 국가에 관련한 태도와 행동을 표현한다. 〈표 1〉은 국제정치, 커뮤니케이션, 및 관광분야에서 이루어지는 국가이미지 조사를 바탕으로 인지적, 감정적 요인을 간추린 것이다.

위의 〈표 1〉 국가이미지에 영향을 미치는 인지적, 감정적 요인을 보면 한 국가에 대한 인지적, 감정적 요소들은 공통적으로 국가의 문화정체성을 나타내는 문화예술을 포함하고 있다. 이는 문화예술이 국가의 자산으로서 국가의 정체성을 나타내는 동시에 타인에게 어필(appeal)할 수 있는 요소로 문화예술의 중요성을 나타낸다.

국가 이미지는 국가의 명성(Reputation)을 발전시키기 위한 지속적인 국가브랜딩 및 공공외교의 과정을 통해 향상된다. 국가브랜딩이 주로 국가의 경제적 경쟁력을 높이기 위한 수단이라면 공공외교는 국가간 관계발전을 위하여 국가를 홍보한다. 국가브랜딩과 문화외교는 "국가의 명성을 관리(National reputation management)하기 위한" 방법 - 장소브랜딩, 국가에 대한 인식 관리, 공공외교, 문화외교, 국가브랜딩 - 중 하나이다(Szondi, 2008: 297). 위의 5가지 방법은 국가의 경제적, 정

치적(국제관계) 위상의 제고를 위해 개별적으로 목표를 수행하며 또한 상호간의 협력으로 시너지(Synergy) 효과를 높인다.

국가브랜딩은 한 국가의 정치, 사회, 문화적 정체성을 나타내는 요소들을 다양한 커뮤니케이터(인적, 물적, 문화적 자본)를 통해 알려 타인에게 매력도와 선호도를 높이기 위한 전략적인 커뮤니케이션 과정이다. 팬(Fan)이나 디니(Dinnie)같은 학자들은 국가브랜딩을 상품광고와 같이 다양한 매체를 통해 국가를 홍보하고, 타인(소비자)의 반응이 곧 국가의 이미지이자 경쟁력이라고 하였다. 국가 브랜딩에서 타인과의 관계형성은 매우 중요하며, 국가 브랜딩 이미지는 한 국가의 경제적 경쟁력 향상뿐 아니라 국제관계형성에도 영향을 미치고 있다. 국가 브랜딩을 위한 요소는 국가의 대표적인 인적, 물적, 무형자원으로, 국가의 문화적 특색 및 가치를 알리거나 또는 국제적 기업 및 상품 등 국가의 인지도 및 매력도를 높이고 경쟁력을 촉진하기 위한 것들이다. 즉 국가브랜딩 요소는 타인에게 쉽게 인지될 수 있어야하며 흥미를 끌거나 선호도를 높여 해당 자원 뿐 아니라 국가에 대한 긍정적인 인식을 높일 수 있어야 한다.

다음의 〈표 2〉는 국가브랜딩 이론의 대표적인 학자 안홀트(Anholt), 팬(Fan), 디니(Dinnie)가 선정한 국가브랜딩 요소들이다. 이 중 예술은

〈표 2〉 국가브랜딩 요소

학자	국가브랜딩 요소
안홀트 (2005)	문화 / 예술 / 대중예술 / 스포츠 / 도시, 공공시설, 레저공간, 주요 지형지물 / 언어 / 사람 / 교육 / 시, 행사, 종교적 의례 / 국가의 대표 기업 브랜드
팬 (2008)	사람 / 공간 / 문화 / 문화유산 / 역사 / 음식 / 패션 / 유명 인물 / 글로벌 브랜드 등
디니 (2009)	역사 / 언어 / 지역 / 정치적 제도 / 건축 / 스포츠 / 문학 / 미술, 예술 / 종교 / 교육 구조 / 아이콘 / 경치 / 음악 / 음식 & 드링크 / 민속

문화에 포함되거나 소비성이 강한 대중예술, 또는 유명예술가/예술단체로 나타난다. 디니에 의하면, 국가 브랜딩 정체성 요소는 브랜드화 된 수출품, 문화 인공물(Cultural artefact), 정부의 외교정책, 관광경험, 그리고 현저한 국민성 등이다. 이러한 요소들은 국가브랜드 이미지로 청중(Audience)에 전달된다(Dinnie, 2009).

이와 같이 국가브랜딩은 특정 목표와 전략적 접근에 따라 타인에게 매력과 상징적 이미지를 어필하는 과정이다. 국가브랜딩은 국가의 경제적, 문화적 경쟁력과 밀접하게 관련되어 이를 위해 정부는 긍정적인 인식과 태도를 형성 및 관리한다(김명전, 2006; 김유경, 2007; 유재웅, 2008). 또한 민간 영역에서는 기업, 비정부기관, 국민이 각각 다양한 수단과 방법을 통해 국가브랜딩에 일조하고 있다. 국가브랜딩은 국가에 대한 타인의 인지, 태도, 행동에 큰 영향을 받기 때문에, 타인에게 어필하고 공감대를 형성할 수 있는 가치체계 및 경험적 요인을 체계적으로 관리하는 것이 매우 중요하다. 국가 브랜딩 이미지는 국가 이미지 형성의 일부분이나 그 의미가 혼동되어 쓰이기도 한다. 국가브랜딩을 위한 이미지는 국가 이미지에 비해 구체적이고 전략적인 목표를 달성하기 위해 기획 및 관리된다. 본 연구에서 국가이미지는 국가의 브랜드 이미지에 초점을 두어 한류를 경험한 타인의 한국에 대한 인지도 및 친숙도로 이해한다.

2. 한류와 한국의 국가 브랜드 이미지

한류와 국가 브랜드 이미지의 상호관계를 조사하는 방법은 한류의 개념에 따른 이해에 따라 차이가 있겠으나, 한류 수용자의 한류와 한국에 대한 인지적, 감성적, 행동적 요소를 조사하는 것이다. 인지적, 감성적 요소는 한류 문화 소비자들이 한류를 경험과정에서 나타내는 한류와 한국의 인지도 및 친숙도이다. 한류 장르 및 관련 상품과 한류 스타부터 한국을 연상시키는 대표적인 유 · 무형의 것에 대한 긍정적 혹은 부정적 태도라 할 수 있다. 행동적 요소는 인지적, 심리적 태도를 바탕으로 한류 상품 구매, 한류의 확산에 기여하는 팬덤(fandom)활동, 한국 방문 및 문화 습득 등이다. 다시 말해, 한류 장르, 유명인 및 관련 상품부터 한류의 특징인 동 · 서양 문화의 혼종화, 한국의 문화개방 정도, 한국의 현대화 등의 요소에 대한 한류 수용자들의 한류와 한국에 대한 긍정적 혹은 부정적 태도라 할 수 있다.

한국에 대한 정보 및 한국문화와 한류를 경험할 수 있는 경로는 다양하다. 경제한류, 문화한류와 한국의 국가 브랜딩의 연관관계를 고려하기 위해서는 현지인의 개인적 한류 접촉요인이 매우 중요하다. 개인적인 요인은 정보, 관계, 첫 경험, 관광경험, 고정관념, 개인적인 가치, 문화/사회적 지위, 개인 네트워크, 친구 등이다. 이러한 개인적 요인은 언론, 기관, 국가 간의 관계 등 외부적 요인에도 영향을 받는다. 경제한류와 문화한류의 한국의 브랜드 이미지 형성 효과는 특히 현지 한류 수용자들의 개인적인 요인에 따라 차이가 크다.

현지 수용자가 개인적 경험을 거쳐 스스로 구성하는 인지적, 감성적 요인은 한국의 브랜드 이미지와 직결된다. 예를 들어, 한류 수용자들이 한국 드라마의 한 장면이나 한류 스타들의 라이프스타일을 접하면서 한국의 생활문화에 긍정적인 관심을 갖게 되면 이는 곧 한국의 문화를 직접 경험하려는 욕구로 발전된다. 한류의 영향력은 한류의 소비자의 기호뿐 만 아니라 일상적 생활과 인식 그리고 행동에도 일정한 변화를 가져왔다(함한희 · 허인순, 2005: 118-130; 김형준, 2008: 125-126). 일반적으로 문화한류의 영향 아래 현지 한류 팬들은 특이한 관행의 모방, 한국어 사용 및 습득, 한국물건을 이용하려는 경향이 있으며, 이러한 경험은 그들에게 "마치 한국인이 된 듯한 느낌"을 갖게 한다(김형준, 2008; 140).

이창현 · 김유경 · 이효복(2010)은 한류의 경험요소가 국가브랜드 이미지에 미치는 영향을 분석하였는데, 한류 소비자들이 유형적 · 무형적 한류상품을 직접 경험하는지에 따라 차이가 나타났다. 유형적 한류 상품은 식품, 화장품, 패션과 같은 손으로 접촉할 수 있으며, 무형적 한류 상품은 드라마, 영화, 음악과 같은 미디어를 통해 전달된다. 조사 분석 결과, 유형적 한류상품과 같이 소비자의 직접적이고 감각적 경험을 촉진하는 것이 한류를 통한 국가 브랜딩에 실질적인 영향력을 미칠 수 있었다(이창현 · 김유경 · 이효복, 2010: 382). 하지만 무형적 한류상품의 영향력이 파생상품인 유형적 한류상품에 대한 한류 수용자의 소비로 이어지기 때문에, 한국의 브랜드 이미지를 향상시키기 위해서는 무형적 한류상품의 질(quality)과 매력도(attractiveness)를 높이는 것이 매우 중요하다.

한류와 국가 이미지의 역할은 상호의존적인 경우가 높지만, 한류의 인기와 한국에 대한 긍정적인 이미지가 일치하지 않는 경우도 있다(김장현, 2012; 고단단 · 장수현, 2004). 한류 팬들 사이에서도 한국에 대한 인식은 다양하며 한류 경험의 과정에서 특정 스타나 장르 외에는 한국의 이미지에 대한 인지적, 심리적 반응은 차별적일 수 있다. 2011년에 발표된 한국 이미지 조사 결과, 터키에서 한류문화상품에 대한 소비는 증가하고 있지만 한국에 대한 이미지는 저하되었다. 이를 개선하기 위해 한류가 한국 문화의 우월함이나 다른 국가의 문화산업을 지배한다는 식의 문화제국주의적 성격을 나타내는 것을 지양해야 한다(김장현, 2012: 9-10; 김형준, 2008). 또한 특정 인기 콘텐츠 및 인물의 이미지를 활용한 일차원적인 브랜딩 전략은 궁극적으로 한국의 인지도나 친숙도 향상에 큰 차이를 일으키지 못할 것이다.

이와 같이 한류의 유행과 한국의 이미지의 불일치 사례는 한류의 성숙지역인 인도네시아에서도 나타날 수 있기 때문에, 인도네시아에서 한국의 이미지를 형성하고 있는 한국 기업의 경제한류 활동과 문화한류의 의미 및 영향력을 살펴보는 것은 매우 중요하다.

3. 경제한류(Business Hallyu)와 문화한류의 개념

KOTRA는 경제한류를 현지에서 소비자들의 적극적인 선호와 구매에 힘입어 '한국상품이 현지 판매실적에서 1, 2순위를 비롯한 상위권에 오르는 현상', '한국에 의해 현지의 랜드마크(landmark) 및 대표적 건물이 건설되는 현상' 그리고 이에 따른 '한국기업의 성과에 따른 한국의 이미지 향상' 등으로 정의하고 있다(KOTRA, 2009: 4; 송정은 · 김익기 · 장원호, 2013). 또한 국가브랜드위원회에서는 경제한류를 '한국의 경제성장을 예시로 국제사회에서 한국을 배우려는 노력과 한국의 브랜드 이미지를 제고하는 것'으로 정의하며, 국제사회에서 한국의 이미지가 발전된 점을 강조하였다.

본 연구에서 문화한류란 '경제한류'와 비교하여 한국 팝문화 장르의 유행과 영향력을 뜻한다. 즉, 글로벌 경쟁력을 지닌 한국 대중문화의 장르인 드라마, 팝음악, 영화가 대표적인 예로, 본 연구에서 문화한류의 범위는 인도네시아에서 유행하는 한국의 팝문화 장르 중 가장 인지도가 높은 한국 드라마, K-Pop, 영화로 제한한다.

경제한류는 문화한류와의 긍정적 상호작용으로 논의된다. KOTRA의 〈동남아 비스니스 한류의 현황과 활용전략〉에서는 비즈니스 한류의 배경을 한류에 대한 열광적인 반응이 "한국상품 구매로 이어져 한국제품 소비가 유행이 된 현상"으로 해석하고 있다(KOTRA, 2011: 2). 이 보고서는 향후 한국기업의 마케팅을 위해서 마케팅 전략의 다변화, 철저한 현지화 전략에 따른 한류 활용 및 기업의 지속적인 사회공헌활동을 제언하며 한국기업의 현지화 전략을 강조하였다(송정은 · 김익기 · 장원호, 2013: 59).

인도네시아를 비롯한 동남아시아 국가의 사례를 보면 한국기업의 진출과 현지화 활동, 그리고 문화상품의 유통을 확대할 수 있는 전자제품과 IT 기술의 합리적인 가격 및 기술력의 발달은 기업의 이미지 향상과 함께 한류의 확산을 촉진하는데 큰 영향을 미쳤다. 한국기업의 현지화 활동의 한 사례로, CJ그룹의 식품과 문화 분야는 2013년 KOICA(한국국제협력단)과 함께 인도네시아의 농업선진화와 문화 생태계 조성 사업을 위해 협력체계를 구축하였다. CJ 그룹은 인도네시아의 농업 환경을 개선하기 위해 기술을 전수하고 현지 문화인재를 양성하기 위해 청소년을 대상으로 영화교육 및 영화상영을 실시한다. KOICA는 한국을 대표하는 문화콘텐츠 기업인 CJ가 한류 문화콘텐츠 보급을 통해 사회공헌 사업의 효과도 높일 수 있을 것이라 예상했다(헤럴드 경제, 2013.12). 현지에서의 한국기업의 활동은 한국기업뿐 아니라 한국의 이미지 상승 및 한류를 보다 친근하게 접할 수 있는 계기가 된다고 할 수 있다.

문화한류는 한국 기업의 해외진출에서 후광효과(halo effect) 및 해외 바이어와의 친밀감 형성과 같은 긍정적인 영향을 준다. 예를 들어, TV 드라마 〈대장금〉 방영 후, 한국 기업들은 한국에 관심을 보이는 외국바이어들에게 한국음식을 소개하며 친근감을 형성하거나 한류스타의 이미지를 포장디자인에 활용하는 방안 등을 통해 한류의 인기를 최대한 활용한다(송정은 · 김익기 · 장원호, 2013). 마케팅 효과가 높은 한류콘텐츠는 한국드라마와 K-Pop, 그리고 한류스타의 이미지 활용이다. 고비용으로 인해 한류스타를 광고에 활용하지 못하는 한국수출중소기업은 드라마와 K-Pop의 인기를 간접적으로 활용한다(국제무역원, 2012). 그러나 기업의 한류 마케팅 효과는 산업분야에 따라 차이가 있는데, 문화한류는 제조업의 수출에는 직접적인 기여를 하지 못한다(국제무역원, 2012: 16).

III. 인도네시아의 경제한류와 문화한류의 상호작용

인도네시아는 한류 경험률, 선호도 및 한국과 한국 기업에 대한 이미지가 모두 상위권을 기록할 정도로 한류 확산지역에서 성숙지역으로 성장하고 있는 국가이다. 2011년 〈문화한류를 통한 전략적 국가브랜드 맵 작성연구〉에 따르면 인도네시아의 한류 경험률은 63.9%로 아시아 대양주 지역의 12국가 중 4위를 차지하였다. 한류에 대한 선호도도 7점 만점에 5.8점으로 대표적인 한류의 성숙지역인 중국과 일본에 비해 높은 선호도를 나타내었다. 한국의 이미지와 제품 선호도에서도 각각 7점 만점에 5.72와 4.89로 제품 선호도는 12개국 중 가장 높다.

인도네시아에서 한류가 확산될 수 있었던 공통적 요인들 중 경제한류와 연관된 요인은 1) 한국과 인도네시아의 지속적인 경제 및 문화교류, 2) 현시에 진출한 한국기업의 경세적 영향력, 3) 한국 스타와 드라마, K-Pop에 대한 열렬한 호응과 한류문화콘텐츠 관련 소비의 증가, 4) 문화한류상품 수출을 위한 현지 유통 네트워크 확대, 5) 현지 진출 한국

기업의 홍보 및 문화투자 등이다(송정은 · 김익기 · 장원호, 2013).

또한 인도네시아의 경제성장에 대한 욕망에 따라 한국의 경제발전 및 문화산업의 글로벌 경쟁력을 동경하는 심리적인 요소는 인도네시아에서 한류의 확산을 촉진했다. 현지 소비자들은 한류 상품의 소비를 통해 글로벌 문화를 경험 및 공감하고 싶은 욕구를 충족한다. 일본과 한국의 드라마에 나타나는 근대 자본주의 문화는 (두 나라 보다) 경제적으로 덜 발전된 위치에 있는 나라의 관객들에게 즐거움을 주는 요소이자 그들이 미래사회에 대한 소망과 포부를 갖게 한다(Chua Beng Huat, 2012: 154-155). 이처럼 인도네시아에서는 한국 이미지 상승 및 한국기업의 경제활동과 문화한류의 확산과는 밀접한 관련이 있다.

1. 인도네시아에서 한국 기업의 현지화 전략과 문화한류

인도네시아 내에 문화한류의 경제적 효과가 부각되며 한국의 기업들은 경제한류 또는 비지니스한류라는 전략을 내걸고 인도네시아 진출을 준비하고 있다. 2013년 기준으로 인도네시아에 진출한 한국 기업은 총 683곳으로, 제조업(445), 서비스업(90), 도소매유통(61), 의류(38), 화장품(1)이다(KORCHAMBIZ 2013 해외진출기업 리스트 재정리). 인도네시아에는 한국의 대기업과 중소기업의 제품이 그 품질과 문화한류에 의한 세련된 감각적 이미지가 더해져 매출이 상승하고 있다.

인도네시아에 진출한 한국 기업의 대표적인 예는 삼성, LG, CJ, 현대자동차로, 한국의 대기업은 현지 진출 후 지속적으로 기술이전, 인력양성, 사회/문화 서비스 제공 등 현지에 필요한 자원 및 서비스를 제공하고 있다. 인도네시아에 진출한 한국의 대기업은 현지화 전략으로 사회공헌활동 및 한류 마케팅을 실시하는데 이는 해당 기업과 지역 간의 커뮤니케이션 효과 외에도 한국에 대한 인상을 형성하는 계기가 된다(경제투데이, 2009; 송정은 · 김익기 · 장원호, 2013).

한국 기업의 현지화 전략인 사회공헌활동은 현지인들이 한국 기업에게 친밀감을 형성하는 기회가 될 수 있다. 기업의 지속적인 사회공헌활동은 로컬에 필요한 요소를 제공하며 현지인들에게 직 · 간접적으로 공감대를 형성하며 기업의 이미지를 브랜딩 할 수 있다. 현지인들에게는 외국 기업에 대한 낯선 감정들이 '함께 문제를 해결한다' 는 공감대를 형성할 수 있다. 예를 들어, 포스코(Posco)의 수출 품목은 현지인들이 일상생활에서 쉽게 소비할 수 있는 것이 아니지만 포스코는 인도네시아인들에게 긍정적인 이미지로 인식되고 있다. 포스코의 사회공헌사업 중 하나인 해외봉사단의 활동은 현지 젊은 세대들에게 인지도가 높으며 양국 젊은 세대들의 교류의 기회가 되고 있다. 이러한 사회공헌활동은 경제한류의 기반을 확대하고 한국과 한국문화, 그리고 한국의 기업에 대한 편견을 줄이는데 도움이 될 것이다.

경제한류는 기업과 제품에 대한 신뢰도 및 소비자의 니즈를 충족하면서 발전하는데, 경제한류가 활성화되기 위해서는 문화한류의 역할도 크다. 문화한류에 대한 호감은 한류 제품을 사용하고 싶은 호기심 및 드라마나 영화 속 주인공과 일치하고 싶은 심리적 요인으로 이어진다. 인도네시아는 브랜드 의존도가 높은 국가 중 하나로 브랜드의 경쟁력에 상당히 영향을 받는다. 브랜드 파워가 약한 다수의 중 · 소규모의 한국 기업은 한류의 유행에 따라 더 많은 종류의 제품들을 수출하였고 제품의 질에 대한 신뢰도를 바탕으로 브랜드 이미지를 강화하고 있다.

CJ 그룹은 1990년대 중반에 사료 사업과 인도네시아에 진출 후 점차 사업의 영역을 확대해왔으며, 최근 CJ 기업 내에 다양한 계열사가 한류 및 한국 제품이 유통될 수 있는 기회를 확대하고 있다. CJ의 식품과 베이커리 브랜드는 한류의 유행과 더불어 현지인들에게 브랜드 이미지를 어필하였는데, 이후 젊은 층을 위한 서비스와 함께 '한국적 스타일'을 선보이며 한류를 경험할 수 있는 문화공간으로 인식되었다. 예를 들어, '뚜레주르' 베이커리는 세련된 인테리어와 고급스러운 제품을 선보이며 젊은 층에게 문화한류에서 느끼는 스타일을 경험하게 하며 손님들이 즐길 수 있는 공간을 마련하여 제품소비에 대한 만족도를 높이고 있다. CJ 그룹은 제품 외에도 계열 내에 엔터테인먼트사인 CJ E&M의 방송 프로그램과 케이블 채널(tvN Asia)을 통해 경제한류와 문화한류의 확산을 실현하고 있다. 또한 CJ 그룹은 인도네시아 영화관(Blitz Mega Plex)을 인수하여 향후 인도네시아의 한류가 확산될 수 있는 토대(Infrastructure)를 형성하였다. FGD 조사 참여자들은 CJ 케이블 채널을 대부분 인지하였으며, 현지에서 저렴한 가격이 아닌 CJ 브랜드 식품과 베이커리 제품을 소비하였다.

2. 한국, 한국 기업, 그리고 한류에 관한 연상 이미지(FGD 조사 결과)

집단심층토론조사(FGD)는 조사 참여자의 내재적인 동기, 의미형성 과정 및 견해를 해석하기 위한 것이다. 본 조사는 2013년 1월 14일부터 20일까지 현지에서 진행되었으며, 총 20개의 질문 중 본 조사에서는 3가지 질문에 대한 답변에 중점을 두었다. 3가지 질문은 1) 한국에 대한 인상, 2) 현지의 한국 기업에 대한 인지 및 경험 여부, 3) 한류에 대한 인식 및 한류의 영향력에 대한 견해이다. FGD 조사 참여자는 크게 20대 남, 녀와 30대 이상 남, 녀로 총 16명이다. 선정기준은 한류 팬을 비롯하여 일반적으로 문화한류를 수용하는 현지인들을 모두 포함하였는데, 이는 한류 팬들의 견해에 조사 결과가 편중되지 않게 하기 위한 것이다. 조사 참여자의 직업은 주로 대학생, 회사원, 주부, 교사 등이었다.

조사 참여자들은 연령별보다는 성별에 따라 한국에 대한 인식부터 경제한류와 문화한류의 경험에 차이를 나타냈다. 인도네시아에서 한국에 대한 이미지는 "경제발전"과 "한류의 영향력"으로 크게 구분된다. 2011년 〈문화한류를 통한 전략적 국가브랜드 맵 작성연구〉의 설문조사에 따르면 인도네시아 응답자들에게 한국을 연상시키는 단어 중에서 상위를 차지한 연상단어는 "역사/전통문화", "경제성장", "기술력", "유명인" 등으로 나머지 단어들과 큰 차이가 있었다. FGD 조사에서는 연상단어의 예시가 없었지만 한국에 대한 이미지가 2011년 〈문화한류를 통한 전략적 국가브랜드 맵 작성연구〉의 결과와 유사하게 나타났다.

FGD 조사 참여자들의 한류에 대한 공통적 인식은 글로벌 팝문화이지만 성별에 따라 한류에 대한 긍정적, 부정적 의견이 구분되었다. 남성 조사 참여자들에게 한류의 시각적 요소, 내용적 요소, 그리고 경제적 영향력에 의해 한류의 영향력이 높았는데, 다수의 남성 조사 참여자들은 "여성성", "화려함뿐인 팝문화", "한국을 홍보하는 수단" 이라고 인식하였다. "게이(gay) 문화" 같다는 인식은 한국드라마의 섬세하고 화려한 표현력이나 한류 스타들의 패션에서 연상되는 것으로, 남성과 여성의 패션이 확연히 구분되는 인도네시아에서는 한류를 경험하는 과정에서 현지 문화와 충돌되는 예라 할 수 있다. 또한 현지에서 한류의 영향력이 증가될수록 현지 문화와 경제의 성장을 더디게 할 수 도 있다는 인식이 강하여 한류에 대한 감정적 태도는 경계심이 높았다. 반면에 여성 조사 참여자들에게는 한류 스타나 그들의 패션, 라이프 스타일이 한류에 대한 인상을 대표하였다. 한류 스타의 패션이나 스타일은 글로벌 한류 팬들에게도 유행하고 있기 때문에, "한국식/한국에서 유행하는" 패션이나 스타일은 여성 조사 참여자들에게는 동경의 표현이자 자신들이 현실에서 경험할 수 있는 감정적으로 일체감을 높일 수 있는 수단이다.

20대 남성 조사 참여자들은 공통적으로 한국에 대해 "경제발전", "국가 브랜딩을 잘하는 나라", "사계절이 뚜렷한 나라" 등과 같이 인식하고 있었다. 여기서 국가 브랜딩을 잘하는 나라라는 인식은 최근 한류가 글로벌 단위로 확산되며 한국에 대한 인지도가 높아지는 것을 뜻하는 것이다. 조사 참여자들은 현지에서도 한국 정부나 기업이 한류 이벤트를 통해 홍보하는 것을 예시로 설명했다. 20대 남성들은 한류에 대한 친숙도나 경험이 20대 여성에 비해 현저히 낮았으며 한국의 경제발전 외에 정치, 사회 또는 문화에 대한 관심과 경험은 매우 적었다.

20대 여성 조사 참여자들의 한국에 대한 인식은 주로 한류에 연관된 것으로 "한류 스타", "프로페셔널리즘", "사계절이 뚜렷한 곳, 방문하고 싶은 곳", "세련된 스타일", "한국인의 다정다감한 성격" 등이었다. 20대 여성은 특정 한류 스타나 장르의 팬은 아니더라도 한국의 현대적 라이프 스타일과 한류 스타에서 연상되는 이미지, 한국의 대표적 화장품 브랜드에 대한 인지도가 매우 높았다. 20대 여성은 남성에 비해 한국관광에 대한 기대감이 높았으며 주된 이유는 현지와 다른 계절변화 및 한국 드라마 속에 소개되는 배경지역에 대한 호기심이었다.

30대 남성, 여성 조사 참여자들은 한국에 대한 이미지가 다양하지는 않았으나, 한류 외에도 한국의 경제발전, 한국 기업 브랜드, 한국과 인도네시아의 관계 등을 통해 한국을 인식하였다. 30대 남성 조사 참여자들은 한국의 경제발전과 삼성, LG, 현대와 같은 한국 기업들이 글로벌 기업으로 성장한 것에 대해 관심이 매우 높았다. 30대 남성 조사 참여자들은 경제한류에 대한 인식이 높았으며, 한국과 인도네시아의 협력 가능성에 대한 기대가 컸다. 30대 여성 조사 참여자들은 한류 팬으로 한국의 팝문화뿐만 아니라 한국의 전통 및 일상문화에 대한 친근감을 나타내었다. 한국에 대한 연상 이미지는 "한류 스타", "한류 스타들의 노력 및 완벽함", "한국의 전통 복식", "비빔밥, 김치 등 한국 음식" 등이었다.

한국과 한류에 대한 부정적 이미지는 개인적 요소 외에도 사회적 이슈에 의해 영향을 받는데, 그 대표적인 예가 정치적 성향이 나타나는 반한류 현상이다. 반한류 현상은 문화한류의 본질적인 문제라기보다는 한류 수용국가에서 한류의 영향력에 맞서 자국의 경제와 문화를 보호하고자 하는 목적과 경우에 따라 정치적인 목적이 더해져 문화한류 관련 상품 및 문화적 경험을 거부하는 것을 의미한다. 인도네시아에서는 반한류 현상이 없었지만 앞서 나타나는 전 연령대의 남성 조사 참여자들의 반응은 한류의 영향력에 대응하고자 하는 과정에서 나타난 부정적 감정적, 행동적 요소이다. 주된 원인은 자국 문화의 보호이지만, 여성에 비해 경제한류와 문화한류를 경험하는 정도가 낮기 때문에 한국과 한류에 대한 인식이 무관심 또는 부정적 반응으로 나타날 수 있는 가능성이 높다.

인도네시아에서 공통적으로 인지도가 높은 한국 기업은 삼성, LG, 현대이며, 각 성별의 차이에 따라 기업 브랜드에 대한 인지도와 친숙도가 다르다. 20대 남성 조사 참여자는 삼성, LG, 현대, 기아를 20대 여성은 롯데마트, 포스코, CJ E&M, 페이스샵이 한국의 대표적 기업 브랜드로 답하였다. 현지에서 삼성, LG, 현대, 기아는 글로벌 기업으로서 특별한 관심이나 연관관계 없이도 연상할 수 있는 한국의 기업 브랜드이다. 하지만 20대 여성이 답한 기업 브랜드의 경우, 한류의 관련 상품인 화장품과 한류를 전파하는 CJ E&M 사와 같이 한류의 영향이 큰 것을 알 수 있다. 롯데마트의 경우, 현재 인도네시아의 경제한류를 대표하는 브랜드 중 하나로 2012년 설립 후에 한국식품을 구입할 수 있는 대표적 장소가 되었다(KOTRA, 2009). 30대 이상 남성과 여성 조사 참여자들의 반응은 크게 다르지 않았는데, 남성 참여자는 삼성, LG, 그리고 CJ를, 여성 참여자들은 삼성, LG, 현대, 그리고 대우이다.

조사 참여자들은 현지에 진출한 한국 기업의 사회공헌활동에 직접적인 경험을 하지 않았으며, 일부 참여자들은 현지 미디어를 통해 활동에 대한 정보는 인지하고 있었다. 사회공헌활동의 대부분이 현지 저소득층 또는 특정 계층을 대상으로 하기 때문에 조사 참여자들은 직접적으로 경험할 수 없었다. 따라서 한국 기업의 현지화 활동의 직접적 경험을 통한 친숙도의 정도(degree)에 차이가 있으나, 정보를 접한 일부 조사 참여자들은 현지 한국 기업의 사회공헌활동을 한국의 경제발전의 영향력이자 글로벌 기업으로서의 면모로 인식하였다.

문화한류의 브랜딩 효과에 대해서는 다각도로 논의되었으나, 인도네시아의 조사 대상자들은 한류로 인한 새로운 경험과 한국 아이돌에게서 느껴지는 프로페셔널(professional)한 모습이 주는 긍정적인 자극, 그리고 현지 내 한류행사 및 관련 상품의 증가로부터 한국에 대하여 "미래적이고 발전적"인 연상 이미지를 가지게 되었다. 한국 제품의 질의 향상과 문화한류로 인한 한국제품과 한국에 대한 이미지가 향상되어 일본제품보다 한국제품을 선호하게 되었다고 언급하였다. 30-40대 여성 조사 참여자에 따르면 한국제품에 대한 인기는 단기간에 증가하였는데 이는 K-Pop의 유행과 함께 2000년대 중반부터 활발하게 현지로 진출하고 있는 한국기업의 증가 그리고 우수기업으로 인정받는 삼성과 LG의 활동이 어우러진 결과라고 할 수 있다. 또한 FGD 조사 참여자들은 한류를 활용한 기업홍보 및 한류 파생상품 홍보를 언급하였는데, 특히 한류의 장점을 '유사한 성격의 팝문화상품이라도 다르게 보이는' 또는 '상품의 가치를 더 세련되고 화려하게 보이는' 효과라고 하였다.

반면 일부 조사 참여자들은 홍보적 목적으로 자주 행해지는 유사한 형식의 K-pop 콘서트 및 한류 행사를 TV 광고에 비유하며, 한류의 지속성에 대해 회의적인 반응을 보이기도 하였다. FGD 조사 참여자들은 일류와 한류를 비교하면서, 한류 콘텐츠의 주제나 스토리의 빈약함을 지적하고 한류의 미래를 부정적으로 인식하기도 하였다.

IV. 토의 및 결론

1. 한국의 브랜드 이미지 형성에 영향을 미치는 경제한류와 문화한류의 요소

인도네시아의 FGD 조사 결과를 바탕으로 인도네시아 한류가 한국의 브랜드 이미지 형성에 미치는 요소들을 아래와 같이 구분할 수 있다. 한국의 브랜드 이미지를 형성할 수 있는 요소는 태극기와 같이 시각적인 상징 이미지부터 한국인과 그들의 일상문화에 대한 인상 등 다수의 요인이 있다. 본 토론에서는 FGD 조사에서 공통적으로 거론된 요인만을 중심으로 현지 소비자들이 한국의 브랜드 이미지를 형성하는 과정에 가장 영향을 미치는 경제한류 및 문화한류 요소를 살펴볼 것이다. 첫 번째로 긍정적인 한국의 브랜드 이미지를 형성할 수 있는 경제한류와 문화한류의 요소들은 다음과 같다.

1) 문화한류

① 한류 스타의 프로페셔널한 이미지, 한류 스타의 화려한 스타일, 외모, 매너

② K-Pop 스타일, K-Pop 의 유행(글로벌 팝분화로서 유행을 이끄는

경쟁력), 혼종성

③ 풍요로운 문화유산과 정체성-전통문화, 언어, 음식, 복식

2) 경제한류

① 한국 제품에 대한 신뢰도, 만족도, 글로벌 기업브랜드 파워

② 한국 기업, 한국 봉사단체의 현지 사회공헌활동

③ 한국-인도네시아 국가 간의 협력

④ 한국의 경제발전

이 중 한국의 경제발전과 한국-인도네시아 국가 간의 협력은 경제한류의 이미지뿐만 아니라 문화한류와도 밀접한 관계가 있다. 앞서 언급했듯이 인도네시아인들은 한국의 경제발전을 성공모델로 간주하고 있는데 문화한류의 유·무형 상품은 글로벌 사회에서 한국의 경제적 경쟁력을 가시적으로 나타낸다. 또한 한국의 문화산업은 인도네시아의 시장성을 주시하며 수출뿐만 아니라 현지에 진출하여 공동제작 또는 아이돌그룹을 양성하는 등 현지화 전략을 실행하며 인도네시아의 문화산업의 성장을 촉진하고 있다. 최근 한국과 인도네시아는 경제와 문화를 비롯하여 행정 분야에서도 협력관계를 확대하고 있는데 이러한 협력적 관계는 한국에 대한 매력적 요소와 신뢰적인 이미지를 강화할 것이다.

마지막으로 FGD 조사 참여자들의 일부는 한국의 전통문화에 대한 호감과 한국을 연상하는 브랜드 이미지로 전통문화, 한복, 음식을 떠올렸다. 한복과 음식은 대표적인 한국의 상징적 이미지이기도 하지만 전통문화의 보존을 중시하는 인도네시아인은 한복과 음식을 포함한 한국의 전통문화를 한국의 이미지로 인식하였다. 이는 전통문화를 중시하는

인도네시아인의 가치관이 반영되었다고 할 수 있다.

반면, FGD 조사 참여자들이 현지에서 한류의 부정적 영향력을 언급한 답변 중에서 한국의 국가 이미지에 부정적 영향을 줄 수 있는 요소들은 다음과 같다. 부정적 요소는 경제한류와 문화한류의 구분 없이 FGD 조사 참여자들의 감성적, 심리적 요인에 영향을 주는 상황에 관련된 것이다.

① 과거 한국인에 대한 부정적 이미지(한국 기업의 현지 문화에 대한 몰이해)
② 한류의 공격적인 홍보
③ 한류 유·무형 상품의 수입으로 인한 현지 경제 및 문화산업의 발전 저해 가능성
④ 한류 상품 외에 한국 및 한국 문화에 대해 경험할 수 있는 기회가 부족함 – 한국과 한국 문화에 대한 편향적 이미지 또는 일시적 관계를 형성할 수 있음

첫 번째, 인도네시아의 경우 과거 한국인에 대한 이미지가 부정적이고 편향적이었다. 인도네시아는 한류 이전부터 한국기업, 한국이민자들이 진출하여 교민사회가 형성되었으나, 인도네시아인들을 고용했던 한국기업과 노동자들의 문화적 차이로 거리감이 존재했다. 예를 들어, 한국 기업체의 사장이 인도네시아 직원의 머리를 가볍게 때리는 일이 있었는데, 인도네시아에서 머리를 때리는 일은 금기시 되는 일 중 하나이다. 한류의 영향으로 인도네시아 한국교민과 인도네시아 주민과의 관계가 원활해졌다고는 할 수 없으나, 최근 한류로 인한 한국에 대한 관심이 증가하고 한국유학생과 한국자원봉사단, 그리고 한류 스타에 대한 애정

으로 인해 한국인에 대한 인식이 긍정적으로 전환되는 추세이다.

두 번째, FGD 조사 참여자들은 한국 정부와 기업이 문화한류 상품을 이용하여 개최하는 홍보행사를 한류의 공격적인 홍보로 인식하였다. 한국 정부나 기업의 한류 행사는 인도네시아 내에 경제한류와 문화한류를 확산시켰다. 하지만 한국 정부기관이나 기업에서 주최하는 반복적인 이벤트 형식의 홍보행사는 한국 브랜드 아이덴티티에 새로운 요소를 형성 또는 부여하기 보다는 인도네시아 한류 수용자들이 한류를 정부기관과 기업의 홍보라는 이미지를 연상하게 하였다. 이는 문화한류의 소프트 파워(Soft Power)적인 영향력을 반감시킨다. 특히 한류의 가치가 한국을 홍보하는 수단으로 간주되는 것은 매우 위협적으로, 한류의 지속가능한 발전을 위해 한국 정부의 활동을 홍보하기 위한 한류행사 개최는 지양되어야 할 점이다.

세 번째, FGD 조사 참여자들은 현지에서의 한류의 영향력이 증가할수록 자국의 경제와 문화발전이 지연될 수 있음을 우려하며 한국에 대해 부정적인 인식을 가질 수도 있음을 암시하였다. 마지막으로 조사 참여자들은 유행하고 있는 한류의 문화상품 외에 한국과 한국 문화를 경험할 수 있는 기회가 다양하지 못하여 한국에 대한 인상이 제한적인 점을 지적하였다. 인도네시아 현지에서 한류 문화상품을 접할 수 있는 기회는 지역 및 로컬 미디어, 인터넷, 소셜 네트워크 서비스, 한류 관련 행사, 한국 정부와 기업의 홍보 행사, 음식점, 영화관, 한국 제품 상점, 한국어학과, 한국문화원, 한류 관련 행사, 한국인 교회, 한국 기업의 봉사단체 등이다. 하지만 한국 문화를 다채롭게 접하고 직접적으로 한국 문화를 체험할 수 있는 수 있는 환경적 요소는 많지 않다. 체험을 통한 한류 소비자의 심리적 요소에는 자신의 가치관이 상호 작용하여 한류에 대한 이해와 한국의 브랜딩 이미지를 제고될 것이다. 따라서 한국과 현지인들과의 커뮤니케이션 방식은 한류를 다양하게 경험할 수 있는 기회를 제공해야 한다. 현지 한류 소비자들의 자발적 참여와 일상생활에서 나타나는 한류의 유·무형 상품 간의 유기적 관계는 한류를 통한 한국 브랜드 이미지 개선 및 발전에 영향을 미칠 것이다.

2. 국가브랜딩, 경제한류, 문화한류의 관계

다음의 〈그림 1〉은 인도네시아의 경제, 문화한류와 한국의 이미지의 개념 및 FGD 사례를 바탕으로 관계를 도식화한 것이다. 앞서 논의의 배경에서 설명했듯이 경제한류와 문화한류는 현지화 전략을 위해 상호 협력하며 각자의 브랜딩 효과를 상승시킨다.

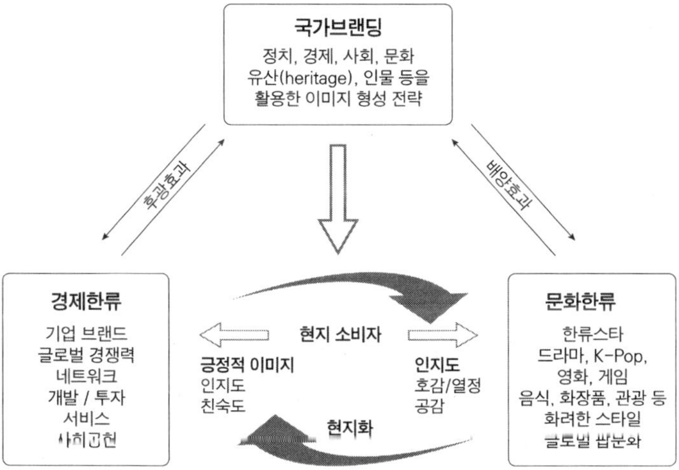

〈그림 1〉 국가브랜딩과 한류

현지의 한류 소비자들의 한국 및 한국 문화에 대한 태도는 크게 2가지 유형으로 나타날 수 있는데, 첫 번째 유형의 한류 소비자들은 한류대중문화에 대한 참여의사가 높고 한국을 방문하여 자신이 알고 있는 한국문화에 대해 직접 경험하려한다. 반면 두 번째 유형은 한류문화의 팬이어도 한류 대중문화를 다양한 외국의 대중문화 중 하나를 소비한다는 생각으로 한류문화상품 자체를 즐긴다. 이 유형은 한국 드라마, K-Pop, 영화 외에는 한국에 대해 관심이 적거나 인지도가 낮은 편이며, 심지어 자신이 직 · 간접적으로 경험한 한국문화의 부정적인 면이나 고정관념은 크게 변화하지 않는다. 두 번째 유형은 한류 문화를 열정적으로 소비 또는 체험한다고 해서 모두 한국에 대한 높은 인지도 및 친숙도를 보인다는 주장이 과대평가되었다는 것을 보여준다.

경제한류의 브랜딩의 원동력 요소는 기업브랜드, 글로벌 경쟁력, 네트워크, 개발/투자, 서비스, 사회공헌 등으로 현지 소비자들이 직 · 간접적으로 경험할 수 있는 기회를 제공한다. 브랜딩 효과를 극대화하기 위해 문화한류의 요소들을 활용하여 기업의 브랜드 및 제품을 홍보하고 기업의 문화를 표출한다. 이 과정에서 현지 소비자들과 기업 간에 관계를 발전시키기 위해 문화한류의 장점과 영향력을 최대한 활용한다. 경제한류의 주체인 한국 기업들의 브랜딩이 효과적일 경우 현지 소비자들은 한국 기업에 대해 인지도와 친숙도를 높이며 긍정적 이미지를 갖게 된다. 특히 현지화 전략 중 하나인 사회공헌 활동은 현지 소비자들의 친숙도를 향상시킨다. 한국기업의 제품의 수준 향상과 현지화 전략에 따른 한류 스타 마케팅과 한국 제품을 활용한 PPL 마케팅은 한류 팬 및 지역의 젊은이들에게 한국 제품 및 한국에 대한 신뢰도와 친숙도를 크게 향상시켰다. 문화한류의 유행은 한국 기업과의 상호작용으로 현지에서 경제한류를 활성화시킬 수 있었다.

문화한류는 한류 스타를 비롯하여 한류의 유, 무형의 상품 등이 유행하면서 한국의 팝문화가 한국의 문화정체성을 표현하고 현지에서 한국의 문화적 경쟁력을 어필하는 현상이다. 현지 소비자들에게 문화한류는 드라마, K-Pop, 영화, 게임, 음식, 화장품, 관광 등이 유행하며 한국, 한국 문화 및 한국인에 대한 이미지를 형성할 수 있는 주요한 수단이다. 문화한류 팬과 현지 한류 소비자들은 한류를 경험하며 한국, 한국문화 그리고 한국인에 대해 인지적, 감성적 태도를 갖게 되고 공감대를 형성할 수 있다. 한류 대형스타의 인기와 그의 이미지를 활용한 한류 스타 마케팅은 단시간 내 한국 기업뿐 아니라 한국에 대한 선호도를 향상시킨다. 예를 들어 K-Pop 아이돌 그룹 및 한류 스타들의 실력과 프로페셔널한 이미지는 한국 제품의 기술력 및 견고함, 세련된 스타일 등 각각의 이미지가 결합하여 시너지 효과를 내고 있다. 또한 아이돌 그룹의 이미지는 한국인의 성실함과 연계되어 긍정적 효과를 일으킨다.

또한 경제한류와 문화한류의 시너지 효과는 현지 한류 소비자들에게 상품에 대한 인지도뿐 만 아니라 소비자들의 요구(needs)와 욕구(wants)를 만족시킨다. 예를 들어, 한국 기업 제품이 기능적으로 우수함에도 불구하고 현지에서 인지도와 친숙도가 낮거나 소비자들과 공감대 형성을 하지 못할 수 있는데, 제품의 질적 수준 및 브랜드의 신뢰도와 문화한류 상품을 통한 친숙함 및 공유하고 싶은 욕구가 합해져 현지 소비자들과 관계를 지속할 수 있다. 문화한류도 현지에 미리 진출하여 한국 기업이 형성한 유통 환경과 제품에 대한 신뢰도에 힘입어 문화한류 상품을 전파하고 확산시킬 수 있다. 즉, 경제한류와 문화한류는 협력을 통해 각각의 긍정적 이미지를 공유하고 소비자의 감성적, 행동적 욕구를 만족시킬 수 있다. 이는 한류상품 및 유행현상에 대한 현지인들의 열정적 태도 이상으로 한국의 브랜드 이미지 형성에 효과가 높다고 할 수 있다.

경제한류와 한국의 국가 브랜딩의 상호관계는 후광효과로 설명될 수 있다. 후광효과는 특정 브랜드에 대한 신뢰도를 바탕으로 "복잡한 고려 단계를 단순화 시킬 수 있는 인지적 비용 절감 효과"이다(김장현, 2012: 8). 경제한류가 발전할수록 한국의 기업과 원산지인 한국에 대한 신뢰도가 향상되면서 한국의 브랜딩 효과를 높일 수 있다. 또한 한국의 국가 브랜딩 활동이 확산될수록 국제사회에서 한국의 국가 경쟁력이 증가하며 이는 국가 간의 경제적 협력 관계 및 해외에 진출한 한국 기업들의 진출을 확산을 장려할 수 있다.

문화한류와 한국의 국가 브랜딩의 상관관계는 배양효과로 설명될 수 있는데, 배양효과는 특정 대중매체를 지속적으로 접할 경우, 그 매체에 내재된 가치체계까지 습득하게 되는 것이다. 이러한 배양효과는 동남아시아의 한류 사례에서 나타난다(김장현: 4). 인도네시아의 한류 팬들은 문화한류가 지속적으로 표출하는 내용 및 이미지에 의해 간접적으로 한국에 대해 경험하며 그 과정에서 팬들의 가치관에 따른 한국 브랜드 이미지를 형성하였다. 예를 들어, 조사 참여자들은 한국 문화의 대표적 특징으로 가족 간의 돈독한 관계, 한국인의 열정과 순수함, 연장자에 대한 예의, 전통의 보존 등이라고 답하였다. 이러한 특징들은 한국 TV 드라마를 반복적으로 시청하며 간접적인 경험을 통해 형성된 한국과 한국 문화에 대한 대표적 브랜드 이미지이다.

3. 제언 및 연구의 한계

인도네시아 사례를 바탕으로 경제한류 및 문화한류와 한국의 국가 브랜딩의 관계를 고려한 결과, 한류는 한국 브랜딩 아이덴티티로서 한국과 한국 문화에 대한 정보와 매력도를 강조할 수 있는 수단이다. 나아가 국제사회에서 한국의 경제적, 문화적 경쟁력을 향상시킨다. 인도네시아의 경우, 경제한류가 문화한류의 발전을 촉진하고 한국의 국가브랜드 이미지를 향상시킬 수 있는 토대를 마련하였다. 현재 점차 높아지고 있는 현지인들의 문화한류에 대한 친숙도는 보다 다양한 한국 기업이 현지에 진출할 수 있는 기회를 창조하고 있다.

하지만 현지 한국 기업의 활동과 한국 드라마 및 K-Pop 행사 외에는 여전히 현지인들이 한국과 한국 문화에 대한 인지도와 친숙도를 높일 수 있는 기회가 많지 않다. 이는 한류의 유형적 상품이 몇몇 인기있는 상품으로 제한된 점과 한국 경제 외에 정치, 문화, 사회, 인물, 정체성 등 무형적 요소에 대한 전달 방식의 부족함이 원인이라 할 수 있다.

FGD 조사 결과, 현지의 한류상품 소비자 일부는 특정적 한류 상품을 선호하지만 이에 대한 선호도가 한국의 브랜드 이미지 제고에는 영향을 미치지 못하는 경우를 나타내었다. 다시 말해, 이런 유형의 한류상품 소비자들은 현재 유행하고 있는 특정 브랜드의 가전제품과 한국 드라마만 소비할 뿐 이에 대한 인지도와 친숙도를 한국의 이미지로 발전시키지 않았다. 이는 기존의 한국에 대한 개인적인 경험과 한류상품을 소비를 통한 만족도 및 경험이 일치하지 않기 때문이다. 인도네시아에서만 발생하는 유형이 아니라 보편적으로 나타날 수 있는 경우의 사례이다. 이러한 경우를 바탕으로 향후 한류를 활용한 한국의 브랜드 이미지를 발전시키기 위해서는 한류에 대한 개념 및 한류의 범위를 재고찰하여야 할 것이다. 즉 한류의 경제적 효과보다 한류를 타국과의 커뮤니케이션의 기회가 될 수 있게 한류의 내용적 다양성과 교류의 범위를 확대할 수 있어야 할 것이다. 이를 위해 우선 한국, 한류, 그리고 한류 소비자 간의 다채로운 교류와 이에 따르는 공감대 및 가치 형성이 중요하다.

현재 한류를 활용한 한국 브랜드 이미지 제고의 문제점은 한류 스타의 이미지에 대한 의존도 및 일회성이 강한 이미지가 더욱 부각되어 있는 것이다. 따라서 한류 소비자의 직접적 경험을 장려하여 한류를 통한 국가 브랜딩에 실질적인 영향력을 미치기 위해 향후 한국의 동시대적 문화를 어떻게 전달하고 또 타 지역의 문화가 교류될 수 있는 기회를 생성하는 점을 개발해야 할 것이다. 다시 말해, 향후 한류의 지속가능한 발전과 이를 통한 한국의 긍정적 브랜드 이미지 제고를 위해서는 한류 문화소비자들이 그들의 관심사에 부합하는 콘텐츠와 다양한 종류의 한국의 문화예술을 인지하고 경험할 수 있도록 한국의 문화에 대한 접근성을 높여야 할 것이다.

이를 위해, 국가 브랜드 이미지를 기획하고 관리하기 위한 정부의 기본적인 역할도 중요하지만, 민간 영역에서 다양한 경로와 커뮤니케이터들을 활용해 한류를 통한 한국의 경쟁력과 문화적 특성을 지속적으로 홍보하는 것은 매우 중요하다. FGD 조사 참여자들이 한국 정부 기관의 행사에서 반복적으로 K-Pop과 같은 특정 문화한류 콘텐츠를 이용하는 것에 대한 거부감을 암시한 점을 결코 간과해서는 안될 것이다. 따라서 향후 경제한류와 문화한류의 상호관계를 강화할 수 있는 보다 세분화된 요인들에 대한 연구가 필요하다.

마지막으로, 본 연구는 연구방법 및 범위에서 다음과 같은 제한점을 나타내었다. 첫 번째, 국가 브랜드 이미지를 결정지을 수 있는 다양한 요소 중 본 연구에서는 현지 기업의 인지도 및 한국과 한류에 대한 전체적인 인상에만 집중하여 한류가 한국의 브랜드 이미지에 미치는 영향을 부분적으로만 설명할 수 있다. 두 번째, FGD 조사 참여자의 수가 적어서 연구결과를 통해 한국의 브랜드 이미지를 일반화하기에 무리일 수 있다. 하지만 본 연구는 한국의 국가 브랜드 이미지를 조사하는 것이 아니라 현지의 경제 · 문화한류가 현지인들의 한국에 대한 인지적 · 감정적 태도를 바탕으로 한국에 대한 브랜드 이미지를 형성하는 과정을 살펴보기 위한 것이다. 따라서 FGD 조사의 장점을 바탕으로 향후에는 정량조사와 정성조사를 병행하여 경제·문화한류가 한국의 브랜드 이미지를 제고하는 영향력에 대한 조사가 이루어져야 할 것이다.

참고문헌

국가브랜드위원회 · KOTRA · 산업정책연구원(2011), 『문화한류를 통한 전략적 국가브랜드맵 작성연구』, 대한무역투자진흥공사(KOTRA).

김욱진(2011), 『동남아 비즈니스한류 현황과 활용전략』, 대한무역투자진흥공사.

김장현(2008), 『한류를 통한 국가이미지 제고방안』, 제주평화연구원.

송정은 · 김익기 · 장원호(2013), 동남아지역의 경제한류, 『지역사회학회』, 15: 57-90.

유재웅(2008), 『국가이미지: 이론 · 전략 · 프로그램』, 커뮤니케이션북스.

이종호 · 옥정원 · 우도강(2009), 한류브랜드 자산요인의 구조적 영향관계에 관한 연구, 『경제경영연구』, 25 : 73-96.

이창현 · 김유경 · 이효복(2010), 한류경험의 유형이 국가브랜드 이미지와 기업 및 제품의 인식에 미치는 영향에 관한 연구, 『광고연구』, 87:364-391.

정용균 · 홍성구(2009), 동아시아 지역의 문화상품 국제유통과 수출 마케팅: 텔레비전 드라마를 중심으로, 『국제지역연구』, 12(4): 421-450.

조상현 · 강석희(2012), 『수출중소기업의 한류활용 마케팅 방안』,한국무역협회 국제무역연구원.

KOTRA(2009), 『아세안 휩쓰는 '경제한류', Global Business Report 09-016』.

Anholt, S.(eds.)(2007), *Competitive identity*, New York: Palgrave MacMillan.

Boulding, K.(1966), *The Image*, Flint, MI: The University of Michigan Press.

Chua Beng Huet.(2012), *Structure, audience and soft power in East Asia pop culture*, Hong Kong University Press.

Dinnie, K.(2009), *Nation branding: Concepts, issues, practice*, New York, NY: Elsevier Ltd.

Fan, Y.(2008), Soft power: Power of attraction or confusion? *Place Branding and Public Diplomacy*, 4(2), 147-158.

Fisher, A.(eds.)(2008), Four seasons in one day: The crowded house of public diplomacy. In Snow, N & Taylor, P. *Handbook of public diplomacy*, 251-261, New York: Routledge Taylor & Francis Group.

Namgung, G.(2002), The thesis of national images theory and its significance in international politics. *The Association of Civil Politics, 5*, 98-123.

KORCHAMBIZ: http://www.korchambiz.net

헤럴드경제: http://heraldcorp.com

부록

인도네시아 초점토론조사 참가자 명단

그룹	참여자 번호	나이	직업	그룹	참여자 번호	나이	직업
20대 남성	JKT-1-1	21	학생	30대 이상 남성	JKT-1-9	40	연구원
	JKT-1-2	20	학생		JKT-1-10	31	교사
	JKT-1-3	20	학생		JKT-1-11	32	교사
	JKT-1-4	20	학생		JKT-1-12	34	교육원 홍보
20대 여성	JKT-1-5	23	학생	30대 이상 여성	JKT-1-13	30	국제학교 매니저
	JKT-1-6	20	학생		JKT-1-14	30	대학강사
	JKT-1-7	22	학생		JKT-1-15	31	행정스탭
	JKT-1-8	20	학생		JKT-1-16	47	국제학교 매니저

【 ABSTRACT 】

The Roles of Both Business Hallyu and Cultural Hallyu to Build the Brand Images of Korea

- The Case Study of the Brand images of Korea in Indonesia-

Song, Jung Eun*

Hallyu is constantly growing as a global pop culture trend, and the influences of *Hallyu* have also increased. In particular, *Hallyu* has contributed to increasing the export of Korean products and to promoting the familiarity and favorability to Korea. This study aims to suggest the ways of improving the brand images of Korea based on the case study of exploring the relationships between the economic and cultural influences of *Hallyu* and the responses of the FGD participants in Indonesia. To do so, this study uses the Focus Group Discussion (FGD) and consider the elements that influence the FGD participants on building the brand image of Korea by experiencing both business hallyu and cultural hallyu. As a result, both business hallyu and cultural hallyu can emphasize the attractiveness of Korea as national branding identities. However, until now, the cultural hallyu narrowly promotes the national branding images of Korea because of its independence on the several genres and celebrities of cultural hallyu. Thus, the nation branding activities through *Hallyu* should provide various opportunities for *Hallyu* consumers to meet their interests and to experiences the diversity of Korean culture. The activities will be caused to sustain the development of *Hallyu* and to improve the Korea's positive brand image.

Key words Hallyu, Business hallyu, Cultural hallyu, Nation branding, Indonesia

---

* SSK Research Professor, University of Seoul

한류 비즈니스 전략 개발에 있어 트렌드 분석 방법론의 적용 가능성

- 메타 미래예측 프레임워크 중심으로 -

유인오*

【국문초록】

한류는 체계적인 전략의 결과물이라기보다는 외국인들이 먼저 한국적인 것에 대한 가치를 발견하여 널리 퍼트린 우연의 산물이다. 그러나 이제 한류의 지속 가능성을 높이는 일은 한국인들에게 남겨진 숙제이자 책무이다. 인터넷과 모바일로 전 세계인들이 연결되고, 3D 프린팅, 증강현실 등 신기술이 등장하며, 친환경, 공유 경제 등 새로운 문화가 빠르게 사람들의 생활을 바꿔 놓는 가운데, 트렌드 분석 방법론을 도입하여 한류 비즈니스 전략을 선진화하는 것은 미래 트렌드를 선도하여 한류의 지속 가능성을 높이는 가장 확실한 방법 중 하나이다. 개별적인 트렌드 분석 방법론을 연구 영역별로 구분하고 시계열로 조합하여 아직 발생하지 않은 미래를 가늠해보는 메타 미래예측 프레임워크(META Foresight & Envisioning Framework)를 사용하여 한류 비즈니스 전략 개발을 위해 적용 가능한 지를 탐색해본다. 현재 상황에서 발견할 수 있는 미래에 대한 징후와 미래에 영향을 줄 수 있는 동인을 파악함으로써 미래 트렌드를 제시하고, 그것을 바탕으로 한류 비즈니스 전략을 개발한다. 미래를 알 수 있는 사람은 아무도 없지만 트렌드 분석을 통해 미래의 가능성은 미리 확인해보는 일은 미래의 불확실성을 제거하고, 미래의 시간을 선점하는 효과가 있다. 특히 트렌드 분석 방법론 가운데 시나리오 기법은 미래의 다양한 가능성에 따라 긍정, 보통, 부정적인 상황에 대해 사전 시뮬레이션해볼 수 있

* 메타트렌드 연구소 CEO

어 한류 비즈니스 전략 개발에 있어 미래에 대한 유연성을 높이고, 성공확률을 높인다.

주제어 한류, 트렌드 분석, 비즈니스 전략, 미래 예측, 문화 비즈니스

I. 서 론

1. 연구의 배경 및 목적

사실 한국 스타일(Korean Style)은 오천 년의 역사 가운데 한국인들 안에 내재돼 있었다. 그러나 복잡다단한 근 · 현대사를 거치면서 한국 고유의 가치를 폄하하고 무시하는 현상이 지속돼 왔다. 한류(韓流)는 아시아의 다른 나라 사람들에게서 발생한 사회 현상 중 하나이다. 그들이 한국인들은 잘 모르던 한국의 것에 대한 매력을 새롭게 발견하고 좋아하면서 뒤늦게 한국인들 스스로도 한국 문화를 재발견하는 현상이 벌어졌다.

그러다 보니 시금까시의 한류 연구는 한류에 대한 자부심에서 기인하는 한계성을 가지고 있었다. 한류 연구자들은 주로 지역별 한류의 인기 현황이나 한류로 인한 현지인들의 인식 변화, 그리고 국가 브랜드에 대한 영향력 등에 관심을 가졌다.

이제는 한류의 미래를 위해 지속 가능한 한류에 대한 구체적인 방안을 제시해야 할 시점이다. 이에 따라 본 논문에서는 메타 미래예측 프레임워크를 미래 지향적인 한류 비즈니스 전략 개발을 위해 적용할 수 있는지를 연구하려고 한다.

트렌드 분석 기반의 한류 비즈니스 전략 개발은 빠르게 변화하는 세계 문화 시장의 패러다임을 예측함으로써 남보다 앞서 미래 한류 환경을 준비하여 한류의 지속 가능성을 높이고, 미래 세계 문화 시장을 선도하기 위한 효과적인 방안 중 하나이다.

모든 기업들은 사업을 성공시키기 위해 불확실성을 제거하고 싶어 한다. 트렌드를 연구하는 일은 시시때때로 변화하는 미래에 대해 미리 준비할 수 있어 미래의 시간을 선점할 수 있으며, 막연하게 미래를 기다리는 게 아니라 트렌드를 통해 다가 올 미래상을 그려봄으로써 미래를 창조할 수 있는 동기와 추진력을 제공한다.

2. 연구의 범위 및 방법

본 연구에서는 트렌드학의 역사와 가치를 알아보고, 한류의 현황을 살펴봄으로써 한류의 현재와 미래를 생각해본다. 그리고 메타트렌드연구소에서 연구한 메타 미래예측 프레임워크를 바탕으로 한류 비즈니스 전략 개발을 위해 적용할 수 있는 트렌드 분석 방법론의 내용을 연구한다. 한류 비즈니스 영역에서 트렌드 분석 방법론이 어떠한 용도로 활용될 수 있으며, 지속 가능한 한류 비즈니스를 위하여 어떠한 가치를 만들어낼 수 있는지 고찰해본다.

문화 중심의 한류가 관광, 의료 외 다양한 산업 분야로까지 확장되고 있는 상황에서 한국의 강점인 IT 기술과 문화를 융합하여 바람직한 한류의 미래를 만들 수 있는 방법을 모색한다. 미래 시점에서 한류 비즈니스 환경의 변화에 능동적으로 대체하기 위해 트렌드 분석 방법론을 활용하는 데 있어 다양한 가능성과 주의 사항을 함께 연구함으로써 한류 비즈니스 전략 개발 과정을 체계화하고, 창조적인 한류 비즈니스 기회를 만들어가는 데 기여한다.

II. 한류 비즈니스 전략 개발에 있어 트렌드의 가치

1. 트렌드학의 부상

트렌드(Trend)의 어원은 한 바퀴 돈다는 뜻으로, 강물의 물결이나 흐름을 표현하는 옛 스칸디나비아어에서 유래했다(Magnus Lindkvist, 2010). 트렌드라는 용어가 널리 알려진 데에는 존 나이스비트가 1982년에 발표한 『메가트렌드(Megatrends)』라는 책의 역할이 크다.

원래 미래학(Futurology)은 1960년대부터 앨빈 토플러(Alvin Toffler) 등 일군의 학자들에 의해 본격적으로 학문으로써 정립되기 시작했는데, 초기에는 장기 미래를 예측하여 국가 운영 전략 등에 활용하거나 학문적인 연구 목적으로 출발했다. 그러나 1980년 대 이후 미래학보다는 상대적으로 더 실용적인 학문인 트렌드학(Trendology)이 더 많이 인구에 회자되기 시작했다. 왜냐하면 장기보다는 중 · 단기, 즉 먼 미래의 비전보다는 비교적 가까운 근미래에 활용 가능한 현실적인 미래를 연구하는 편이 기업의 전략이나 기관의 정책에 반영하기에 더 적합했기 때문이다. 이러한 배경에는 세상의 변화 속도가 갈수록 빨라져 먼 미래를 예측하는 것이 불가능할 뿐 아니라 현실에서는 거의 도움이 안 된다는 사실을 자각했기 때문도 있다.

존 나이스비트는 어느 날, 미국 시카고의 신문 가판대에서 신문을 사다가, 문득 모든 신문의 기사를 모니터링하다 보면 현재 세상에서 어떤 일이 벌어지고 있는지 알아 낼 수 있음을 발견했다. 그리고 이를 통해 장차 발생할 미래에 대한 통찰력을 얻을 수 있으리라 생각했다. 곧이어 그는 도시 리서치 연구소(Urban Research Corporation)를 설립해 160여 개의 일간지를 읽고 의견을 정리한 주간 보고서를 만들어 기업에 공급하기 시작했다(John Naisbitt, 2006). 그리고 마침내 그 연구 결과물을 집대성한 메가트렌드라는 책을 통해 1980년 대의 변화하는 사회상을 매우 정확하게 예측함으로써 트렌드에 대한 전 세계 사람들의 인식을 재고하고, 트렌드 예측의 가능성을 증명하는 계기가 되었다.

앞서 설명한 대로 과거에는 거대 담론을 중심으로 10~50년 간 지속되는 장기간의 미래를 예측하여 사회상의 변화를 대비하는 메가 트렌드(Mega Trend)가 주요 이슈였다면 최근에는 생활 전반에 영향을 주는 상대적으로 규모가 작고 가까운 미래를 다루는 마이크로 트렌드(Micro Trend)가 주요 관심사이다. 마이크로 트렌드는 메가 트렌드에 비해 트렌드의 영향력이 작고, 상대적으로 짧게 진행되는 트렌드이지만 가까운 미래의 변화를 대비할 수 있는 유용한 정보를 제공한다.

트렌드 분석을 통해 한류 비즈니스 전략을 개발하려는 이유는 한류의 미래를 정확하게 예측하는 것에 목적이 있다기보다는 다양한 미래 한류의 가능성을 탐색함으로써 바람직한 방향으로 미래를 조정하기 위함에 있다.

트렌드는 여러 가지 동인으로 인해 미래가 계속 유동적으로 바뀌기 때문에 여러 가능성을 탐색하여 미래를 미리 준비하는 것이 더 의미가 있다. 따라서 트렌드 분석 방법론에서는 미래 트렌드를 정확하게 예측하기보다는 트렌드를 분석하는 과정에서 미래에 중요시 될 새로운 가치를 발굴하고, 영감을 활성화해 미래를 구체화하는 것에 더 의의를 둔다. 트렌드 분석을 통해 구체화된 미래는 구성원들이 함께 비전을 공유하고, 같은 방향으로 전략을 수립하여 추진하는 데 있어 매우 유리한 정보를 제공해준다.

2. 한류 비즈니스 환경의 현재와 미래

한류를 단순하게 설명해 '한국적인 것이 유행하는 흐름'이라고 정의한다면 한국적인 것이 무엇인지 한 마디로 설명하기가 쉽지 않다. 한국 사람이라는 주체가 중요한 것인지, 한국어를 사용하는 언어 환경이 중요한 것인지 아니면 한국 고유의 문화가 담겨 있는 것이라면 과연 아이돌과 케이팝(K-pop)을 한국 고유의 문화라고 할 수 있는지 아리송하다.

한류란 결국 한국 문화가 가지고 있는 한국적인 요소, 독창적인 과학기술이 담긴 생활기구, 서민들의 생활 문화 속에 잠재돼 있는 디자인 요소들, 자연 소재로 만들어진 실용적인 생활용품 속에 드러나는 생활의 지혜, 한국인들만의 독특한 정신세계와 삶의 방식을 총체적으로 한국적인 것으로 정의할 수 있겠다. 또한, 여기에는 유구한 역사 이래로 외국에서 수입되어 한국화된 것 역시 한국적인 문화로 본다.

한류에 대한 이러한 다양한 해석은 한류 비즈니스의 범위에 대한 여러 가지 의견을 유발시킨다. 1990년 대 중 · 후반 이후, 아시아로부터 발생한 한류는 드라마, 영화, 가요, 뮤지컬, 게임, 애니메이션 등 문화 콘텐츠가 주도해왔다고 할 수 있다. 그리고 이것이 점차 클래식, 미술, 문학 등 문화 콘텐츠의 범위가 순수 예술로까지 확장되고 있으며, 최근에는 패션, 화장품, 의료, 자동차, 휴대폰, 한식, 온돌 등 산업 및 생활 문화 전반에까지 확장되고 있다(삼성경제연구소 서민수 외, 2013)

미래에는 굳이 서구적인 가치나 미국 문화를 웨스턴류라던가 미류라고 부르지 않는 것처럼 한류가 생활화되어 타국민들의 삶 속에 정착하면 더 이상 한류라는 이름으로 한국 문화를 한정 짓지 않아도 될 것이다. 이를 위해서는 미래 트렌드를 한 발 앞서 예측하고, 준비하여 한류를 세계화함으로써 한류의 지속 가능성을 높이는 방법을 모색해야 할 시점이다.

III. 트렌드 분석 방법론 기반의 한류 비즈니스 전략 개발

1. 메타 미래예측 프레임워크 개요

한류의 트렌드를 알기 위해서는 직관적, 감각적, 그리고 경험적인 통찰과 해석이 중요하다. 사회 전반의 변화를 읽고 사용자의 경험 세계를 유추함으로써 미래에 대한 새로운 영감을 얻을 수 있기 때문이다.

미래는 아무도 한 치 앞을 볼 수 없을 정도로 불확실하고 모호하다. 게다가 뚜렷한 미래예측 프로세스가 존재하는 것도 아니다. 미래의 기준을 어디에 둘 것인지, 미래를 예측하는 목적이 무엇인지, 미래 예측의 결과물을 어떤 방식으로 산출할 것인지에 따라 트렌드 분석 방법론을 조합하여 미래 예측 프로젝트를 수행하기 때문에 미래예측에 대한 프로세스는 얼마든지 달라질 수 있다. 따라서, 미래예측 프레임워크를 구성하는 데 있어서는 미래 예측의 주요 단계마다 핵심적인 체크 사항에 따라 미래예측 방법론을 선택하여 프로세스를 진행할 수 있도록 디자인해야 한다.

메타 미래예측 프레임워크는 총 7단계로 이루어져 있으며, 크게는 미래 진단과 미래전략 수행 단계로 나뉜다. 각 단계는 개별적인 기준에 따라 선택 프로세스가 구성돼 있어 각각의 선택의 프로세스를 통해 적합한 방법론을 선정하여 순차적으로 미래예측 프로세스를 설계해나갈 수 있도록 구성돼 있다. 하나의 프로세스로 정의할 수 없는 미래예측 과정을 프레임워크화함으로써 미래 예측의 목적에 따라 필요한 방법론을 모듈화했기 때문에 편리하다.

미래예측 프레임워크는 단기에서부터 장기까지, 사회 현상에서부터 기술까지 그리고 미래에 대한 인사이트에서부터 비저닝 그리고 대응 전략

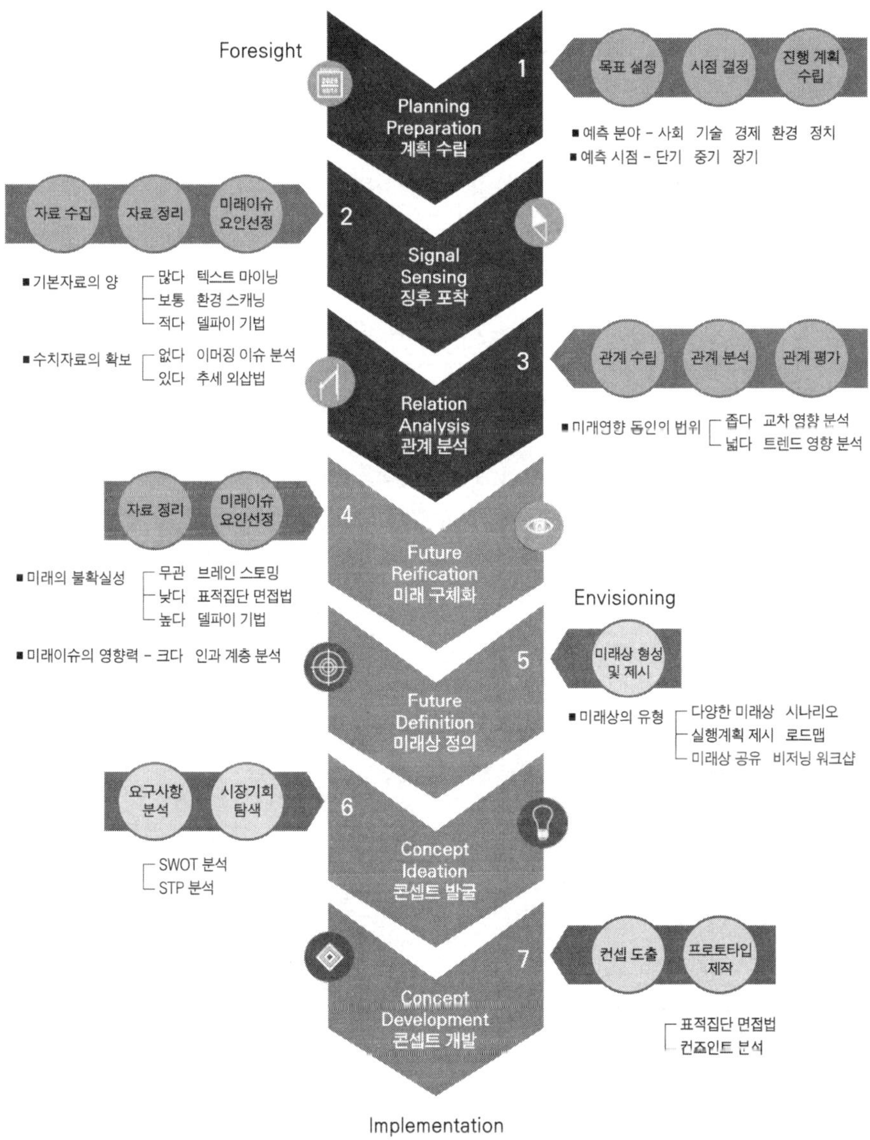

출처: 메타트렌드연구소, 2013

수립에 이르기까지 다양한 상황에 따라, 미래예측의 준비 과정, 미래이슈가 될 만한 요인들에 대한 조사 그리고 이것들 사이의 관계 분석 마지막으로 미래이슈를 도출하고 비저닝하는 각각의 과정을 진행할 수 있다.

단계	설명	세부 단계	내용
Step 1 Planning Preparation 계획 수립	미래예측 프로젝트의 성격을 진단하여 전체적인 계획과 사용 방법론의 선택을 준비한다.	목표설정	명확한 미래 목표를 설정하고, 프로젝트의 성격을 진단한다.
		시점 결정	미래예측의 시점에 따라 알맞은 프로젝트 계획과 성격을 설정한다.
		진행 계획 수립	프로젝트 진행의 기간과 예산을 고려하여 계획을 수립하고, 단계별 선택 방법론을 고려한다.
Step 2 Signal Sensing 징후 포착	자료의 수집과 분석을 통해 미래이슈가 될 가능성이 높은 요인들을 발굴하는 단계이다.	자료 수집	다양한 자료원을 통해 자료의 양을 확보하고 정확성, 중립성, 최신성을 통해 자료의 질을 확보한다.
		자료 정리	자체적인 기준에 따라 키워드를 추출하고 자료를 데이터베이스화 한다.
		미래이슈 요인 선정	자료의 분석을 통해 키워드의 빈도수와 분포를 토대로 미래이슈 요인을 선정한다.
Step 3 Relation Analysis 관계 분석	발굴된 미래이슈 요인들 간의 영향도, 의존도, 관계분석을 통해 요인의 영향력을 평가하는 단계이다.	관계 수립	미래이슈 요인에 영향을 받는 다른 요인을 찾고, 이들 간의 인과 관계를 도식화한다.
		관계 분석	미래이슈 요인 간의 관계 분석을 통해 이들의 성격과 의미를 구체화하고, 인과 관계를 파악한다.
		관계 평가	관계 분석을 토대로 미래이슈 요인들 간의 영향력과 개별 요인 영향력을 평가한다.
Step 4 Future Refication 미래 구체화	영향력이 높은 미래이슈 요인들의 분석과 구조화를 통해 미래이슈를 확정한다.	미래이슈 요인 분석	미래이슈 요인들을 입체적으로 분석하고, 서로 결합하여 미래이슈 요인을 확장하고 발전시킨다.
		미래이슈 구체화	미래이슈 요인들을 의미와 성격에 맞게 그룹화와 구조화하여 미래이슈를 도출한다.
Step 5 Visualizing 미래상 정의	미래이슈로 예측 가능한 미래상을 포괄적이고 현실적으로 묘사하여 미래상을 구체화한다.	미래상 형성 및 제시	도출된 미래이슈로 인한 미래상을 시각화하여 명확한 비전의 제시와 이해를 제공하는 단계이다.

(계속)

Step 6 Concept Ideation 콘셉트 발굴	고객과 시장에 대한 이해를 바탕으로 콘셉트 개발을 위한 방향성을 결정한다.	요구사항 분석	고객, 시장 환경, 경쟁상황, 내부 역량 등을 고려하여 시장이 요구하는 바를 인식하는 단계이다.
		시장기회 탐색	고객의 잠재욕구를 분석하고 시장을 세분화하여 시장 기회를 모색한다.
Step 7 Concept Development 콘셉트 개발	다양한 콘셉트 아이디어 가운데 상품화될 수 있는 콘셉트를 프로토타입으로 제작해 상품화할 수 있도록 준비한다.	콘셉트 도출	다양한 콘셉트 아이디어를 수집하고, 비교 평가하여 가장 좋은 콘셉트 몇 가지를 결정한다.
		프로토타입 제작	상품화 가능성이 높은 콘셉트로 프로토타입을 제작해 고객들에게 보여주고 개선한다.
		적용	프로토타입 점검 과정을 통해 수정된 콘셉트를 상품화할 수 있도록 준비한다.

출처: 메타트렌드연구소, 2013

메타 미래예측 프레임워크의 특징은 다음과 같다. 첫째, 하나의 프로세스로 정의할 수 없는 미래예측 과정에서 필요한 방법론들을 모듈화하여 상황에 맞게 선택함으로써 전체적인 미래예측 프로세스를 만들어 갈 수 있다. 둘째, 장단기 예측은 물론, 사회의 변화나 미래 기술, 미래에 대한 인사이트 탐색, 미래 비저닝에 이르는 다양한 상황에서 활용 가능하다. 셋째, 미래의 시점을 예측하는 수요 예측보다는 산정한 미래의 특정 시점에 해당 분야에서 어떠한 변화가 있을지에 대한 종합적인 분석을 통해 미래에 대한 통찰력을 갖는다.

사회(Social), 기술(Technology), 경제(Economy), 환경(Environment), 정치(Policy) 등 영역별로 단기, 중기, 장기의 시계열 미래예측 프로세스를 예시로 제공하고 있는 것처럼, 한류 트렌드 연구에 있어서도 메타 미래예측 프레임워크는 쉽게 적용할 수 있다.

2. 한류 트렌드 분석을 위한 준비

넓은 의미에서 문화(Culture)는 자연에 대립되는 인간의 모든 활동과 그 활동의 산물을 가리킨다. 그리고 좁게는 인간의 활동 중에서 경제적, 정치적인 활동과 구분되는 정서적 가치의 표현을 가리킨다(조수동 · 김주완 · 이강화 · 이윤아, 2002).

하나의 문화 현상으로서 한류에는 한국민들의 문화가 담겨 있다. 즉, 한류에는 한국민들의 사고 방식, 라이프스타일, 오감에 대한 선호 등이 반영돼 있다. 그것은 한국민만의 고유의 것이면서도 오천 년의 역사 동안 여러 문화와의 상호 작용 속에서 내재된 것이기도 하다.

처음에 한국인들이 한류의 가치를 알아채지 못하고 오히려 한국 문화를 좋아하는 외국인들을 의아하게 여겼던 이유 중 하나는 한국인들이 전통에 대해 일방적인 생각을 가졌기 때문이라는 점을 잊지 말아야 한다. 즉 한국 문화의 근간을 이루는 문화적 가치의 상당 부분은 인류가 공통적으로 가지고 있는 가치와 다름없다.

전 세계인들은 낯선 한국 문화이지만 자신들과 공통된, 보편타당한 가치에 대한 공감을 통해 한류를 쉽게 받아들인 것이다. 예를 들면, 드라마 속에 나타나는 어른에 대한 존경심, 따뜻하고 애절한 로맨스, 역경을 이기고 성공하는 주인공 등은 어느 문화권이나 공통적으로 가지고 있는 로망이다. 더불어 오감을 자극하는 아름다움과 화려함을 좋아하지 않는 사람은 거의 없다.

사람들의 생각이나 라이프스타일은 천천히 변한다. 다행스럽게도 한류는 한국에 대한 인식이 부족했던 나라조차도 한국에 대한 긍정적인 이미지를 심어줄 수 있는 기회를 만들어줬고, 이제는 한국인들뿐만 아니라 전 세계 사람들이 함께 공감할 수 있는 전략이 요청된다. 이러한 사례는 헐리우드 영화에서도 쉽게 살펴 볼 수 있는데, 헐리우드 영화가 보여 주는 꿈과 판타지 그리고 단순한 구조의 권선징악 이야기는 전 세계의 다양한 문화권의 사람들에게 사랑을 받고 있다.

미래 트렌드 기반으로 한류 전략을 수립하는 일은 기존의 방식과는 다른 접근 방법을 요구한다. 왜냐하면 우리가 분석하려는 대상이 아직 도래하지 않은 미래이기 때문이다. 간혹 노스트라다무스(Nostradamus)와 같은 유명한 예언자의 예언과 사회과학적인 분석 방법론을 사용하여 미래를 예측하는 트렌드 분석 방법론을 구분하지 못하는 사람들은 미래는 알 수 없기 때문에 미래를 예측하는 일은 불가능하다고 말한다. 누구도 미래를 알 수 없다는 것은 옳지만 현재 시점에서 발견할 수 있는 미래의 징후를 통해 미래의 다양한 가능성은 충분히 탐색 가능하다.

결국 트렌드를 분석하는 일이란 미래에 발생할 수 있을 법한 미래를 제시하는 일이다. 어쩌면 발생할 지도 모르는 미래를 준비하고, 다양한 미래 상황에 따른 대응책을 찾아봄으로써 스스로 미래를 개척하고, 나아가 미래를 선도하기 위한 과정이라고 볼 수 있다. 즉, 트렌드 분석 방법론을 통해 바람직한 한류의 미래를 만들어갈 수 있도록 전략을 수립하고, 또 바람직하지 않은 미래는 발생하지 않도록 대비하려는 데 그 의의가 있다고 하겠다.

보통의 학문은 과거의 자료를 바탕으로 인과 관계를 분석하는 일이 많다. 이미 발생한 사건이기 때문에 자료도 충분하고, 분석하기에도 상대적으로 쉽다. 그런데 트렌드는 이와 반대로 아직 발생하지 않은 미래를 연구하기 때문에 일반적인 학문 연구와는 다른 자세를 요구한다. 바로 자료에 대한 깊이 있는 분석적인 사고와 함께 현재 가지고 있는 자료를 바탕으로 미래를 상상하는 창의적인 발상을 요구한다. 지속 가능한 한류 역시 미래 한류의 나아갈 방향을 상상하고, 치밀하게 준비하는 데에서 출발한다.

3. 미래 시점에서 바라보는 미래 한류

트렌드 분석 방법론을 한류 비즈니스 전략 수립에 적용하기 위해서는 먼저 실행하려는 한류 비즈니스의 종류와 성격을 분명히 하여 어떠한 목표를 위해서 트렌드를 분석하는 것인지를 결정한다. 트렌드를 분석하는 이유는 단순히 미래를 알고자 함이 아니다. 트렌드 분석 자료를 토대로 미래의 한류 비즈니스를 성공적으로 수행하기 위함이다. 신제품 개발이나 서비스 디자인 개선, 정책 결정, 경영 전략 수립 등 다양한 목표가 존재한다.

명확한 목표를 결정한 이후에는 트렌드를 알아보고자 하는 모니터링 분야를 결정한다. 이 때에는 목표 시장에만 집중하지 않고, 연관 시장은 물론, 별로 관계가 없어 보이는 분야까지 함께 모니터링한다. 다양한 전문 영역들이 알게 모르게 영향을 주어 트렌드를 만들어내는 동인이 되는 경우가 많다. 특히 디지털 기술은 조만간 구현될 사물 인터넷과도 밀접한 관계가 있고, 어느 분야를 막론하고 막대한 영향력을 가지고 있기 때문에 직접적인 관계가 없더라도 지속적인 모니터링이 요구된다. 근래에는 인구 변화나 기후 변화와 같은 요인들도 트렌드에 큰 영향을 주기 때문에 이에 대한 관심도 놓치지 말아야 한다.

이러한 미래 환경의 변화에 주목하는 이유는 현재와 달라지는 미래의 환경으로 인해 미래 소비자들의 구매의사 결정에 영향을 주기 때문이다. 따라서 현재 벌어진 사건이더라도 그것이 미래에 어떠한 영향을 줄 것인지를 생각해보는 연습이 필요하다. 결국 기업이 경쟁하는 것은 미래의 경쟁사이며, 미래의 환경 하에서 미래의 소비자에게 지금은 개발 중인 미래의 상품을 판매하게 될 것이기 때문이다. 평소 모니터링할 대상의 목록을 만들고, 정해진 방식에 따라 객관적이고, 신뢰성 있는 자료를 꾸준히 수집한다.

자료 수집에 있어 최근 이슈가 되고 있는 트렌드 분석 방법은 빅 데이터(Big Data)이다. 모바일 기기의 각종 센서로부터 수집한 개인 정보는 물론, 소셜 네트워크를 통해서 오가는 수많은 정보들까지 모든 것이 라이프로깅(Life-logging)되는 환경 속에서 빅 데이터는 트렌드 분석을 위한 도구로써 주목 받고 있다. 다만, 아직까지는 현재의 빠른 변화를 파악하기에는 빅 데이터가 유용하지만 미래를 예측하기에는 어려움이 있다는 평가가 많지만 여러 가지 시도가 이루어지고 있다.

수집한 자료를 통해 트렌드를 분석하기 위해서는 미래의 징후를 포착하는 단계를 거쳐야 한다. 뉴스, 블로그, SNS, 논문, 전문가 인터뷰, 전시회, 세미나 등 다각도로 수집한 자료 중에 미래에 영향력을 가질 수 있는 사건과 그것이 미래에 영향을 줄 수 있는 어떠한 성격의 동인을 가지고 있는지를 분석한다.

트렌드란 결국 많은 사람들의 선호를 반영한다. 어떠한 흐름에 따라가는 사람들이 많다면 그것은 곧 트렌드가 된다. 따라서 현재가 아닌 미래 시점에서 사람들이 현재 우리가 바라보는 미래의 징후를 더 많이 선택할 것인지를 분석해봄으로써 미래에 일어날 수 있는 사건들을 예측해 볼 수 있다. 이 과정은 미래에 대한 통찰력을 가진 다방면의 전문가들이 모여 델파이(Delphi)나 브레인스토밍(Brainstorming)을 통해 의견을 취합함으로써 이루어진다.

미래 한류에 있어 미래 시점에서 자료를 수집하고 평가하고, 트렌드를 분석하는 일은 가장 기본적이면서 중요한 단계로, 성공적인 한류 비즈니스 전략 수립을 위한 첫 단추라고 할 수 있다.

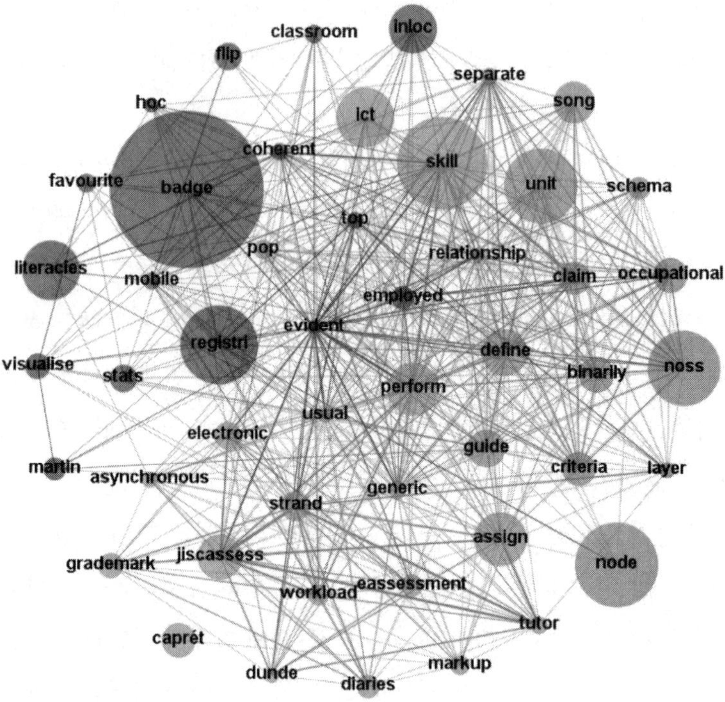

CETIS, 2012

커뮤니케이션을 위한 채널은 갈수록 평준화되고 있다. 트렌드 분석에 있어 실시간 모니터링이 가능해진 장점 역시 인터넷으로 항상 연결되어 있는 환경에 기인한다. 쉽게 말하면 전 세계 사람들의 반응을 실시간으로 반영해서 한류 비즈니스 전략에 반영하는 것이 가능하다. 한류 팬들과 온라인에서 만나 인터랙티브하게 의견을 주고 받으면서 빠르게 그들을 만족시킬 수 있다.

실시간성은 트렌드 분석에서 매우 가치가 있다. 왜냐하면 트렌드의 주기가 점점 더 빨라지고 있기 때문이다. 상품 조사 및 기획에서부터 상품 출시까지 일주일 아니 하루 만에 이루어지는 SPA 의류 브랜드처럼 한류 콘텐츠 역시 고객들의 입맛에 맞게 빠르게 기획되고 빠르게 소모될 것이다.

미래의 복합적인 커뮤니케이션 공간에 대한 디자인도 요구된다. 스마트 안경, 스마트 시계를 넘어서 입는 컴퓨팅 시대가 본격화되고, 증강현실이나 홀로그램 등이 글로벌 팬들과의 커뮤니케이션을 위해 적극적으로 활용되기 시작한다. 따라서 당연하게도 트렌드를 분석해야 하는 대상도 이러한 새로운 차원의 공간까지로 확대되어야 한다.

미래의 한류 소비자들은 더 젊고, 더 활동적이며, 더 모험적일 것이다. 그들은 어릴 때부터 세계인들과 소통하고, 로봇을 만들고, 새로운 경험을 찾아 헤매는, 지루한 것을 참지 못하는 사람들이다. 더 다양한 인종과 문화를 가진 사람들과 소통해야 하는 상황에 놓인 한류 비즈니스 담당자 역시 이러한 라이프스타일 트렌드의 변화를 빠르게 인식하고 그에 대한 대비가 필요하다.

4. 시나리오 기법으로 개발하는 한류 비즈니스 전략

트렌드는 트렌드 결정자에 의해 발굴되고, 최초의 트렌드 추종자에 의해 퍼지기 시작해 초기 주류 소비자가 이에 동참하고, 주류 소비자에 의해 확실한 트렌드로 정착하며, 후기 주류 소비자와 보수적인 소비자가 트렌드를 따라감으로써 완료된다(Henrik Vejlgaard, 2007). 한류는 지역마다 차이는 있지만 이미 빠르게 트렌드가 확산되고 있는 중이다. 그 중에서 트렌드 관리 대상이 되는 사람들은 트렌드 확산을 주도하는 한류 마니아들이다. 이들은 한류 소식을 가장 빠르게 사람들에게 알려주고, 적극적으로 한류를 홍보하기 위한 활동을 자처하는 사람들이다. 한류 문화 현상을 실시간 모니터링하는 것도 한류 비즈니스 전략 수립에 큰 도움이 될 것이다.

트렌드 분석을 통해 완성된 미래상은 다양한 경우의 수를 담은 시나리오, 미래 상황을 상세하게 설명해 소설이나 에세이, 단순 명료하게 표현하는 인포그래픽(Infographic), 그림이나 영상으로 표현하는 방법으로 구체화하여 팀원들과 공유한다.

특정한 키워드나 이미지로 정리된 미래 트렌드는 불확실한 미래를 명확하게 해주고, 같은 지향점을 가지고 한류 비즈니스 전략을 개발하는 데 도움을 준다. 변화하는 미래 환경에 대한 인식을 명확하게 한 다음, 본격적으로 한류 비즈니스 전략을 개발하기 위한 준비를 해나간다. 이 때에는 지속 가능성을 가장 중요한 핵심 요소로 평가한다.

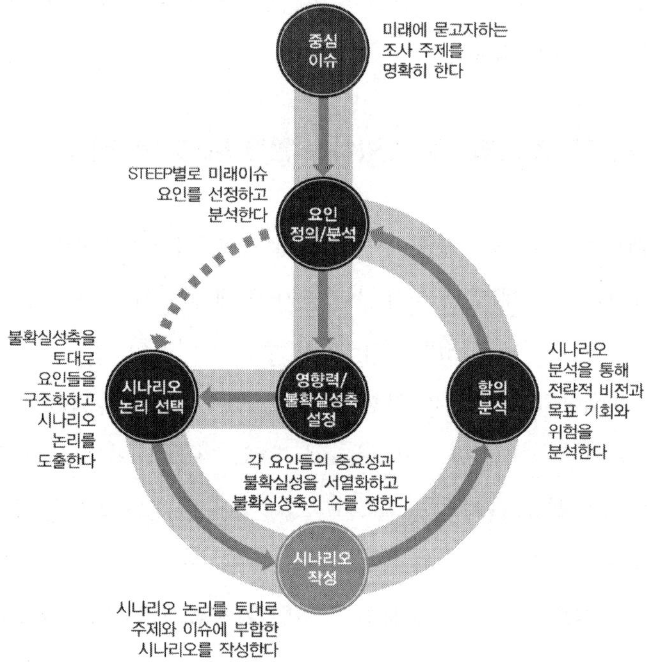

출처 : 메타트렌드연구소, 2013

최근 기업의 지속 가능성 역시 큰 화두가 되고 있다. 교류가 적고, 환경이 자주 변화하지 않던 예전에는 기업의 경쟁력을 오랫동안 유지할 수 있었다. 그러나 글로벌 경쟁을 해야 하며, 산업 분야 간 융합이 자주 일어나는 현재에는 기업 자체가 지속 가능성을 갖기가 쉽지 않다. 때문에 한류 비즈니스 전략 수립에 있어서도 지속 가능성은 매우 중요한 가치 중의 하나이다.

이를 테면 지속 가능성을 높이기 위해 이종 간에 협업하고, 체계적인 스토리빌딩 과정을 통해 서비스와 수익에 있어 선순환 구조가 이루어질 수 있도록 기획하며, 더욱 체계적으로 한류 비즈니스 플랫폼을 만드는 과정을 거친다. 이 모든 것들이 비즈니스 현장에서 언급되고 있는 주요 이슈 중 하나로 비즈니스 업계의 트렌드라 할 수 있다.

지속 가능하다는 말은 말 그대로 어떤 비즈니스가 현재는 물론, 미래에도 계속해서 사업을 영위하고 판매를 할 수 있고, 수익을 낼 수 있다는 말과 같다. 따라서 트렌드 분석을 통해 미래를 아는 일은 그 만큼 꼭 필요한 과정 중 하나이다.

이미 글로벌 기업이나 국가 기관을 중심으로 트렌드를 상시 연구하여 미래를 준비하는 경우가 많다. 초우량 기업 중 하나인 지멘스(Siemens)의 경우에도 일찍부터 트렌드 분석 방법 중 하나인 시나리오 기법을 활용해 기업 전략을 수립하고 있다(Ulf Pillkahn, 2007). 시나리오란 미래에 일어날 수 있는 가능성을 바탕으로 경우의 수에 따라 각기 다른 전략을 수립함으로써 전략의 유연성을 발휘하고, 어떤 사건이 벌어졌을 때 더 신속하고 차분하게 이에 대응할 수 있는 여유를 준다.

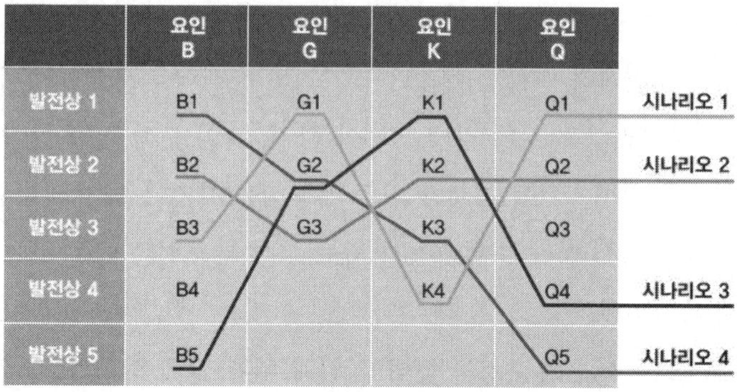

KISTEP, 2009

IV. 결 론

덴마크의 미래학자, 롤프 옌센(Rolf Jensen)은 정보화 사회 다음으로 꿈과 감성을 파는 드림 소사이어티(Dream Society)가 온다고 주장한 바 있다. 드림 소사이어티를 살아가는 사람들은 상상력이 담긴 이야기에 기꺼이 돈을 지불한다. 한류가 바로 드림 소사이어티의 중요한 상품이 되어야 한다.

트렌드는 대개 메가 트렌드 범주 안에 존재한다. 장기간 사람들의 큰 움직임을 이끌어내는 메가 트렌드와 같은 방향으로 작은 트렌드들이 생성되고 소멸되는 것이 상식이다. 간혹 메인 트렌드에 반하는 역 트렌드가 존재하기는 하지만 그것으로 트렌드의 방향을 완전히 돌려 세우기에는 힘들다.

미래 트렌드를 분석한 내용을 바탕으로 한류 비즈니스 전략을 개발하는 것은 남보다 먼저 변화하는 미래를 대비하는 가장 믿을 만하며, 한류의 지속 가능한 미래를 확고히 하는 가장 확실한 방법 중의 하나이다.

한류의 미래를 연구하는 궁극적인 이유는 지속 가능한 한류를 만들어내기 위해 미래에 대한 창의적인 발상과 통찰력을 갖기 위함이다. 때문에 트렌드학은 불확실한 미래 가운데 모두가 희망하는 미래를 예측하는 것으로 시작해서 그러한 미래를 실현하기 위해서 구체적으로 어떻게 행동해야 하는지를 설계하는 것으로 끝난다.

결국 모든 기업과 기관은 미래 환경 하에서 미래 소비자들에게서 승부를 결정짓는다. 따라서 트렌드 분석을 통해 미래를 변화시키는 동인을 찾아내고, 그것에 대해 사람들이 어떠한 반응을 보일지를 예측해 한류 비즈니스 전략 수립에 있어 미래를 선점하는 혜안을 얻는 것이 중요하다.

참고문헌

메타트렌드 연구소(2013), 『미래예측 프레임워크와 방법론』, 기술인문융합창작소.

삼성경제연구소 · 서민수 · 정채수 · 주영민 · 이해욱(2013), 신한류 지속발전을 위한 6대 전략, 『CEO Infomation』, 제899호.

황상훈(2013), 문화 트렌드의 변화와 ICT 융합, 『DIGIECO』.

문화체육관광부 해외문화홍보완(2012), 『한류 : K-Pop에서 K-Culture로』.

장규수(2011), 한류의 어원과 사용에 관한 연구, 『한국콘텐츠학회논문지』, 11(9).

조동수 · 김주완 · 이강화 · 이윤아(2011), 『문화의 이해』, 이문출판사.

Hendrik Vejlgaard(2008), 『트렌드를 읽는 기술 Anatomy of a Trend』, 비즈니스북스.

Ulf Pillkahn(2007), 『트렌드와 시나이로 Trends Und Szenaien Als Werkzeuge Zur Strategieentwicklung』, 리더스북.

[ABSTRACT]

The Possibility of Applying Trend Analysis Methodology to the Development of a Korean Wave Business Strategy Based on the "META Foresight & Envisioning Framework"

Yoo, In-oh*

"Korean Wave" has been spread not by a systematic strategy, but by foreigners who found the value of Korean culture. But now, the onus is on Korean people to increase the sustainability of Korean Wave.

In a situation where people around the world are interconnected through an internet-enabled mobile device, new technologies, such as 3D printing and augmented reality, are appearing, and new cultures, such as eco-friendliness and sharing economy, are quickly changing people's lives, producing a Korean Wave business strategy through trend analysis methodology is one of the surest ways to lead future trends and increase the sustainability of Korean Wave.

"META Foresight & Envisioning Framework" makes it possible to predict the future by classifying trend analysis methods by study area and combining them in the form of time series. My study focuses on the possibility of applying the framework to the creation of a Korean Wave business strategy. To do so, I have suggested future trends in my study by figuring

* CEO METATREND Media Group, Inc.

out both signs that can be found in a current situation and factors that may influence the future. Based on them, I have developed a Korean Wave business strategy.

Although there is no one who can accurately predict the future, trend analysis makes it possible to both reduce uncertainty and preoccupy future time. In particular, a scenario technique among trend analysis methodologies makes it possible to simulate a variety of positive and negative situations that may happen in the future, and increases the possibility of creating a successful Korean Wave business strategy.

Key words Hallyu, Trend Research, Business Strategies, Future Prediction, Culture Business

지속적 한류전략개발을 위한 비교문화경영 방법론의 적용가능성

김세원*

【국문초록】

세계화의 진전과 더불어 국제비즈니스에 있어서 국가문화 비교연구의 중요성이 부각되고 있다. 비교문화경영은 독립변수로서 문화가 경영에 미치는 영향, 특히 나라마다 다른 문화의 차이, 가치관의 차이가 국제비즈니스와 경영에 미치는 영향을 분석하고 연구하는 학문분야다. 한류는 기대와 우려, 기회와 위기의 교차로에 서있다. 한류는 2012년 사상처음으로 문화콘텐츠 수출액이 수입액을 추월하는 성공을 거두었으나 한편으로는 아시아로의 지역적 편중과 장르적 편중 현상이 여전하고 반한류, 혐한류 현상도 거세지고 있다. 이같은 상황에서 본 연구는 비교문화경영(cross cultural management)의 방법론을 한류연구에 적용할 수 있는지의 가능성을 알아보고 나아가 한류의 지속적인 발전전략 수립에 비교문화경영이 구체적으로 어떤 도움을 줄 수 있을 것인지 모색하고자 작성되었다. 한류는 문화콘텐츠산업의 해외 수출, 한국문화의 해외전파 및 외국과의 쌍방향 문화교류 등 외국과의 비즈니스를 전제로 한다. 국가 문화간의 차이와 유사성을 살펴보고 경영에 대한 문화의 효과와 영향을 분석하는 비교문화경영은 한류기업의 새로운 발전전략은 물론 한류를 활용한 일반기업의 해외마케팅 전략을 수립하는 데도 많은 시사점을 제공할 수 있다. 본 연구는 비교문화경영의 직접가치 추론(DVI) 방법론을 활용한 '지역별 문화지형도'작성을 제안함으로써 한류의 공간적 확산과 시간

* 가톨릭대학교 산학협력단 교수

적 지속성을 동시에 추구하는 새로운 한류 발전 전략의 방향을 설정하는데 기여를 할 수 있을 것으로 전망된다.

주제어 한류, 비교문화경영, 국가문화, 문화지형도, 현지화전략

I. 들어가는 말

세계화의 진전으로 국내 시장만을 대상으로 하는 기업 경영은 생존과 성장을 담보할 수 없게 되었다. 기업들이 기존의 국내 기업환경과 상이한 국제 환경 속에서 기업 활동을 수행하게 되면서 국가 문화(national cutlure) 비교 연구의 중요성이 부각되고 있다. 전통적인 국제비즈니스 연구는 기업을 둘러싼 국제환경에서 주로 경제적 법적 이슈나 조직의 형태 및 구조에 관심을 가져왔으나 21세기 들어 국제비즈니스 활동에 있어서 국가 문화의 영향이 커짐에 따라 국제비즈니스에서 국가 문화의 중요성이 새롭게 주목받고 있다(Early and Glbson, 2002).

2000년대 중반의 침체기를 거쳐 만년 적자였던 문화콘텐츠산업 수지가 2012년부터 흑자로 돌아서면서 한류는 놀라운 성장세를 보이고 있으나 한류의 지속적인 발전에 대해 우려하는 시각도 증가하고 있다. 중국 일본 대만 베트남 등 아시아지역이 한류 수출의 95%이상을 차지하고 게임이 전체 수출액의 절반 이상을 차지하는 등 지역별, 장르별 편중현상이 심각해서다. 삼성경제연구소는 내부적으로는 콘텐츠 경쟁력 저하와 다양성 부재, 외부적으로는 혐한류(嫌韓流) 기류의 확산과 한류콘텐츠의 불법복제 범람이 한류 발전의 장애물이 되고 있다고 분석했다.

그런데 지금까지 한류관련 연구는 주로 중국 일본 베트남 등 지역별 한류의 인기 현황이나 한류체험에 따른 현지인들의 한국에 대한 인식변화, 한류의 경제적 파급효과 등에 치중대 왔다. 이제는 한류가 변방의 일시적인 유행이 아니라 세계 주류 문화로 편입될 수 있도록 보다 포괄적이고 거시적인 발전 전략에 대해 고민해야 할 때이다.

비교문화경영(cross cultural management)은 독립변수로서 문화가 경영에 미치는 영향, 특히 국가문화의 차이가 국제비즈니스에 미치는 영향을 분석하고 연구하는 학문분야다. 한류는 문화콘텐츠산업의 해외수출, 한국문화의 해외전파 및 외국과의 쌍방향 문화교류 등 외국과의 비즈니스를 전제로 하기에 국가 문화간의 차이와 유사성을 살펴보고 경영에 대한 문화의 효과와 영향을 분석하는 비교문화경영은 한류기업의 새로운 발전전략 설계는 물론 한류를 활용한 일반기업의 해외마케팅 전략을 수립하는 데도 많은 시사점을 제공할 수 있다. 비교문화경영 방법론에 바탕을 둔 국가문화 분석틀은 개별 기업 차원은 물론, 한류의 새로운 방향을 설정하고 중장기 발전 전략을 수립하는데도 유용할 것으로 전망된다.

II. 세계화와 비교문화경영

1. 비교문화경영(Cross-cultural Management)연구의 부상

범세계적 네트워크의 발전으로 다양한 문화가 혼합되어 상호의존도가 높아지고 새로운 글로벌 공동체가 형성되는 동시에 지역공동체를 세분화하여 다양한 문화가 통합되고 상호충돌함으로써 문화적 갈등을 야기하기도 한다.

기업의 국제적 경영활동에는 많은 어려움과 위험이 따른다. 특히 문화적 차이에 기인하는 각종 장벽들은 기업의 모든 활동에 지대한 영향을 미치게 된다. 따라서 기업이 문화적 차이를 극복하고 경영활동을 보다 효과적으로 수행하기 위해서는 먼저 외국의 문화적 환경에 대해 이해하고 적응하려는 노력이 선행되어야 한다. 국제비즈니스에서의 많은 실패는 기술적 측면에서의 능력부족보다는 경영자가 현지 문화를 이해하지 못하고 해외 카운터파트와 효과적으로 상호작용을 하지 못한데서 비롯된다(Ricks, 1999).

세계시장의 통합이 가속화하는 가운데 중남미 및 중동, 인도 등 신흥시장의 주요성이 높아지면서 이들 현지 시장의 문화적 유사성과 차이점을 바탕으로 한 차별화된 경영전략의 필요성이 절실히 요구되고 있다. 이러한 경영전략의 기저에는 문화에 대한 총체적인 시각을 갖추고 세계화의 흐름 속에서 여전히 상이한 요소로 존재하는 문화의 다양성을 인식할 수 있는 비교문화적 관점이 깔려있다.

국가문화를 비교 분석하는 비교문화연구(cross-cultural study)는 경영학, 경제학, 심리학, 사회학, 커뮤니케이션학, 인류학 등에서 다양한 관점으로 진행되고 있는데 이중 경영학, 국제비즈니스에서의 비교문화연구를 비교문화경영(cross cultural management)이라고 정의할 수 있다. 다시 말하면, 각국 문화의 특성을 비교하는 비교문화연구를 국제경영에 접목한 것이 비교문화경영, 이문화경영, 다문화경영, 국제문화경영으로 번역되는 Cross cultural management이다. 비교문화경영 연구는 어느 한 분야에 국한되는 것이 아니라 문화에 대한 정의 및 개념화에서부터 이의 효과에 이르기까지 여러 관점이 혼합되어 있어 실로 다양한 연구 결과를 보여주고 있다. 비교문화경영 연구에서 가장 많이 사용된 방법론은 Hofstede(호프스테드)의 문화가치 분석틀이다. 호프스테드의 다섯 가지 문화가치를 활용한 실증 연구 논문 180편을 개인, 집단/조직 및 국가자원의 분석수준과 문화의 주효과(main effect) 및 조정효과(moderating effect)로 분류한 결과, 변화관리, 갈등관리, 의사결정, 인적자원관리, 리더십, 조직행동, 작업 관련 태도, 협상 행동, 기업가 정신, 사회관계망, 해외직접투자, 합작투자, 해외기업과의 제휴, 혁신 및 연구개발 등으로 연구 주제가 다양했다(Kirkman et al., 2006).

비교문화경영 연구는 특히 국제마케팅에서 급증하고 있는데 국제소비자행동에 대한 문화의 영향에 관한 연구나 국가 간 마케팅 현상의 유사성과 차이점을 확인하고 설명하는 연구가 주류를 이루고 있다. 클락(Clark)은 국가 특성(national character)의 개념을 각국 사람들이 갖는 고유하고 지속적인 행동 및 성격 특성 패턴으로 정의하고 인류학적, 심리분석적, 및 계량학파들의 국가 특성에 관한 연구들을 조사하여 소비자 및 전략적 의사결정 모두에 적용 가능한 마케팅에 적절한 국가특성 개념을 제시하였다. 그는 국가 특성에 대한 접근법으로 문화중심적 접근법(culture-centered approach)과 개성중심적 접근(personality-centered approach)을 제시하였다. 문화중심적 접근법은 문화인류학에 뿌리를 둔 질적인 문화 평가 방법이며 국제비즈니스 연구에서 많이 이용되는 개성중심적 접근법은 문화를 확인하고 설명하는 계량적인 측정치를 이용하는 것이다(Clark, 1990).

2. 문화 및 국가 문화의 정의

문화와 관련된 정의가 170여 가지가 있을 만큼 문화는 모든 목적에 적합한 단일한 정의를 거부하는 개념 중의 하나이다. 문화란 개념은 특정 부족이나 사회를 관찰하여 그들의 규범, 의례, 언어, 설화, 음식, 축제, 생산 방식, 사회적 관계 등을 밝히는 인류학의 민속학 연구에서 비롯되었다. 호프스테드는 문화의 개념을 국가 수준에 적용하여 '국가 문화'를 한 국가의 구성원을 다른 국가의 구성원과 구분하는 마음의 집합적 프로그래밍, 정신의 소프트웨어라고 정의하고 있다. 국가 문화는 한 국가의 구성원이 공유하는 경험의 결과로서 발달되며 교육, 행정, 법체계, 가족 구조, 종교적 성향, 문학 및 과학이론 등에 의해 세대에서 세대로 이전, 계승되는 가치를 포함한다.

서구 기업들의 해외 진출과 함께 조직 내 작업인력의 다양성과 시장의 확대에 따라 조직 문화, 국가 문화 그리고 문화의 구성요소들에 대해 심리학자, 인류학자, 사회학자, 경영학자들이 연구하게 되었다. 문화는 이렇듯 다양한 분야에서 연구되고 있으나 국제비즈니스에서 주로 사용되고 있는 것은 국가 문화나 가치의 개념이다.

3. 비교문화경영 연구의 발전

비교문화경영과 관련된 연구들을 단일차원과 다차원 구성개념으로 분류할 수 있다. 단일 차원의 국가문화 분석법으로 가장 많이 인용되는 것이 에드워드 홀(Hall)의 연구다. 홀은 메시지가 소통되는 방식이 명시적인가 상황적인가에 따라 문화를 고맥락 문화(high-context culture)와 저맥락 문화(low-context culture)로 분류하였다(Hall, 1976). 홀은 이밖에도 문화를 선형적, 계획적 시간관을 가진 단일 시간 문화(mono-chronic culture)와 동시에 여러 가지 일을 하는 복합시간 문화(poly-chronic culture)로 분류하였다(Hall & Hall, 1990).

미국의 경영학자 마틴 개논(Martin Gannon)은 한 국가의 문화적 마인드세트(mind-set)를 신속하게 이해하고 다른 국가와 비교하는 방법으로 문화 메타포(cultural metaphor)라는 개념을 제시하고 있다(Gannon 2001). 문화메타포는 국가의 구성원 대부분이 동일시 기준으로 삼는 국가 특유의 현상이나 활동, 문화적 관행을 가리킨다.

클러크혼(Kluckhohn) 과 스트로드벡(Strodtbeck)은 국가 문화에 대한 체계적인 논의를 시작한 최초의 연구자들이다. 이들은 조직체계에 대한 국가별 '가치 지향성'(value orientation)이란 개념을 제시하고 이러한 가치지향성을 하나의 공동체 내에서 공유되는 구성개념으로 설명하고 있다. '가치지향성'은 인간의 본성에 대한 지향성, 인간과 자연과의 관계, 인간관계지향성, 활동지향성, 공간지향성, 시간지향성 등 6차원으로 분류된다(Kluckhohn & Strodtbeck).

네덜란드의 비교문화심리학자 호프스테드(Hofstede)는 1967년과 1973년 다국적 기업인 IBM 중간관리자 53개국 11만 7,000여명을 대상으로 국가별 가치관의 차이를 실증 조사하여 권력거리, 개인주의/집단주의, 남성성/여성성, 불확실성의 회피 등 4가지 차원을 찾아냈다(Hofstede, 1980). 이후 그는 동양의 유교적 가치를 반영하여 장기지향성/단기지향성 등 5번째 차원을 추가한데 이어 2010년에는 미카엘 민코프(Michael Minkov)의 세계 가치관 조사데이터 분석을 반영하여 여섯번째 차원인 관대-절제 지수를 추가하였다(Hofstede, 2010). 호프스테드는 국가별로 각각의 문화차원을 점수화하여 문화차원 간의 연관성을 분석하였다. 지속적인 논란에도 불구하고 호프스테드의 비교문화모형은 국가 문화를 최초로 계량화하였다는 점에서 가장 많이 활용되고 있다.

비교문화경영은 다양한 문화의 차원을 유형화하여 경영에 미치는 문화의 영향, 특히 나라마다 다른 문화의 차이, 가치관의 차이가 국제비즈니스와 경영에 미치는 영향을 분석하고 연구한다. 네덜란드의 경영학자 트롬페나스(Trompenaars)는 문화를 사람들의 집단이 문제를 해결하는 방식으로 정의하고 1986~1993년 세계 다국적기업 경영자 1만 5,000명을 대상으로 설문조사를 실시하여 타인과의 관계, 시간관, 환경과의 관계 등 세 가지 유형의 문제를 해결하는 방식의 차이에 근거해 문화의 7가지 차원을 찾아냈다(Trompenaars, 1993). 이후 트롬페나스는 햄튼-터너(Hampden-Turner)와 함께 이를 보편/특수주의, 개인/공동체주의,

중립/표현주의, 한정/확산주의, 성취 /귀속 신분, 시간의 순차성/동시성, 내부/외부지향 등 7가지 차원으로 분류하여 국가별로 각각의 차원에 점수를 부여하고 순위를 매겼다(Trompenaars, 1997).

비교문화경영적 접근은 국제마케팅쪽에서 많이 활용되고 있다. 번 테프스트라(Vern Tepstra)와 라비 사라티(Ravi Sarathy)는 국제 마케팅에 영향을 주는 각 국가의 문화적 특성을 파악하기 위한 글로벌 문화분석틀을 제시하였는데 그 기준은 언어, 종교, 가치관과 태도, 미적감각, 교육, 사회조직, 기술과 물질문화, 사회조직 등 8가지이다(Tepstra & Sarathy, 2000).

III. 한류비즈니스의 현황과 문제점

1. 한류의 진화

한류는 한국 대중문화와 관련된 콘텐츠상품에 대한 해외 시장의 인기와 선호현상을 의미한다. 1990년대 중반 중국과 일본으로 수출된 드라마와 가요에서 시작된 한류는 게임, 영화, 뮤지컬, 애니메이션 등 대중 문화콘텐츠로 확대되었고 최근에는 순수 예술을 넘어 화장품, 패션, 의료, 한식, 온돌 등 생활 문화 전반에까지 확장되고 있다.

대중문화는 기업에 의해 대량으로 생산되고 소비되는 상품의 성격을 띠고 있다. 아무리 예술성이 뛰어난 가요나 영화라도 대중의 외면을 받아 흥행에서 실패하면 지속적으로 사업을 수행하기가 불가능하다. 따라서 대중문화는 소비자의 특성과 문화트렌드의 변화 등을 예측하는 기업의 경영적 관점이 우선시 되고 문화산업의 관점에서 다루어지게 된다.

동아시아 대중문화의 역사적 변천 과정에서 한류는 세 번째 유행에 해당한다. 첫 번째 유행은 록밴드 엑스 재팬(X JAPAN)로 대표되는 제이팝(J-POP), 애니메이션, 만화, 패션잡지 등으로 1980년대 동아시아 대중문화를 지배했던 일류(日流)였다.

1980년대 말부터 '홍콩느와르'(홍콩액션영화)와 '칸토 팝(Canto-POP)'이 주도하는 항류(港流)가 일류를 대신해 동아시아를 풍미했으나 1997년 홍콩의 중국 반환 이후 홍콩의 대중문화는 더 이상 아시아 시장에서 경쟁력을 확보하지 못했다. 중국 본토의 문화 규제를 우려한 홍콩의 영화사와 연예기획사들이 투자를 줄였기 때문이다. 중국의 개혁개방 바람을 기점으로 한국의 대중문화는 정서적 반감이 많았던 일류(日流)를 대신해 중화권 국가들의 빈약한 문화 콘텐츠 시장에 무혈입성할 수 있었다(장규수, 2013).

한류는 아시아 국가들의 정치 경제 사회 문화적 성장의 과정에서 한국이 주어진 기회를 빨리 적극적으로 활용한 결과라고 볼 수 있다. 한류는 여러 나라에서 각각 다른 시기에 발생하거나 소멸하는 등 계속 변화하고 있기 때문에 한 마디로 규정하기는 어렵다. 그러나 한류가 아시아에서 확산된 주요 이유는 문화적 인접성과 디지털 매체의 발달 때문이라고 할 수 있다. 대중문화는 지역적으로 가깝고 문화와 정서가 비슷한 수용자들에게 쉽게 전달되기 때문에 문화와 외모적 특성이 비슷한 아시아권에서 국경을 초월해 전파될 수 있었던 것이다. 프랑스 문화비평가 프레데릭 마르텔은 "한국드라마가 아시아를 휩쓴 배경에는 유교문화가 자리잡고 있다. 선인과 악인이 분명히 밝혀지는 내용은 동양적 정서에 딱 맞는다. 단순한 스토리를 섬세하게 묘사하는 드라마 제작 기술도 탁월하다"고 분석했다(Martel, 2013).

2. 한류의 현황

한국은행에 따르면 2012년 문화콘텐츠산업 수출액이 사상 처음으로 수입액을 추월한 이래 2013년에도 전년의 두 배에 가까운 1억 6,710만 달러의 흑자를 기록했다.[1] 이는 K-팝, 한국영화, TV프로그램 등 음악 · 영화 · 방송 부문의 음향영상서비스 수출이 4억 610만 달러로 13.1% 늘어난 데 비해 음향영상서비스의 수입(3억 7천 290만 달러)은 3.0% 증가해 3,320만 달러 흑자를 기록한데 힘입은 것이다. 2012년 음향 영상 서비스 수지는 270만 달러 적자를 기록했었다. 게임, 디지털콘텐츠, 세미나 · 전시회 경비 및 교육 · 보건서비스가 포함된 '기타 개인, 문화, 오락 서비스 수지'는 2012년에 흑사로 전환(6,760만 달러)한 뒤, 2013년에는 1억 3,390만 달러의 흑자를 기록해 흑자 규모가 두 배 가까이 커졌다.

한편 한국콘텐츠진흥원(2014)의 '콘텐츠 산업 2013년 결산'에 따르면 문화 콘텐츠산업 수출 규모는 전년 대비 10.6% 증가한 51억 달러였고 게임이 전체의 절반이 넘는 58%를 차지했고 다음은 캐릭터(9%), 음악(5%), 방송(5%) 등의 순이었다. 반면 국내 콘텐츠 시장 규모는 출판(22%), 방송(15%), 광고(14%), 게임(12%)순으로 차이를 보였다.

지난 3년 연속 문화콘텐츠산업 수출에서 게임의 비중이 전체의 절반 이상을 차지했고 해외시장에서 한류를 이끄는 쌍두마차인 드라마와 K-pop은 합쳐봐야 전체 문화콘텐츠산업 수출의 10% 남짓한 비중을 차지하고 있을 뿐이다. 한류 열풍을 주도하는 K-pop이 중국 일본 동남아

1) 관련 통계는 '개인 문화 오락 서비스' 수지로 '음향영상서비스' 수지와 '기타 개인 문화 오락 서비스' 수지로 구성돼 있다

시아는 물론 칠레, 브라질, 페루 등 남미에서도 큰 인기를 끌고 있지만, 현지 소비자들은 음반 구매나 공연 입장권 구입이 아닌 유튜브 동영상과 KBS 월드시청, 불법 다운로드 등으로 K-pop을 접하기 때문에 실제 수출액은 기대에 크게 미치지 못하고 있다.

3. 한류 발전의 장애요인

문화체육관광부와 한국문화산업교류재단이 2012년 2월 중국 일본 대만 태국 미국 브라질 프랑스 러시아 등 한류열풍이 뜨겁다고 판단되는 9개국 현지인 3600명을 대상으로 실시한 조사에서 한류의 지속 기간을 묻는 설문에 '이미 끝났다'라고 답한 사람이 11%, 1~2년(20%), 3~4년(29%) 등 4년 이하로 본 사람이 60%에 달했다. 반면 10~14년 13%, 15~29년 4%, 30년 이상 8%였다. 10명 중 6명이 한류는 5년 이상 가지 못할 것으로 예상했으며 이미 한류는 끝났다는 비관적 응답이 11%나 된다는 사실이 충격적이다. 특히 한류 열풍의 진원지이며, 한류스타의 인기가 해당국 스타들의 인기보다 더 높다고 알려진 일본 중국 대만에서 더 비관적인 응답이 나온 것이 놀랍다. 동북아 3국의 응답자들은 10명 가운데 8명꼴로 '한류열풍이 5년 내에 끝날 것'이라고 답해 9개국 평균을 크게 웃돌았다(고미영, 2012).

삼성경제연구소가 2013년 5월 한국 CEO 246명을 대상으로 한 설문조사에서도 한류지속 가능 기간에 대해 비관적인 의견이 주류를 이뤘다. 조사결과 '이미 끝났다'고 응답한 사람은 2%, 3년 이내 17%, 3~5년 28%로 5년 이내가 47%였고 5년 이상이라고 답한 사람은 40%였다.

한류의 미래에 대해 이처럼 부정적인 전망이 나오게 된 원인은 무엇일까. 한류의 지속성을 저하하는 요인을 묻는 설문(중복 응답)에 대해

외국인들은 '콘텐츠의 획일성'(57%)과 '지나친 상업성'(49%)을 가장 많이 꼽았다. 외국인 응답자들은 이밖에 지나치게 한국적인 내용으로 인한 공감부족, 한류의 한국 정부주도, 과도한 공급량, 다른 문화와 유사성, 선정성 등을 지적했다. 내국인 응답자들은 한류의 발전 장애 요인으로 아이돌 가수 일변도의 K-pop, 외국의 반한류(反韓流), 유사한 드라마 양산, 외국의 한류모방, 스타부재 등을 꼽았다. 특히 드라마에 대해서는 출생 의 비밀과 불륜, 복수 등 유사한 소재와 비슷한 결말이 반복되는 사례가 많아 갈수록 감동이 떨어진다는 지적이 많았다.

삼성경제연구소는 내부적으로는 콘텐츠 경쟁력 저하와 다양성 부재, 외부적으로는 반한류 혐한류(嫌韓流) 기류의 확산과 한류콘텐츠의 불법복제 범람이 한류 발전의 장애물이 되고 있다고 분석했다.

2012년 3월 MBN이 개최한 '비전코리아 제19차 국민보고대회 : 한류본색(韓流本色)'에서도 참석자들은 한류의 실체를 뜯어보면 초라하다" 라고 진단했고 한류의 지속가능성 여부에 대해 비관적인 전망을 쏟아냈다. 그 이유로 핵심 축인 드라마와 K-pop을 빼면 추가 동력이 아직 없다는 점, 한류 소비 지역이 아시아에만 편중돼 있다는 점, 일본 비중이 커 일본 소비자가 돌아서면 한류가 뿌리째 흔들릴 수도 있다는 점을 지적했다(전병준 외, 2012).

한류 수출의 심한 지역적 편중은 통계에서 드러난다. 한국콘텐츠진흥원이 집계한 2010년의 K-pop 수출액은 8,300만 달러. 이 가운데 99%가 아시아에서 이뤄졌다. 유럽이나 미주 등으로 수출된 규모를 모두 합해봐야 겨우 1% 수준이다. 특히 일본에 대한 수출이 전체의 81%를 차지한다. 일본에서 K-pop 인기가 꺼지면 음악 한류는 사라진다고 해도 과언이 아니다. 지역 편중은 드라마도 예외가 아니다. 2010년 드라마 수출에서 아시아가 차지하는 비중은 95.2%에 달한다. 눈에 띄는 변화는

50~60%를 유지했던 드라마의 일본 수출 비중이 2005년 이후 줄곧 줄어 39.1%까지 떨어졌다는 점이다. 중국과 대만으로는 수출이 늘었지만 일본에서는 퇴조 현상이 두드러지고 있다. 중국과 일본의 소비자가 돌아서면 한류비즈니스가 뿌리째 흔들릴 수도 있는 상황이다.

IV. 비교문화경영 방법론 기반의 한류 발전 전략

1. 비교문화경영 접근법이 한류전략 개발에 주는 시사점

비교문화경영적 접근 방식은 한류콘텐츠기업이 지속적인 수출 확대 전략을 발전시키거나 일반 기업이 한류 자원을 활용하여 해외비즈니스 전략을 개발하는데 유용한 시사점을 제공할 수 있다. 그 근거는 다음 몇 가지로 정리할 수 있다.

첫째, 한류는 한국시장과는 환경이 전혀 다른 해외 시장을 대상으로 하고 있다. 수출경쟁력을 확보하려면 대상국의 정치 경제 법률 제도적 환경은 물론, 현지 소비자의 특성을 이해하기 위해 사회 문화적 환경을 깊숙하게 파악하는 것이 중요하다. 이와 함께 비즈니스 상담과정에서 현지 무역파트너나 로컬 에이전트에게 해외 소비자입장에서 낯설어 할 수 밖에 없는 한국의 문화콘텐츠를 둘러싸고 있는 문화적 맥락, 한국인의 마인드세트 등에 대해 충분한 설명을 하는 것이 필요하다. 비교문화경영은 국가 간 문화의 차이를 수용하고 현지 문화의 특성과 현지 소비자들의 구매 행동에 영향을 미치는 문화적 효과를 파악하여 궁극적으로 경영 목표를 달성하고 수익을 창출하는데 도움을 줄 수 있다.

둘째, 한류의 핵심인 문화콘텐츠상품은 본질적으로 경험재이다. 경험재란 고객 경험의 품질과 정서적 만족도가 상품에 대한 충성도를 높여 궁극적으로 수익과 연결되는 특성을 가지고 있다. 문화콘텐츠 상품은 일반 공산품과는 달리 콘텐츠 자체가 가지고 있는 예술적 완성도와 매력 요인 외에, 교육 역사의식 민족감정 국가 간 관계와 같은 사회 문화적 맥락이 구매에 영향을 미친다. 겉으로 드러나지 않는 현지의 문화적, 정서적 장벽을 극복하려면 현지 소비자의 특성과 사회적 문화적 맥락을 포괄적으로 파악하는 것이 중요하다. 유교와 한자문화권에 속하는 아시아 지역의 경우 문화적 동질성이 풍부하지만 최근 독도문제와 맞물려 일본에서 한류스타 퇴출을 주장하는 시위가 발생하는 등 오히려 지리적 역사적 인근성이 역풍(逆風)을 부를 수도 있다. 반대로 한국문화에 익숙하지 않은 인도 아프리카 중미 카리브 지역 등은 게임, 애니메이션, 캐릭터 등 문화적 이질성이 비교적 낮은 콘텐츠의 무료 보급으로부터 시작해 점차 문화적 이질성이 높은 장르로 옮겨가는 점진적 전략이 필요하다.

셋째, 반한류, 혐한류 등 한류에 대한 해외시장의 저항과 부정적 반응을 극복하는데 비교 문화경영의 접근법은 유용한 해법을 제시할 수 있다. 아시아의 한류 확산지역에서 혐한류, 반한류 현상이 발생하는 원인은 한국 문화의 일방적인 전파에 따른 자국 문화에 대한 위기감과 관련이 있다.

한류비즈니스를 우리 문화의 해외확산으로만 이해하거나 우리 문화를 일방적으로 해외에 전파하는 개념으로 접근해서는 반발과 부작용을 부를 가능성이 높다. 반한류 현상을 극복하려면 상호 이해와 존중의 시각에서 우리 문화를 알리면서 일정부분 현지 문화도 받아들이는 양방향 문화교류와 합작을 활용한 공동제작이 바람직하다.

합작을 활용한 공동제작은 표준화전략과 현지화 전략으로 대별되는 국제경영전략에서 현지화 전략에 해당된다. 표준화전략은 교통 통신 기술의 발달과 세계화의 진전으로 전세계 시장이 통합됨에 따라 글로벌 기업은 표준화된 제품을 전 세계 시장에 공급하여 규모의 경제를 달성하고 이에 따른 원가 절감으로 전략적 우위를 달성하게 된다고 본다.

하지만 전세계 시장에 대해 동일한 접근방식을 추구하는 표준화 전략이 한계에 부딪히면서 기업들은 개별시장의 특성을 고려한 현지화 전략의 필요성을 인식하게 되었다. 현지화 전략은 국가마다 문화 경제발전 수준, 정치 법률 제도, 소비자 가치 등에서 차이가 있으므로 개별 국가에 적합한 전략과 프로그램을 마련해야 한다는 것이다(Cavusgil · Zou & Naidu, 1993).

이 대목에서 1997년 그룹 '동방신기'로 한국 엔터테인먼트 기업으로는 가장 먼저 중국 시장에 진출한 SM엔터테인먼트의 3단계 현지화 전략에 주목할 필요가 있다. 1단계가 'H.O.T'나 '보아'를 중국 최고 스타로 부상시키는 스타 수출, 라이센스 전략이었다면 2단계는 제작단계부터 중국을 중심으로 한 아시아 시장을 겨냥해 '동방신기'와 '천상지희'등 그룹과 멤버 이름을 현지화하고 'HOT ASIA'라는 오디션 프로그램을 통해 중국인 멤버를 선발해 함께 활동하는 합작 전략이다. 마지막 3단계는 중국 인재를 발굴한 뒤, 한국의 문화기술로 키워 중국의 스타로 만드는 100% 현지화전략으로 2013년 11월 '슈퍼 주니어'의 중국인 멤버 한경이 성공적으로 데뷔함으로써 가시화 되고 있다.

중국인으로 구성되더라도 그들을 스타로 키우는 기술은 한국의 문화기술이므로 우리 문화가 담긴 중국인 스타가 탄생하는 것이며 여기에 일본 자본과 시스템, 중국 시장과 자원까지 합쳐진다면 세계 최고의 톱스타 배출도 그리 어려운 일이 아닐 것이다.

넷째, 비교문화경영 방법론은 아시아에 편중돼있는 한류의 지역적 확산을 위해 지역별 맞춤형 마케팅 전략을 수립하는데 효과적인 도움을 줄 수 있다. 유튜브등 소셜미디어를 통한 한류의 전파로 한류 소비국가가 확산되면서 동일한 콘텐츠로 문화적으로 다양한 국가에 분포된 한류 소비자를 공략하기는 현실적으로 불가능하다. 따라서 시장별 특성을 반영하여 해당지역 소비자가 선호하는 콘텐츠를 차별적으로 공급해야 하며 제품의 유통이나 마케팅 방식, 현지 에이전트 운영도 지역 실정에 맞게 차별화함으로써 경쟁력을 강화하는 세밀한 마케팅 전략이 필요하다. 마케팅의 경우 현지화적 성격이 매우 강하여 국가마다 다른 마케팅 프로그램이 수립되어야 한다고 주장했다. 현지 소비자들의 요구와 취향은 각양각색이기 때문에 이를 충족시키려면 현지화 노력이 절실하다는 것이다.

실제로 한국방송영상산업진흥원(2008)이 국제문화산업교류재단의 의뢰를 받아 2008년 발간한 '한류의 지속적 발전을 위한 종합조사 연구' 보고서는 한류의 지속과 확산을 위해서는 지역별 마케팅 차별화 전략이 필요하다는 결론을 내리고 있다. 보고서는 중국, 일본, 대만, 베트남 등 아시아 4개국에서 한류드라마에 대한 현지 시청률 조사와 전문가 및 일반인 258명을 대상으로 한 심층 인터뷰를 실시한 뒤 이를 토대로 각 지역의 소비 특성을 분석하고 지역별로 차별화된 한류 확산 전략을 도출했다. 보고서는 "중국 상하이와 광저우 같이 시장 잠재력은 크지만 한류가 정체돼 있는 지역은 핵심 콘텐츠를 공급하는 동시에 배급채널을 관리해야하며, 베이징의 경우는 젊은 직장인을 중심으로 드라마가 소비되는 특성을 고려해 이에 맞는 콘텐츠를 공급해야 한다"며 같은 나라임에도 지역별로 다른 전략을 제시했다.

2. 한류에 대한 비교문화경영 방법론 적용의 실제-지역별 문화 지형도 작성

한류가 궁극적으로 세계 주류 문화로 진입하기 위해서는 공간적으로는 지역 편중 현상을 극복하고 전 세계로 확산되어야 하며 시간적으로는 스타중심의 대중문화에서 순수 예술, 생활문화를 아우르는 한국문화 전반으로 확대되어 한국적 독창성과 세계적 보편성, 다양성이 확보되었을 때 지속성을 확보할 수 있다. 한류의 공간적 확산과 지속성을 강화하는데 기반이 되는 것이 바로 지역별로 문화적 배경과 정서적, 문화적 특성, 핵심 문화 코드, 등을 종합적으로 프로파일링(profiling)한 '문화지형도'를 작성하는 것이다. 문화와 관련된 다양한 정보를 수집하고 이를 바탕으로 지역별 문화코드(culture code)와 문화 메타포(metaphor)를 추출하여 지역별, 국가별 문화의 차이와 유사성을 한 눈에 파악할 수 있게 만들어진 '문화지형도'는 한류기업의 중장기 발전 전략 수립은 물론, 한류를 활용한 기업의 해외진출 전략 설계에도 많은 도움을 줄 수 있다.

세밀한 문화지형도를 작성하는 데는 비교문화경영의 방법론중 하나인 '직접 가치 추론(direct value inference; DVI)'이 유용하다. 직접 가치 추론법은 연구자가 외부적 관점에서 비교의 준거 차원을 사용하여 과학적, 객관적인 방법으로 문화를 비교하는 방식이다(조호현, 2010). 직접 가치추론(DVI)는 표본에 있는 응답자의 가치를 측정한 뒤, 이들의 가치들을 종합하여 문화적 특성을 추론하는 것으로 계량적인 에틱 접근법(etic approach)에 해당된다(Lenartowicz and Roth, 1999). 문화의 가치기반 개념화를 전제로 하는 직접 가치 추론(DVI)은 또한 차원적 접근(dimensional approach)으로서 가치관이나 신념과 같은 상반된 개념을 사용하여 주로 국가 문화를 연구 대상으로 하여 여러 차원의 문화를 비교하는 방법으로 매우 적절하다.

가치가 문화의 구성개념 기반을 형성한다는 가정 하에 많은 가치 모델들이 제시되었는데 문화적 차이를 인식하는 분석틀로 가장 널리 사용하는 비교문화모형은 호프스테드의 분류모형이다. 호프스테드는 국가 간에 실질적인 문화차이가 존재하며, 문화에 따라 국가 간에 각기 알맞은 관리방식을 사용하여야 하는데 이를 위해서 국가 문화를 체계적으로 분류하여야 한다고 주장했다. 호프스테드는 국가의 문화를 분류하기 위해 요인분석과 이론적인 추론을 통해 VSM(Value Survey Module)이라는 도구를 개발하여 일차적으로 네 가지 차원을 추출하였다.

직접 가치 추론(DVI)을 이용한 또다른 모델은 인간이 추구하는 가치의 보편적 구조이론에 입각한 RVS(Rokeach Values Survey)이다. 슈바르츠(Schwartz)와 빌스키(Bilsky)는 Rokeach의 36개 가치를 바탕으로 인간 가치 구조의 보편성을 조사하여 가치는 국가 맥락에도 불구하고 일관된 동기 영역을 구성한다고 주장하였다(Schwartz and Bilsky, 1990). 상이한 문화의 비교와 논의를 과학적, 객관적으로 가능하게 하는 직접 가치 추론(DVI)은 비교문화연구에 상당한 기여를 하였다.

직접가치추론(DVI)을 활용한 다단계 복수기법의 장기 프로젝트로는 1995년부터 2003년까지 전 세계 60개국 951개 회사의 중간관리자 1만7300명을 대상으로 실시된 글로브(GLOBE: Global Leadership and Organizational Behavior Effectiveness) 프로젝트가 있다(Smith, P. B. & Peterson, M. F., 1995). 글로브 프로젝트는 각국의 사회문화 및 조직문화와 조직리더십간의 상호관련성을 조사하여 국가별 리더십의 특성을 분석하는 것을 목표로 하고 있다. 미국 펜실베니아대 하우스(House) 교수와 그의 연구진에 의해 1991년 착안되어 1993년 세계 전 지역을 대표하는 60개국에서 170명의 공동연구자들을 선발하는 것으로 시작되었다. 글로브 프로젝트는 1단계에서 각 사회문화의 특성을 측정할 수 있는 차원들을 개발하였고, 2단계에서는 각 사회문화와 조직문화 및 리더의 속성과 행위와의 관련성을 검증하였다. 3단계는 2단계의 연구결과에 대한 정성적 해석을 하기 위하여 면접과 미디어분석을 실시했고 4단계는 현장 및 실험실 연구이다. 글로브 프로젝트는 계량적으로 조작이 가능하여 세계 각국의 국가문화와 조직문화를 측정할 수 있는 문화속성을 찾아냈는데 이는 불확실성 회피, 권력격차, 집단주의, 남녀 평등주의, 단호함, 미래지향 주의, 성과지향주의, 인간지향주의 등이다.

인터넷 및 이동통신기술의 발달과 인적 교류 증가로 문화의 수렴과 다양화가 동시에 진행되는 등 문화도 동태적으로 변화하기 때문에 일정 주기마다 문화지형도를 업데이트하는 노력이 필요하다.

V. 나가는 말

한류는 기대와 우려, 기회와 위기의 교차로에 서있다. 한류는 2012년 사상처음으로 문화콘텐츠 수출액이 수입액을 추월하는 성공을 거두었으나 한편으로는 아시아로의 지역적 편중과 장르적 편중 현상이 여전하고 반한류, 혐한류 현상도 거세지고 있다.

이같은 상황에서 본 연구는 비교문화경영(cross cultural management)의 방법론을 한류연구에 적용할 수 있는지의 가능성을 알아보고 나아가 한류의 지속적인 발전전략 수립에 비교문화경영이 구체적으로 어떤 도움을 줄 수 있을 것인지 모색하고자 작성되었다.

비교문화경영은 독립변수로서 문화가 경영에 미치는 영향, 특히 나라마다 다른 문화의 차이, 가치관의 차이가 국제비즈니스와 경영에 미치는 영향을 분석하고 연구하는 학문분야다. 한류는 문화콘텐츠산업의 해외 수출, 한국문화의 해외전파 및 외국과의 쌍방향 문화교류 등 외국과의 비즈니스를 전제로 하기에 국가 문화간의 차이와 유사성을 살펴보고 경영에 대한 문화의 효과와 영향을 분석하는 비교문화경영은 한류기업의 새로운 발전전략 설계는 물론 한류를 활용한 일반기업의 해외마케팅 전략을 수립하는 데도 많은 시사점을 제공할 수 있다. 해외시장의 특수성을 고려하지 않은 채, 한류스타에 의존해 천편일률적인 콘텐츠를 제공해왔던 그간의 한류전략은 전환기에 와있다.

본 연구는 비교문화경영의 직접가치 추론(DVI) 방법론을 활용한 '지역별 문화지형도'작성을 제안함으로써 한류의 공간적 확산과 시간적 지속성을 동시에 추구하는 새로운 한류 발전 전략의 방향을 설정하는데 많은 기여를 할 수 있을 것으로 전망된다.

참고문헌

고미영(2012), 한국문화산업교류재단, 한류현황 방향성 조사결과, 『이슈크런치』 10호, KT경제경연구소.

문화체육관광부(2013), 『한류백서』, 서울: 문화체육관광부.

박위진(2005), 한국의 문화콘텐츠산업과 정책과제, 『제1회 아시아문화산업포럼』.

삼성경제연구소, 서민수 외(2013), 신한류 지속발전을 위한 6대 전략, 『CEO Infomation』, 제899호.

장규수(2013), 『한류와 아시아류』, 서울: 커뮤니케이션북스.

전병준 외(2012), 『한류본색』, 서울: 매일경제신문사.

조용순(2008), 『문화콘텐츠와 저작권』, 서울: 전략과 문화.

조호현(2010), 국제비즈니스에서 비교문화 연구의 재검토, 『이베로아메리카』, 12(1): 407-439.

프레드릭 마르텔(2013), 『메인스트림』, 서울: 문학과 지성사.

한국방송영상산업진흥원(2008), 『한류의 지속적 발전을 위한 종합조사 연구』, 국제문화산업교류재단.

한국콘텐츠진흥원(2014), 콘텐츠 산업 2013년 결산 및 2014년 전망-종합, 『문화경제연구』.

Kim, J. · 송계충 · 양인숙 · 김교훈(1999), 세계 보편적 리더십 연구-GLOBE의 생성과 현황, 『인적자원개발연구』, 1(1): 33-62.

LG경제연구원(2007), 히트상품으로 본 신흥시장 공략방안, 『LG주간경제(8월15일)』.

Cavusgil, S. T., Zou, S. & Naidu G. M.(1993), Product and Promotion Adaptation in Export Ventures: An Empirical Investigation, *Journal of International Business Studies*, 24(3): 479-506.

Early. P. C. and Gibson, C. B.(2002), *Multinational Tems: A New Perspective*, NJ: Lawrence Earlbaum and Associates, Malwah.

Gannon, M.(2nd)(2001), *Understanding Global Culture: Metaphorical Journey Through 23 Nations,* CA: Sage.

Hall, T. E. & Hall, M. R.(1990), *Understanding Cultural Difference*, NY: Intercultural Press.

Hofstede, G.(1984), *Culture's Consequences: International Differences in Work-Related Values*, Beverly Hills CA: SAGE Publications.

Hofstede, G, Hofstede, G.J. & Minkov, M (3rd)(2010), *Cultures and Organizations: Software of the Mind*, New York: McGraw-Hill.

Kluckhohn, F. R., & F. L. Strodtbeck.(1961), *Variations in value orientations*, Evanston, IL: Row, Peterson.

Lenartowicz, T. and Roth, K.(1999), A Framework for Culture Assessment, *Journal of International Business Studies*, 30(4): 781-798.

Ronen, S., Shenkar, O(1985), Clustering Countries on Attitudinal Dimensions: A Review and Synthesis, *Academy of Management Review*, 10(3): 435-50.

Smith, P.B. and Peterson, M. F.(1995), Beyond Value Comparisons: Sources Used to Give Meaning to Management Work Events in Twenty-Nine Countries, Paper presented at the annual meeting of the Academy of Management, Vancouver, Canada.

Schwartz, S. H. and Bilsky, W.(1990), Toward a Theory of the Universal Content and Structure Values: Extensions and Cross-cultural Replications, *Journal of Personality and Social Psychology*, 58(5): 878-891.

Terpstra, V. and Sarathy, R. (8th)(2000), *International Marketing*, Dryden Press.

Trompenaars, F.(1997), *Riding the Waves of Culture, Understanding Cultural Diversity in Business*, New York: McGrow-Hill.

【 ABSTRACT 】

A Study on the Development Strategy of Hallyu Business Applied by the Cross Cultural Management Methodology

Claire Sae Won Kim*

Hallyu refers to the phenomenon of increasing in the popularity of the Korean culture, related products and contents in overseas markets. Hallyu business, has entered into the Hallly 3.0 era, is now standing at the cross-roads of expectation and concerns, opportunities and crisis. Since global success of the "Gangnam Style" in 2012, Hallyu has evolved the pride for Koreans, spreading the positive image of Korea to the world.

However, in terms of commercial aspects, most of the Korean cultural content companies do not enjoy the profitability compared to the success of Hallyu. The popularity is weighted toward Asia geographically, and biased to Korean dramas and pop in terms of genre. Another aspect is that anti-Korean Wave, anti-Korean Wave sensibility phenomenon are constantly growing.

Under the circumstances, this study seeks for applicable implications of Korean cultural contents companies'overseas expansion strategy through cross cultural management methodology in order to enhance sustainable development of Hallyu business. Cross cultural management is to examine and analyze the influence of the culture on business management, different val-

* Associate Professor, Catholic University of Korea

ues among countries for the bridge of cultural gaps. Concerning on the Hallyu flow, study of the cultural difference and cultural impact in management will be asset directing the Hallyu's next generation and related business in building the overseas strategies.

The cultural contents industry seeks for the new strategies from the past since the previous standardization strategies targeting foreign markets without considering the cultural difference of the local markets have faced the limitations. The next approach will be regional differentiation strategies or localization strategies focusing more on the each local market.

The SM Entertainment's, Korean No. 1 cultural content company, localization strategies in three steps present fairly important issues. The first step exporting Korean celebrities and licensing links to the second step developing local resources to collaborate, and the third step finalizes the perfect localization process by raising local resources in the country with Korean cultural development skills. To make the both strategies function successful in the further process, thoughts on the content format with only Korean language or starring requires to be considered for definite changes.

Key words Hallyu, Cutural Contents, Cross Cultural Management, Overseas expansion strategy, Localization strategy

한류 자원의 활용 전략 개발을 위한 스토리텔링 방법론 고찰

이상민*

【국문초록】

본 연구는 한류 자원의 활용 전략 개발을 위한 스토리텔링 방법론의 적용 가능성에 대해 탐색하고자 하였다. 이를 위해 스토리텔링 개념의 광의의 개념으로 살펴보았고, 스토리텔링의 방법론을 유형별로 분석하였다. 본 연구에서는 한류 자원을 문화콘텐츠, 스타, 관광지 한국으로 세 가지로 분류하였다. 한류 자원의 3요소는 서로 유기적 관계에 놓여 있어 긍정적 시너지 효과를 나타낼 수 있다고 보았다. 이러한 한류 자원의 3요소는 서로 각기 다른 소비자 경험을 창출시키는데, 문화콘텐츠는 수동적인 경험을, 스타는 수동적 경험과 능동적 경험의 복합 경험을, 관광지 한국은 능동적 경험을 만들어 내었다. 그렇기 때문에 소비자들의 경험에 맞는 스토리텔링 방법론이 적용되어야 한류 자원과 소비자 경험 간의 간극이 생기지 않는다고 보았다. 문화콘텐츠 자원의 경우에는 세계적 보편성과 한국적 특수성의 황금비율을 찾아 작품 속에 내재시키는 것이 필요하고, 스타 자원의 경우에는 스타의 이미지를 지속적으로 생성시킬 수 있는 스타 스토리텔링에 대한 논의가 필요하다고 보았다. 그리고 관광지 한국의 경우에는 역사적, 문화적, 인문적 자원들을 현대적으로 해석한 전시와 체험 스토리텔링을 통해 소비자들이 주체적으로 의미를 생성해 내는 스토리 메이킹이 적합하다고 보았다. 서사성이 있는 스토리텔링에 반해 스타 스토리텔링이나 전시와 체험 스토리텔링, 스토리 메이킹 작업에

* 가톨릭대학교 ELP학부대학 교육전담초빙교수

대해서는 아직 연구나 논의가 미미하기 때문에, 본 연구는 한류 자원의 활용 전략 개발에 스토리텔링 방법론을 적용하는 것이 가능한지 탐색해 본 시론적 성격이 강하다. 앞으로 스타 스토리텔링과 관광 스토리텔링에 대한 사례 분석과 이론적 논의를 통해 이러한 부분을 보완해 나갈 예정이다.

주제어 한류 자원, 스토리텔링, 세계적 보편성, 스타 스토리텔링, 스토리 메이킹

I. 들어가며

흔히 21세기를 디지털 시대로 부른다. 디지털 시대의 고부가가치 산업은 문화 산업이 되었고, 창의적 문화콘텐츠를 생산하게 만드는 핵심에는 스토리텔링(storytelling)이 있었다. 1990년 경 미국에서 스토리텔링에 대한 학문적 논의가 시작된 이후, 스토리텔링은 문화산업을 이끌어 가는 선두적 역할로 급부상하게 되었다.

그로부터 20여 년이 지난 지금도 스토리텔링의 위세는 여전하다. 오히려 문화 산업 뿐만 아니라 사회문화적, 공간적, 정치적, 융복합적으로 스토리텔링은 그 영역을 넓히고 있다. 크리스티앙 살몽(2010)은 스토리텔링을 "경영과 홍보, 마케팅, 교육, 치료, 문화의 엄청난 관행들과 통제 및 규제 기법들에 걸쳐 있는 다형적이고 노마드적인 개념"이라고 말한다. 그의 견해대로 스토리텔링은 다양한 학문의 융합을 이끌어 내는 기본적 원리의 속성을 가지고 있는 것이다.

그럼에도 불구하고 지금까지 스토리텔링은 대개 문화 산업과 함께 언급되면서 문화 산업의 하위 분야로 여겨진 경향이 강하다. 그렇기에 문화 산업이 고부가가치 산업으로 성장할 수 있기 위한 하나의 방법론으로 스토리텔링을 다룬 것이다. 그러나 스토리텔링을 단순히 창조적 문화 산업에 소속된 기능으로 분류한다면, 스토리텔링에 내재된 인문학적 가치와 실존적 의미는 경시될 수밖에 없다. 이는 곧 문화 산업에도 영향을 미쳐 일회적이며 이벤트성이 강한 문화콘텐츠가 생산되는 악순환을 거치게 된다. 스토리텔링에 담겨있는 인문학적 가치와 사회문화적 의미, 실존적 의미가 배태된 문화콘텐츠가 생성되어야만 문화 산업의 번영이 지속될 수 있는 것이다.

따라서 이제는 스토리텔링을 다학제적 학문의 융복합을 이끌어 내는 기본 원리로 바라봐야 한다. 문화 산업에 한정된 시각에서 벗어나 스토리텔링을 바라보면, 스토리텔링은 학문뿐만 아니라 사람, 공간, 경험, 교육 등의 다양한 영역에서 그 역할을 충분히 해내고 있다는 사실을 알게 된다.

본 연구에서 살펴보고자 하는 것은 한류 자원을 활용하는 전략을 개발하는 데 있어 스토리텔링 방법론의 적용 가능성을 탐색해 보고자 하는 것이다. 이를 위해서는 스토리텔링의 광의적 개념과 방법론에 대한 논의, 한류 자원의 유형 분류와 한류 콘텐츠에 나타난 스토리텔링 분석, 한류 자원의 활용 전략에 대한 논의와 스토리텔링 방법론 적용 가능성 모색의 과정을 거쳐야 할 것이다.

II. 스토리텔링의 광의적 개념과 방법론

1. 스토리텔링의 광의적 개념

스토리텔링은 곧 '이야기하기'를 일컫는다. 이는 말 그대로 '이야기(story)'와 '말하기(telling)'로 이루어진 관계를 지칭한다. 즉 스토리텔링(이야기하기)의 첫 번째 개념은 어떤 사건이 진행되고 있는 이야기를 서로 주고받는 행위와 과정을 말하는 것이다. 이의 연장선상에서 이인화는 스토리텔링을 사건에 대한 진술이 지배적인 담화 양식이라 말하며, 스토리텔링은 스토리, 담화, 이야기가 담화로 변하는 과정의 세 가지 의미를 모두 포괄하는 개념이라고 설명한다(이인화 · 고욱 외, 2003). 다시 말해 스토리텔링은 이야기를 전달하고 공유하며 나누는 행위와 과정을 모두 지칭하는 것이다.

이러한 스토리텔링의 개념은 이야기(story)와 담화(discourse)가 가지고 있는 '무엇을 말할 것인가'와 '어떻게 말할 것인가'의 속성에 초점을 맞추어 설명한 것이다. 단순히 무엇을 말하고 있는지에 대한 주제나 내용에 대한 것뿐만 아니라 이를 어떻게 말하고 있는지에 대해서까지 포괄하고 있는 것이 스토리텔링의 개념이다.

여기서 좀 더 확장된 스토리텔링의 개념으로 나아가면, 스토리, 담화, 이야기가 담화로 변화는 과정에서 독자(청자)의 능동적 개입이 포함된다. 즉 저자(화자)와 독자(청자)의 일방향적인 소통 관계에서 독자의 능동적 의미 생성이 가능한 상태로 확장되는 것이다. 이는 스토리텔링이 저자에서 독자로 진행되는 생산과 소비의 관계가 때로는 역전되고, 독자에 의해 재생산되는 과정에까지 영향을 미치는 것이다.

다시 말해 오늘날 스토리텔링이 각광받고 있는 것은 스토리텔링이 무엇을, 어떻게 말한 것인가를 담아내면서 동시에 독자(청자)의 창조적 생산이 가능한 장(場)을 만들어 내고 있기 때문이다. 즉 광의의 스토리텔링은 스토리, 담화, 이야기가 담화로 변하는 과정에 독자의 능동적 의미 생성의 행위가 포함되는 개념으로 풀이된다.

독자의 능동적 의미 생성 행위가 일어날 경우, 스토리(혹은 텍스트)는 개별 독자의 경험에 의해 새롭게 재창조되어 나타난다. 이는 일방향적 소통에서는 경험하지 못했던 소비 주체의 창작 욕구가 표출될 수 있는 새로운 담론의 장을 열어 놓은 것이며, 발달된 디지털 미디어 기술은 이러한 장이 가능해 질 수 있는 토대를 마련한 것이다.

문화 산업에서 스토리텔링이 부각되었을 때 자주 등장한 OSMU 개념은 스토리텔링이 무엇을, 어떻게 말한 것인가에 주목한 것이었다. 산업적 성향이 강한 OSMU는 동일한 이야기를 어떠한 매체로 담아내어 독자(청자)들에게 다양한 경험을 하게 만들어 주는 것인가에 대한 것이 주된 이슈였다. 이후 등장한 트랜스미디어 스토리텔링은 종종 OSMU와 비교되었지만, 확연히 다른 개념과 속성을 가지고 있다. 헨리 젠킨스에 의하면 트랜스미디어 스토리텔링은 "다양한 미디어 플랫폼에 기반한 다수의 콘텐츠가 하나의 세계를 구현하는 것"이다. 즉 어떤 콘텐츠를 어떤 순서대로 접하더라도 서로 다른 내용의 독자적인 세계를 접할 수 있도록 하는 것이 바로 트랜스미디어 스토리텔링이다. 그렇기 때문에 트랜스미디어 스토리텔링에는 다양한 미디어 플랫폼을 통해 구현되는 콘텐츠를 서로 유의미하게 만들어 주는 세계관이 존재한다(이상민, 2009). 이러한 트랜스미디어 스토리텔링은 세 가지 특징을 지니는 데, '창작의 공동 제작과 향유의 집단 지성', '교차와 결합을 통한 스토리 분화', '세계 구현을 위한 수렴과 발산'이 그것이다(이상민, 2009). 트랜스미디어 스토리텔링은 창작자와 소비자의 구분을 없애고, 원작콘텐츠가 없는 상태에서 하나의 세계를 구현하는 데 기여하는 것이 특징인 만큼 스토리텔링의 광의적 개념에 해당한다고 볼 수 있다.

2. 스토리텔링 방법론

스토리텔링은 이야기의 생성과 유통, 향유의 각 과정에서 일어난다. 또한 이야기의 생성 과정에서 스토리텔링은 이야기를 만들고 변형하고 재창조하는 전 과정에서도 일어난다. 스토리텔링이 미치는 영역이 점차 넓어지다 보니, 스토리텔링 방법론에도 하나의 정형화된 방법론이 있기보다는 콘텐츠의 장르, 미디어의 종류, 이야기의 제작 단계 등에 따라 서로 다른 스토리텔링 방법론이 구축되어야 한다.

이야기를 창작해 내는 것은 서사를 구현해 내는 전통적 서사 구축 방법이다. 드라마, 영화, 소설, 만화 등과 같은 전통적 서사 장르는 작가들에 의해 플롯이 구성된다. 이러한 방법론은 이미 장르적 특성에 따른 방법론이 구축되어 있기 때문에 새로운 스토리텔링 방법론이 정립되기 어렵다. 다만 오늘날 전통적 서사 장르의 작가군이 일반인에까지 확대되어 작가로의 진입 장벽이 낮아졌다는 점이 달라졌다. 따라서 이야기를 창작해 내고자 하는 일반인들도 장르적 특성에 구애받지 않고 창작 욕구를 발산할 수 있도록 기술적인 측면에서 도와주는 스토리텔링 제작 기술 발달이 요구된다.

이야기를 변형하고 재창조하는 과정은 미디어의 변환에 따른 이야기 변형과 원작을 리메이크하여 재창조하는 경우를 말한다. 미디어의 변환에 따른 이야기 변형은 OSMU와 유사하게 이루어지는 것으로 원작의 서사를 훼손하지 않는 한에서 매체에 맞게 스토리를 변형하는 방법이다. 또한 오래된 원작이나 국외 작품을 리메이크하여 재창조하는 경우 시대와 사회, 문화, 정서 등을 고려하여 이야기의 요소를 수정하지만, 이 역시 원작의 서사를 크게 변화시키지는 않는다. 그런데 이야기를 변형하고 재창조하는 과정이 일반 대중들, 향유자들에 의해 이루어질 경우, 원작의 서사는 변형이 일어나게 된다. 일반 대중들이 만들어내는 이야기의 변형과 재창조는 상업적 이득을 추구하기 보다는 사회적 이목을 끌기 원하기 때문에 원작의 스토리라인을 변화시킨다. 이들에 의해 이루어지는 이야기의 변형 및 재창조는 패러디나 풍자 등의 방법에 의해 재치 있게 당대의 사회적 이슈를 담아내게 된다.

이야기를 유통시키는 과정에서 일어나는 스토리텔링 마케팅은 경영분야에서 주목받고 있는 분야이다. 스토리텔링 마케팅은 상품에 스토리를 넣어 소비자들이 상품에 대해 좋은 감정을 가지고 오래 기억할 수 있게 하는 데 유리하다. 상품의 기능에 대해 설명하기보다는 이야기를 통해 소비자의 감성을 자극시키는 것이 상품 판매에 효과적인 것이다. 이를 잘 활용하기 위해서는 타겟층의 기호 파악, 간단하지만 인상적인 스토리라인 구축, 쉽게 기억될 수 있는 단어나 문장 구성 등에 유념하여 스토리텔링을 구상하여야 한다.

이야기를 향유하는 과정에서 일어나는 스토리텔링은 매우 까다롭다. 지금까지 이야기를 비롯한 여타의 상품을 소비하는 소비자들의 사후 경험에 대한 논의가 이루어지지 않았기 때문이다. 과거 일방향적이었던 창작자와 소비자의 관계에서 소비자의 경험은 중요하지 않았다. 그러나 소비자가 또 다른 창작자, 프로슈머(prosumer)가 되어 이야기의 생성과 유통의 과정에 영향을 끼치게 되면서 소비자의 경험에 대한 질적 관리가 중요하게 대두된 것이다. 이러한 소비자의 경험은 주로 관광, 문화시설 및 문화재 탐방, 프로그램 체험 등을 통해 이루어진다.

예를 들어 서사적 구성이 있는 프로그램을 구성할 때, 다음과 같은 과정에 의해 진행된다. 이야기를 발굴(story)하고, 이를 현대적 해석과 구성으로 체험을 제공(story telling)하고, 소비자는 이를 주체적으로 해석하여 의미와 가치를 재발견(stoy making)하고, 새로운 문화 창조자의 구조(story building)를 갖게 되는 것이다(백령 · 조은아 · 이상민, 2013).

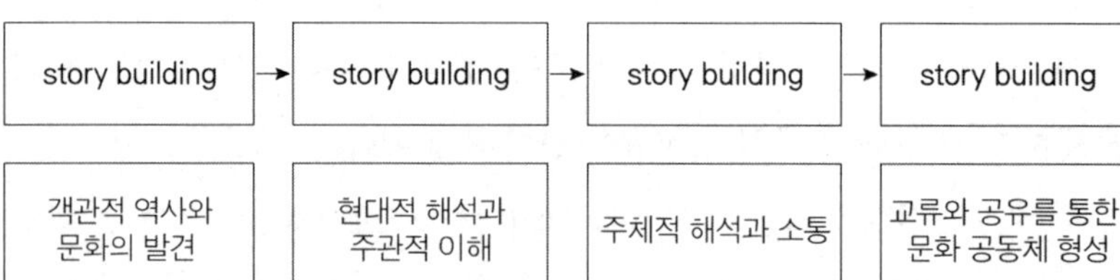

〔그림 1〕 서사적 구성이 있는 프로그램의 구상 과정

III. 한류 자원의 유형 분류에 따른 스토리텔링 적용 가능성 탐색

1. 한류 자원의 유형 분류

1990년대 중반에 중화문화권을 중심으로 시작된 한류는 중앙아시아를 넘어 오늘날 유럽에까지 널리 퍼지고 있다. 현재 한류를 주도하고 있는 콘텐츠는 K-POP으로, K-POP은 그동안 한류의 불모지였던 유럽, 남미, 라틴아메리카 등지로 뻗어나가고 있다. 지금 K-POP이 한류를 전 세계로 확산시키는 역할을 하고 있다면, 드라마는 한류를 태동시키고 발전시킨 역할을 했다고 볼 수 있다.

한류 자원이라고 하면 제일 먼저 드라마와 K-pop을 꼽을 수 있다. 한류를 태동시키고 확산시킨 장본인인 드라마와 K-pop은 여전히 우리가 발전시켜 나가야 할 중요한 한류 자원이다. 이처럼 장르적 분류에 따라 구분되는 한류 자원들을 제1의 유형으로 볼 수 있다.

한류 자원의 제2의 유형은 스타들이다. 배용준, 최지우, 이영애를 비롯한 최근 김수현까지의 배우들과 슈퍼주니어, 비, 동방신기, 소녀시대 등의 아이돌 그룹, 예능인들에 이르기까지 한류스타들은 제 2의 한류 자원으로 볼 수 있다. 이들은 드라마와 K-Pop, 예능 프로그램 등이 수출되면서 인기를 얻게 되었지만, 이후에는 스타들의 행보에 의해 한류 스타로 자리매김하게 되었다.

제3의 유형은 한국의 관광 자원이다. 드라마 배경이었던 한국의 장소를 찾아오는 관광객들을 시작으로 한국은 그 자체로 한류를 이끌어가는 자원이 되고 있다. 자연과 문화, 축제, 음식, 거리, 상품 등이 제 3의 한류 자원이라고 볼 수 있다.

이렇게 분류한 세 가지 한류 자원의 유형을 차례대로 살펴보면, 드라

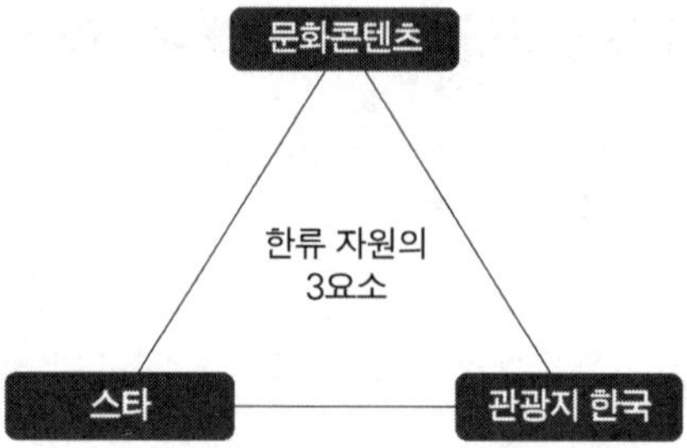

〔그림 2〕 한류 자원의 3요소

마와 K-pop같은 문화콘텐츠는 창작자가 소비자에게 일방향적으로 전달해주는 이야기 콘텐츠이다. 이를 접한 소비자들은 한류 스타의 행보에 주목하게 되고, 스타들은 국외 방문을 통해 해외팬들과의 만남을 가짐으로써 드라마나 K-pop을 통해 생성해 내던 의미를 확장시킨다. 이후 한국의 문화콘텐츠와 스타들을 접한 외국인들은 한국을 방문함으로써 한국에 대한 자신만의 경험을 주체적으로 창출해 내게 되는 것이다.

결국 드라마와 K-pop 같은 양질의 문화콘텐츠, 연기와 노래, 외모로 인정받는 스타, 낯설지만 호기심을 유발하는 관광지로서의 한국은 한류를 지속시키는 3요소로 선순환을 이루어야 할 것이다.

2. 한류 자원의 3요소에 대한 스토리텔링 방법론 적용 가능성 탐색

앞서 살펴본 한류 자원의 3요소는 드라마와 K-Pop 등의 문화콘텐츠, 스타, 관광지로서의 한국이었다. 소비자의 경험을 창출시키는 데 있어 문화콘텐츠, 스타, 관광지 한국은 각기 다른 방법으로 접근해야 한다. 소비자의 경험은 문화콘텐츠에서 스타, 관광지 한국으로 넘어갈수록 능동적으로 바뀌기 때문이다.

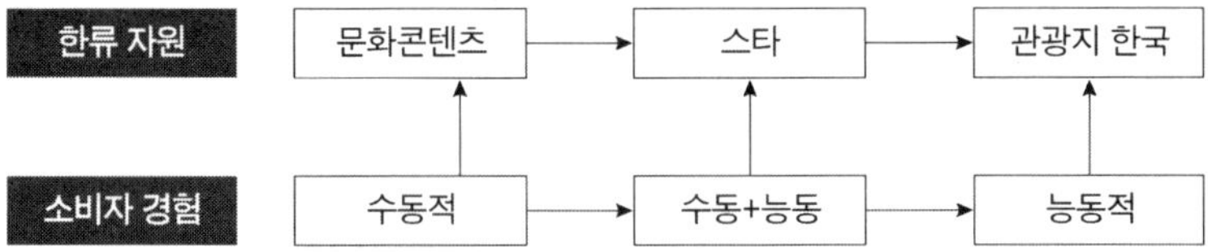

〔그림 3〕 한류 자원의 3요소와 소비자 경험의 관계

문화콘텐츠와 스타, 관광지 한국은 유기적 결합체로 문화콘텐츠는 스타에게 영향을 미치고, 이는 곧 한국이 관광지로서 기능할 수 있게 만든다. 또한 한국이 관광지로서 각광받게 되면 문화콘텐츠에 대한 신뢰성도 높아져 결국에는 한류 자원의 3요소가 서로 시너지 효과를 내는 긍정적 관계를 형성하게 된다. 이러한 관계를 형성하기 위해서는 한류 자원에 따라 수동적, 수동+능동, 능동적으로 바뀌는 소비자 경험의 만족도를 최대한으로 높여야 한다.

1997년 중국 공영 방송국에 방영된 〈사랑이 뭐길래〉를 중심으로 시작된 한류는 2004년 〈겨울연가〉, 2005년 〈대장금〉을 중심으로 전 세계로 확산되었다. 이 시기와 유사하게 K-pop이 해외로 진출하기 시작했다. 1998년 아이돌 그룹이었던 H.O.T와 클론을 시작으로, 2002년 보아를 중심으로 본격적으로 해외 활동을 시작했다. 이후 2009년 동남아 지역을 넘어 미국과 유럽 지역으로 K-pop이 영역을 넓히기 시작했고, 2012년 싸이의 〈강남스타일〉은 일대 지각 변동을 일으켰다.

기대와 우려를 각기 안고 지속된 한류 드라마와 K-pop은 각기 다른 장르적 특성을 갖고 있기 때문에 동일한 스토리텔링 방법론을 적용할 수는 없다. 그러나 이 두 장르뿐만 아니라 문화콘텐츠를 한류 자원으로 만들고자 할 때 유념해야 할 스토리텔링 방법론이 있다. 그것은 세계적 보편성과 한국적 특수성의 황금 비율을 찾아야 하는 것이다.

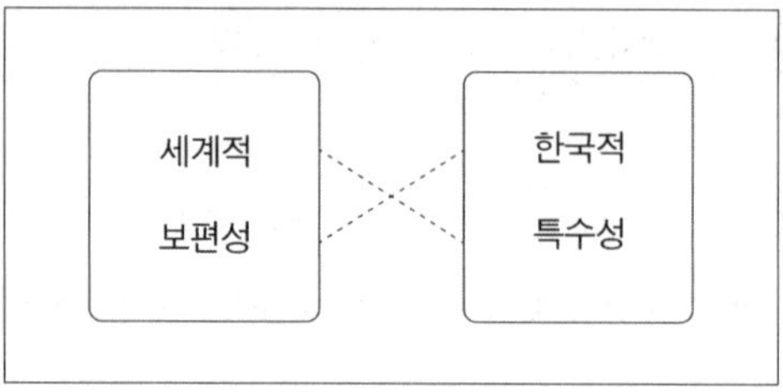

〔그림 4〕 한류 콘텐츠 창작소재의 특성(이상민, 2012a: 128)

세계적으로 인기를 끈 문화콘텐츠의 창작소재들은 세계적 보편성과 자국의 특수성을 담고 있다. 세계적 보편성은 소비자들에게 익숙함과 안정감을 제공하는 반면에, 자국의 특수성은 낯선 호기심과 기대를 불러일으키게 한다. 세계적 보편성이 높을수록 문화할인율은 낮아져 다른 나라로의 유입이 쉬워지고, 자국의 특수성이 강할수록 문화할인율은 높아져 다른 나라로의 유입이 어려워진다. 따라서 세계적 문화콘텐츠를 개발하기 위해서는 보편성과 특수성의 적절한 조화가 꼭 필요하며, 진입 초기에서는 세계적 보편성의 비중이 높여 시장 안정성을 추구하는 것이 좋다.

K-pop의 경우, 영국학자 Keith Howard가 말한 것처럼 K-pop이 '지구적 팝의 지역적 변종'(이수안, 2012: 128)으로 보편성과 특수성을 획득했다. K-pop은 익숙하면서도 중독성이 강한 일렉트로닉 리듬, R&B와 힙합의 멜로디, 쉽게 따라할 수 있는 후렴구, 한국어와 영어로 혼합된 노랫말 등으로 세계적 보편성을 획득했다. 그리고 아이돌 그룹 멤버들은 동양인 특유의 미소년소녀의 외모에 서구적 몸매를 드러내며 K-pop의 또 다른 개성을 표출한 것이다(이상민, 2012b).

이처럼 수동적 경험이 중심이 되는 문화콘텐츠의 경우 세계적 보편성으로 안정감을 추구하고 자국의 특수성으로 낯선 이질감을 제공해 주되, 세계적 보편성의 비중을 보다 높이는 것이 시장 진입에 유리하다.

한류 자원의 두 번째 요소인 스타는 세계 각국에 수출된 문화콘텐츠를 통해 소개된다. 드라마나 K-pop을 접한 소비자는 주인공이나 가수를 동경하게 되고, 이들과의 현실에서 만남을 기대하게 된다. 수동적이었던 소비자들이 팬으로 전환되면서 능동적 행위를 하게 되는 것이다. 한 작품 활동을 끝내고 난 배우들은 팬들과의 만남을 통해 작품의 여운을 이어갈 수 있고, 음반을 낸 가수들을 콘서트 활동을 통해 팬들과 직접적 소통을 하는 것이다.

배우와 가수들은 활동을 지속하면서 이미지를 형성하게 되는데, 활동을 하지 않는 공백의 시간에는 이미지를 형성하기 어렵다. 또한 배우의 경우 색깔이 다른 작품을 할 경우 일관적인 이미지 형성에 어려움을 겪을 수도 있다. 그렇기에 배우나 가수, 예능인들이 끊임없이 이미지를 창출해 내기 위해서는 그들만의 활동에 의존하기보다는 스타들의 스토리텔링을 함께 만들어줄 수 있는 환경을 마련해야 한다. 왜냐하면 스타들의 이미지는 계속 생성되지 않으면 쉽게 잊혀지고 생명력을 잃게 되기 때문이다.

이를 위해 아직 우리나라에서는 활성화되어 있지 않는 스타 스토리텔링에 대한 논의가 활발하게 진행되어야 한다. 스타들의 작품과 행보에 대한 연구가 스타 이미지의 기반을 더욱 탄탄하게 만들어 줄 수 있을 것이다.

마지막 한류 자원의 3요소인 관광지로서의 한국은 소비자들이 능동적인 경험을 하기 위해서 스스로 찾아오는 것이다. 이를 위해서는 문화와 관광 자원에 대한 스토리텔링이 필요하다. 이때 중요한 것은 문화와 관광 자원에 서사적 스토리텔링을 내재함으로써 능동적 경험을 원하는 관광객들에게 수동적 경험을 제공해 주는 오류를 범하지 말하여 한다는 것이다. 스토리텔링은 소비자가 주체적으로 해석하고 소통함으로써 체험의 주인공이 될 수 있는 스토리 메이킹으로 역할해야 하는 것이다. 이를 위해서는 역사적, 인문적, 문화적으로 가치 있는 자원들을 보여주고, 이를 현대적 의미로 재해석해 낸 전시와 프로그램을 통해 소비자들이 스토리 메이킹을 스스로 할 수 있도록 해야 한다.

이와 같이 한류 자원의 3요소가 서로 다른 특성을 가지고 있음을 인지하고, 이에 맞는 스토리텔링 방법론을 개발하여 발전시킨다면, 한류 자원을 활용할 수 있는 전략 개발 기반이 더욱 탄탄해 질 것이다. 동시에 국외로 수출한 문화콘텐츠로 발발한 한류가 다시 국내 관광 산업으로 유입되는 구조를 통해 한류가 건강한 발전을 이어나갈 수 있는 질적 성장도 가능해질 것이다.

IV. 나가며

지금까지 한류 자원의 활용 전략 개발을 위한 스토리텔링 방법론의 적용 가능성에 대해 탐색해 보았다. 이를 위해 스토리텔링 개념의 광의의 개념으로 살펴보았고, 스토리텔링의 방법론을 유형별로 분석해 보았다. 이야기의 생성과 유통, 향유의 과정에 영향을 미치는 스토리텔링의 영역은 광범위하기 때문에, 세분화된 스토리텔링 방법론이 필요했다. 또한 이야기의 생성에 있어서도 창작자와 소비자의 위상이 바뀌기 때문에 이야기 창작, 변형, 재창조에 있어 서로 다른 스토리텔링 방법론이 필요하다는 사실을 밝혔다. 이야기의 유통에 있어서는 경영학 분야에서 각광받고 있는 스토리텔링 마케팅의 방법론을 거론하였고, 이야기의 향유에 있어서는 소비자에게 어떤 경험을 제공할 것인가에 대한 스토리텔링 방법론을 살펴보았다. 소비자의 경험을 촉발하는 스토리텔링 방법론은 스토리에서 스토리텔링으로, 그리고 스토리 메이킹과 스토리 빌딩의 순으로 진행되는 것이다.

이러한 스토리텔링 방법론을 한류 자원 활용 전략에 적용시켜 보기 위해서는 우선 한류 자원의 유형 분류가 필요했다. 본 연구에서는 한류 자원을 크게 세 가지로 분류하였는데, 그것은 문화콘텐츠, 스타, 관광지로서의 한국이었다. 드라마와 K-pop으로 대표되는 문화콘텐츠는 한류를 발발하게 한 원동력이었고, 이로 인해 지금까지 한류가 지속되고 있는 것이다. 문화콘텐츠를 통해 스타로 발돋움한 배우와 가수, 예능인들은 두 번째 한류 자원인데, 이들은 해외 팬들과의 만남을 통해 직접적 소통의 장을 마련하고 있었다. 마지막 한류 자원은 문화와 스타를 경험한 외국인들이 한국으로 관광을 오는 관광지로서의 한국이었다. 이러한 한류 자원의 3요소는 서로 유기적 관계에 놓여 있어 긍정적 시너지 효과를 나타낼 수 있다고 보았다.

이러한 한류 자원의 3요소는 서로 각기 다른 소비자 경험을 창출시키는데, 문화콘텐츠는 수동적인 경험을, 스타는 수동적 경험과 능동적 경험의 복합 경험을, 관광지 한국은 능동적 경험을 만들어 내었다. 그렇기 때문에 소비자들의 경험에 맞는 스토리텔링 방법론이 적용되어야 한류 자원과 소비자 경험 간의 간극이 생기지 않는다고 보았다.

문화콘텐츠 자원의 경우에는 세계적 보편성과 한국적 특수성의 황금비율을 찾아 작품 속에 내재시키는 것이 필요하고, 스타 자원의 경우에는 스타의 이미지를 지속적으로 생성시킬 수 있는 스타 스토리텔링에 대한 논의가 필요하다고 보았다. 그리고 관광지 한국의 경우에는 역사적, 문화적, 인문적 자원들을 현대적으로 해석한 전시와 체험 스토리텔링을 통해 소비자들이 주체적으로 의미를 생성해 내는 스토리 메이킹이 적합하다고 보았다.

서사성이 있는 스토리텔링에 반해 스타 스토리텔링이나 전시와 체험 스토리텔링, 스토리 메이킹 작업에 대해서는 아직 연구나 논의가 미미하기 때문에, 본 연구는 한류 자원의 활용 전략 개발에 스토리텔링 방법론을 적용하는 것이 가능한지 탐색해 본 시론적 성격이 강하다. 앞으로 스타 스토리텔링과 관광 스토리텔링에 대한 사례 분석과 이론적 논의를 통해 이러한 부분을 보완해 나갈 예정이다.

참고문헌

박진(2013), 스토리텔링 연구의 동향과 사회문화적 실천의 가능성, 『어문학』, 한국어문학회.

백령 · 조은아 · 이상민(2013), 어린이문화원 운영 추진방안과 상설전 콘텐츠 개발 연구, 『국립아시아문화전당 토탈디자인 및 상설전시 추진계획』, 내부자료.

이상민(2009), 트랜스미디어 스토리텔링의 개념과 특성, 『한국콘텐츠학회논문지』.

이상민(2012a), 한류 드라마의 특성과 경쟁력, 『국제비교문학』, 국제비교문학회.

이상민(2012b), K-pop, 세계인의 마음에 '홍'을 돋우다, 한국국학진흥원, 『한국인의 문화유전자』, 아모르문디.

이수안(2012), 유럽의 '한류'를 통해 본 문화혼종화, 『한독사회과학논총』, 22(1): 128.

이인화 · 고욱 외(2003), 『디지털 스토리텔링』, 황금가지.

크리스티앙 살몽, 류은영 옮김(2010), 『스토리텔링』, 현실문화, 11.

한국콘텐츠진흥원(2005), 『문화원형 창작소재 개발 중장기 로드맵 수립』.

Jenkins Henry(2006), *Convergence Culture*, New York University Press.

【 ABSTRACT 】

A Study on the Storytelling Methodology for Strategy Development of Han-wave Resources

Sangmin Lee*

In this study, I investigate the applicability of storytelling methodology for strategy development of Han-wave resources. After reviewing the concept of storytelling, I analyze the storytelling methodology. Han-wave resources are categorized into culture content, 'star' and tourist attraction in Korea. Consumers are passive when they are experiencing culture contents. The consumers are active as well as passive when they experience the 'star'. The consumers are active when they visits Korea. Therefore, the methodology of storytelling that fits the consumers' experiences should be applied. In case of culture content, global universality and Korean particularity should be harmonized. 'Star' requires discussion of 'star' storytelling. For tourist's interest points in Korea, story-making should be made. Since the research of star-storytelling and star-story-making is in the emerging status, this study has an aspect of pilot research. This study will be advanced through case studies and theoretical discussions for future research.

Key words Han-wave resource, storytelling, global nature, star storytelling, story making

* Visiting Professor, The Catholic Uninersity of Korea Ethical Leader Path College

일본과 중국 내 반(反)한류 현상에 대한 고찰과 해결방안에 관한 연구

황낙건*

【국문초록】

일본과 중국을 중심으로 확산되던 한류(韓流) 열풍 현상이 최근 몇 년 전부터 그 영향력을 잃어가며 주춤하고 있는데, 그 원인으로 정치적 · 외교적 · 문화적 요소들이 상호작용하며 반한 감정(反韓感情)을 불러일으켜 '반(反)한류' 및 '혐(嫌)한류' 등을 형성하며 한류 소비를 저항하는 현상이 문화시장에서 발생되어 영향을 미치고 있기 때문이다. 이러한 현상으로 한류뿐만 아니라 한국과 관련된 모든 것에 혐오감을 표출하고 있어 지속 성장하던 한류 문화콘텐츠는 물론 연계된 분야에까지 악영향을 미치며 문화산업 전반에 걸쳐 위기에 봉착해있다.

이에 따라, 본 연구는 일본과 중국 내에서 형성되고 있는 반(反)한류와 관련된 주요한 사건들과 이에 대한 보도 자료와 정보를 수집하고 정리하여 친(親)한류가 반(反)한류로 변화하는 과정에 대해서 분석하여 한류가 장기간 지속되는 것은 물론 아시아를 넘어 세계 문화시장에서도 경쟁력을 갖춘 글로벌 문화콘텐츠로서의 한류로 성장할 수 있는 해결방안을 제시해보고자 한다.

반(反)한류 해결방안을 다음과 같이 제시하였다. ① 한류 문화콘텐츠의 획일화 및 쏠림현상에 주의해야 한다. ② 한류 문화콘텐츠에 한국적 가치를 결합하여 독창적이고 고유적인 콘텐츠를 투자하고 개발하여 강화시키는 것이 필요하다. ③ 양방향 문화교류 협력 강화로 인한 상호간 공감 기반을 조성

* 경기대학교 엔터테인먼트학부 주임교수

하는 것이 필요하다. ④ 21세기형 글로벌 미디어 기업 육성을 위한 한류 문화콘텐츠 지원정책이 필요하다. ⑤ 온라인과 오프라인을 활용한 맞춤형 마케팅 전략이 필요하다.

주제어 한류, 한류 문화콘텐츠, 반(反)한류, 혐(嫌)한류, 반한 감정

I. 서 론

'한류(Korean Wave)'는 1990년대 후반 한국 TV드라마가 중국에 진출하여 인기를 얻으면서 중국 언론 '인민일보(人民日報)'가 "한풍(韓風)이 지나간 후"라는 기사로 한국 대중문화를 다루면서 '한류(韓流)'라는 용어가 등장한 것은 물론 "다른 문화가 매섭게 파고든다."는 뜻의 '한류(寒流)'의 동음이의어인 '한류(韓流)'로 표현하면서 통용되기 시작하여 현재 전 세계에 널리 쓰이고 있다(황낙건, 2013).

2000년대 들어서면서 한류는 한국 TV드라마(K-DRAMA)를 중심으로 중국 문화시장에 진출하여 성공을 거두면서 자연스럽게 한국 가요(K-POP)까지 더불어 진출하였고, 그 범위가 확대되면서 한국 대중문화 콘텐츠가 하나의 고유어인 '한류'로 성립되어 중화권 전 지역은 물론 일본에까지 수출되면서 한류 열풍이 시작되었다.

한류는 〈표 1-1〉과 같이 2004년부터 '한류 1.0'을 시작으로 2009년 '한류 2.0' 그리고 2011년부터 현재까지 '한류 3.0'으로 진화하고 있다. 1990년대 후반 한국 TV드라마가 중국으로 진출하면서 2000년대 초반 한류의 전성기를 맞이하며 한류 1세대가 형성되며 1.0 버전으로 한류의

〈표 1-1〉 한류의 진화

단계	내용
한류 1.0 (2004년~2008년)	한국 TV드라마를 중심으로 중국 등 중화권 그리고 동남아시아에서 40~50대가 한류 문화콘텐츠 및 스타에 열광
한류 2.0 (2009년~2010년)	TV드라마 중심에서 K-POP으로 전환되며, 일본 및 중앙아시아로 확장되며 10~20대가 한류 아이돌 및 문하콘텐츠에 열광
한류 3.0 (2011년~현재)	K-POP과 TV드라마는 물론 패션, 게임, 음식 등 다양한 산업분야로 확산되며 유럽 및 미주 지역 등 전 세계로 확장

진화가 시작되었다. 그 이후 K-POP이 등장하면서 한류 아이돌이 일본을 비롯하여 중앙아시아로 확장하며 2.0 버전이 탄생되었고, 현재는 TV드라마와 K-POP의 나비효과로 인하여 다양한 한류 문화산업으로 확장되면서 '한류 3.0버전'으로 진화하였다(전병준 외, 2012).

이렇듯 한류가 진화하면서 더 이상은 중화권과 일본에서만 통용되는 한정적인 문화콘텐츠가 아닌 아시아를 넘어 전 세계적으로 확산되면서 한류 열풍이 지속되고 있다. 이러한 한류는 TV드라마와 K-POP을 넘어 영화, 패션, 뷰티, 게임, 애니메이션 등 한국 대중문화 전반을 포괄하는 것으로 그 개념의 범위가 확장되어 통용되고 있다. 실제로 한류 열풍으로 현재 한국의 메이저급 소속사들은 'SM Town', 'YG Family', 'JYP Nation', 'United Cube' 등의 이름으로 중국, 일본 등 아시아권은 물론 미국, 영국, 프랑스 등 서구지역까지 폭넓게 활동하면서 전 세계적으로 한류를 확산시키고 있다. 그러나 이러한 한류 확산이 전 세계 문화시장에서 긍정적 이미지로 친(親)한류만을 형성하는 것이 아니라 한류를 비난하고 비판하는 반(反)한류 성향까지 동반하면서 한류에는 '빛'과 '그림자'가 공존하는 아이러니 속에 한류 열풍이 지속되고 있다.

1990년대 후반부터 지속되었던 한류 열풍은 2000년대 중반 반(反)한류가 형성되며 한류의 인기가 주춤하기 시작하였다. 황인석(2009)은 2005년 후반부터 중국의 대중문화계를 중심으로 반(反)한류가 시작되었는데, 이러한 반(反)한류는 일본, 중국, 대만 등 아시아지역에서 나타나고 있는 한국문화를 반대하거나 배척하는 현상을 의미한다고 하였다.

'반(反)한류'는 '혐(嫌)한류', '항(抗)한류' 등과 같이 유사한 개념으로 쓰이는 용어인데, 그 외에도 염한(厭韓), 멸한(蔑韓), 증한(憎韓), 이한(離韓), 정한(征韓), 망한(亡韓) 등 다양한 용어가 반한 감정의 맥락에서 쓰이고 있다. 우선 혐(嫌)한류는 한국에 대한 역사왜곡 및 독도영유권 등 정치적, 사회적, 문화적 이슈를 담은 '만화 혐(嫌)한류'가 일본에서 출판되면서 사용되기 시작하였으며, 항(抗)한류는 중국에서 방송되던 한국 TV프로그램 중 역사적 사실을 왜곡하여 스토리를 구성했다는 이유를 제시하며 정부와 언론으로부터 '항한(抗韓)'이라는 표현이 쓰이며 확산되었다.

한류가 일본과 중국 등을 거쳐 문화시장의 정상 궤도에 오른 지 10여년이 지났다고 볼 수 있는데, 그 기간 동안 수많은 한류 문화콘텐츠가 각 국의 문화시장에서 높은 점유율을 보이면서 소비되었다. 하지만 한국 문화시장에서는 일본과 중국의 문화콘텐츠 산업에 대해 무관심으로 일관하는 것은 물론 양방향 아닌 일방향적 문화교류만 이루어지면서 양국의 언론들은 한류가 해당 국가에 수출하여 수익을 창출하는 성과에만 관심을 가지며 국가적으로 얻는 경제효과 데이터에만 집중한다고 보도하면서 반한 감정이 유발되었다.

한국문화산업교류재단(2013)은 "일방적인 문화 수출이 한류에 대한 거부감을 불러일으킬 수 있다. 상호 이해와 존중을 바탕으로 양방향 문화교류를 추진해야 콘텐츠 개발에도 도움이 된다."고 하였다. 이렇듯 한류가 해당 국가들 간의 순환 구조가 아닌 일방적 문화 교류만이 이루어진다면 절대 장기적인 교류 구조가 지속될 수 없는 것은 물론 문화 수입보다 수출에만 집중했던 구조가 오히려 역효과로 나타나고 있는 것이다.

II. 일본 내 반(反)한류 현상

가깝고도 먼 나라 일본은 2000년대 초반부터 한류의 메카로 불리며 수많은 한류 스타들이 자연스럽게 일본으로 진출하여 거대한 '팬덤(Fandom)'을 형성한 것은 물론 이를 기반으로 아시아를 넘어 미주 및 유럽 등 전 세계로 영향력을 확대하고 있는 시점에서 한류 진출의 교두보 역할지인 일본에서 반(反)한류가 형성되어 확산되고 있어 한류의 뿌리가 흔들리고 있는 것이다.

일본과의 정치 · 외교적 문제 속에서 한류가 날개를 펼 수 있었던 것은 일본 경제가 20년이 넘는 장기간의 경기침체로 인해 '엔고현상'이 지속되면서 부터이다. 이러한 엔화 가치 상승은 일본 내 방송 · 영상제작자들에게 부담으로 작용하면서 자체 제작보다 비용이 저렴하고 높은 시청률은 물론 팬덤까지 형성하고 있는 한류 스타가 출연한 K-DRAMA와 K-POP 등을 방송하는 것이 오히려 효과적이라는 판단 하에 본격적으로 한류 문화콘텐츠 수입이 시작되었다.

하지만 최근 일본 정권교체 이후 경제 성장을 위해 '아베노믹스(Abenomics)'라는 자국이기주의적 정책으로 일본 내 경제적 분위기가 급변하면서 일본과 교역하는 기업과 산업에 막대한 피해가 초래되었는데, 여기에 문화산업의 핵심인 한류 역시 악영향을 받고 있다. 문화체육관광부(2012) '문화산업통계'자료에 따르면 2009년 5.3%의 성장률을 보였던 한류 시장은 2011년 13.2%를 기록한 것을 기점으로 이듬해엔 다시 5.6%까지 떨어졌다고 한다. 또한, 정치 · 외교적 이슈인 '독도와 위안부' 그리고 역사사관 등으로 양국 간 갈등이 심화되며 반(反)한류 분위기도 조성되고 있다.

2000년대 초반 한국과 일본은 정치 · 외교적으로 이해하기 힘든 국가이지만 문화적으로는 한류가 진출하면서 양국 간 이해관계가 성립되었다. 1990년대 후반부터 중국, 대만, 홍콩 등에서 시작된 한류는 '겨울연가'라는 TV드라마 콘텐츠가 일본으로 수출되면서 한류 열풍을 일으키며 '배용준'을 중심으로 한류 스타 1세대가 등장하며 일본 열도에 새로운 바람을 일으키는 동시에 다양한 한류 문화콘텐츠의 진출이 가속화되었다. 이후 수많은 국내 배우나 가수들이 한류 스타라는 타이틀을 걸고 일본으로 진출하여 고정된 일본 팬들을 확보하며 팬덤을 형성하는 등 한류 열풍을 본격화되었다. 그러나 10년 이상 지속되던 한류 열풍이 정치 · 외교 · 사회적인 문제로 반(反)한류와 혐(嫌)한류라는 수식어 등장과 함께 빨간불이 켜지면서 한류가 퇴보하고 있다.

일본 내 한류는 한국과 한국 대중문화에 대한 이해와 친근감을 바탕으로 한국 문화콘텐츠가 소비되는 기폭제로 작용하며 한류를 이끌었던 것이 사실이다. 그러나 한류 문화콘텐츠나 한류 스타들의 인기를 이용한 경제적 수익 창출이라는 단기적 전략에만 집중하면서 지속적인 열풍을 이어가지 못하며 주춤하고 있다(정수영, 2010). 이는 한류에 대한 각종 언론 보도에서도 한류를 문화가 아닌 단순한 상품으로 간주하며 상업적 가치만을 부여시키는 것은 물론 일본 내 한류 스타들의 행사 참여로 발생되는 수익금과 한류와 연관된 산업이 한국에 미치는 경제적 효과를 대대적으로 보도하면서 한류에 대한 부정적 견해를 조장하여 확산되고 있는 것이다.

일본 내 반한 감정의 시작은 2000년대 중반 '혐한(嫌韓)'이라는 용어가 등장하면서 반(反)한류 · 혐(嫌)한류가 시작되며 일본은 물론 중국, 대만, 홍콩 등 한류의 중심인 중화권 국가에까지 확산되었다. 이만(2009)에 따르면, 혐(嫌)한류가 시작된 일본 내 반한 감정은 한국과 관련되는 모든 것에 대한 불신, 반감, 경계, 분개 등으로 적대적이고 부정적인 감정에서부터 형성되어 대한민국 · 한국문화 · 한국인은 물론 재외 동포 등에게까지 표출하고 있다.

이러한 현상은 한류 진출 이후 "일본에서는 한류(韓流)가 보이지만, 한국에서는 일류(日流)가 보이지 않는다."라는 일본 언론 매체들의 보도기사로 일본 내 반한 감정을 고조시키고 있기 때문이다(채지영, 2005). 이렇듯 한류 문화콘텐츠는 물론 한류 스타를 비하하거나 혐(嫌)하는 허위기사를 유포하는 등의 반한 감정을 조장하는 기사들이 범람하여 일본을 비롯한 아시아 국가들까지 영향을 미치며 반한 감정을 고취시키고 있다.

〔그림 1〕 일본서 반한 감정 최악: 72% 한국 못 믿는다.

출처: 이투데이, 2013년 12월 17일자.

일본 언론들이 반한 감정을 조장하는 단편적인 사례를 살펴보면, 2013년 일본의 '요미우리신문'은 반한 감정에 대해 미국인과 일본인을 대상으로 자체 조사한 내용을 기사화하였는데, 〈그림 1〉처럼 일본인 중 "한국을 신뢰한다."고 답한 비율이 16%에 불과하였으나, "한국을 신뢰하지 않는다."고 답한 비율은 72%라고 보도하였다(이투데이, 2013).

한류 스타들의 진취적이고 광범위한 활동과 소속사의 공격적인 마케팅이 지속되면서 일본 내 우익 단체들은 '독도와 위안부' 문제 등 정치적인 화두이며 민감한 사안 등을 내세워 언급하며 방송국이나 언론 매체를 상대로 대규모 시위를 주도하고 있는 것은 물론 방송 프로그램 안에서 일부 연예인들은 한류를 직·간접적으로 폄하하는 발언과 행동을 취하며 반한 감정을 조장하고 있다. 이에 따라 일본 언론들은 '한류가 식었다', '한류의 내리막길', '한류는 끝났다' 등의 민감한 제목으로 기사화하며 반(反)한류를 부추기면서 반한 감정을 고취시키고 있는 것이 사실이다.

더불어 일본 내 우익 단체는 혐한의 대상으로 '민족', '국가', '역사', '문화' 등 한국과 관련된 모든 요소들을 활용하고 있다. 우선 '민족과 국가'의 경우 한국과 한국인 자체를 혐오하는 것은 물론 일본인 중에서도 한국을 옹호하거나 호의적인 인물, 기관, 단체 등을 '반일 좌파 일본인'이라고 규정하며 혐오하는 대상으로 삼고 있다. 더불어 '역사나 문화'에 관한 혐한 대상의 소재는 양국 간의 역사적 사실 관계에서 기초한 사건들을 언론들이 왜곡 보도하며 반한 감정을 고조시키고 있다(정수영, 2010).

'혐(嫌)한류'라는 신조어를 탄생시키며 일본 내 반한 감정을 고취시킨 대표적인 사건은 2005년 〈만화 혐(嫌)한류〉라는 만화책이 출판되어 판매되면서부터이다. 〈만화 혐(嫌)한류〉는 과격한 표현으로 한국과 일본 간의 정치적·문화적 문제를 〈표 1-2〉처럼 실제 사실을 왜곡된 주장으로 이슈화시키며 일본 내에서 반한 감정을 선동하였다. 심지어 한국을 모욕하고 역사를 왜곡하고 있다는 국제 언론의 비난 속에서도 일본인들에게 인기를 얻으며, 2009년까지 〈만화 혐(嫌)한류 4〉까지 출판되어 총 발행부수가 90만 부를 기록하고 있다.

〈표 2〉 혐한 관련 왜곡 주장과 실제 사실 비교

출처	왜곡된 주장	실제 사실
인터넷 사이트 '라쿠텐'의 게시판과 일부 TV프로그램	- 한국 여성 중에는 성형수술 하지 않은 사람을 찾기 힘들다. - 한국 여성의 성형수술 비율은 약 20%로, 일본 여성 2.7%보다 월등히 높다	- 1,000명당 성형수술 경험자는 일본이 0.33명으로 한국의 0.19명보다 월등히 높다(국제미용성형수술협회 통계자료, 2002).
혐한 사이트 '명수의 한국 정보' 등	- 한국은 강간 발생률이 세계3위로 여행할 때 주의해야 한다.	- 2000년 기준으로 한국의 인구 10만 명당 강간발생률은 12.98로, 조사대상 76개 국 중 18위이다(유엔 마약 및 범죄사무소, 2000). OECD 중 호주(81.41), 캐나다(78.08), 미국(32.05)
만화 '혐한류'	- 한국은 검도, 가라데, 유도 그리고 스시 등 일본의 문화를 한국이 기원이라고 날조한다.	- 한국은 대부분은 일본에서 기원한 것으로 인정한다.
'2채널' 등 일부 혐한 인터넷 사이트	- 2002년 한·일 월드컵 때 일본이 한국의 경기장 건설비를 차관해주었는데 안 갚고 있다.	- 경기장 건설을 위해 일본에서 건설비용을 차관한 사실이 없다.

* 출처: 중앙일보 2005년 10월 21일자.

III. 중국 내 반(反)한류 현상

중국 개혁개방이후 현재까지 한국과 중국의 양국 간 인적 · 물적 교류가 본격적으로 시작되면서 최대 교역 상대국으로 위치하고 있다. 1990년대 후반부터 한국 대중문화가 중국 시장으로 진출하면서 한류 열풍이 시작되어 현재까지 유지되고 있으나 2000년대 중반부터 반한 감정이 표출되며 반(反)한류가 형성되면서 친(親)한류와 반(反)한류가 서로 공존하고 있다. 그 원인의 기초가 되는 것은 한류 열풍의 특수를 누리기 위해 많은 한류 스타들이 중국 문화시장에 무분별하게 진출하는 것은 물론 수익 창출만을 위한 한국 문화콘텐츠들의 무차별적이고 일방적인 과잉공급으로 양국 간 문화교류의 불균형이 지속되면서 중국 내 방송영상산업의 침체와 문화콘텐츠 개발의 둔화로 문화산업 분야에서부터 한류에 대한 반감 여론이 형성되면서 부터이다.

실제로 2000년대 중반 한 · 중간의 문화교류가 불균형하다는 중국 배우들의 직접적인 표출에서부터 시작된 문제 제기로 '문화 일방주의'라는 용어가 생겨났다. 중국 배우들이 제기한 '문화 일방주의'는 "중국 문화시장에 한국 TV드라마가 진출하는 상황이 지속된 반면 한국 문화시장에는 중국 문화상품이 진출하지 못하도록 보호하는 정책"을 한국이 지속하고 있다고 비판하며 전개하고 있다. 또 다른 반(反)한류 계층은 '문화 본위주의'를 내세우며 자국의 문화를 보호하기 위해 중화의식을 바탕으로 중국문화의 고유성과 우월성을 강조하고 부각시키기 위해 한류를 폄하하는 움직임으로 나타나고 있다.

이처럼 한류의 문화 전파가 일방적인 흐름으로만 전개되면서 중국의 반감이 조성되어 반(反)한류 현상이 나타나고 있는 것이다. 한은경 외(2007) 연구에 따르면, 문화를 수출하는 일부 국가들이 특정 지역에서 문화제국주의 역할을 하고 있다고 하였다. 이는 한류 또한 한국이 만든 문화상품으로써 해외에 수출하여 문화콘텐츠를 통해 문화를 각 국에 전파하는데 기여하는 동시에 문화제국주의 역할을 병행하고 있다는 것이다. 이러한 문화제국주의는 하나의 문화가 다른 문화에 직·간접적으로 영향을 미치며 그 문화를 지배한다는 것인데, 이는 불행하게도 그 나라의 사회와 문화에 대한 정체성을 훼손하여 문화적 혼란을 초래한다는 것이다. 이렇듯 한류의 기반이자 중심지인 중국이 자국의 대중문화가 침체되었다는 원인을 한류가 소비되면서 중국 문화시장을 잠식하고 한류가 중국 내에서 문화제국주의 현상으로 나타나고 있다며 반(反)한류를 유도하고 있는 것이다.

중국에서 일고 있는 반(反)한류의 현상은 〈표 3-1〉처럼 중국 문화산업이 발전하면서 문화콘텐츠 시장의 선두주자인 한류 문화콘텐츠와 경쟁구도를 형성하여 한류를 견제하기 위해 정부와 언론이 주도하여 '자국문화 보호육성책'을 내세우며 자국민들의 정서를 자극시켜 동요하고 있다. 또한, 중국 문화산업의 성장에도 불구하고 한·중간 문화교역의 불균형 즉, 한류 문화콘텐츠의 수출은 지속되고 있으나 중국 문화콘텐츠의 수입은 이루어지지 않고 있다는 현상을 언론 매체들이 어필하며 반한 감정을 유도하는 것은 물론 한국 고유의 전통문화를 중국에서 전

〈표 3-1〉 중국내 반(反)한류와 반한 감정 개념

시 기	내 용
2005년 후반 ~	중국의 방송제작 및 영상 업계 관계자들이 한류의 열풍을 공개적으로 비판하거나 반대하면서부터 형성되었다.
2008년 후반 ~	중국의 미디어 언론 매체에서 '반한 감정'에 대한 기사 자료들을 보도하면서 반(反)한류 및 반한 감정의 내용들이 인터넷을 통해 확산되었다.

파하여 유래된 것으로 왜곡 보도하면서 한·중간의 역사와 문화를 둘러싼 민족주의적 대립을 형성하여 반(反)한류 현상을 주도하며 확산되고 있다.

'반(反)한류'는 중국 정부와 문화산업 기관 등이 행하고 있는 규제의 움직임과 제약으로 한류를 견제하기 위해 형성되고 있는데, 실제로 2005년부터 중국 내 한국 TV드라마의 열기가 최고조로 달하면서 중국 영상업체 종사자들의 위기의식 속에 국내 문화산업과 작품을 보호하기 위해 한국 TV드라마의 수입과 방영을 제한해야 한다는 강력한 주장을 중국 정부가 수용하면서 한류에 대한 반감이 시작되었다(장수현, 2007). 이러한 중국 내 반(反)한류의 주된 형성원인은 중국 정부가 국내 문화산업은 물론 문화상품 등을 보호하기 위한 목적도 하나의 원인으로 분석되고 있다.

중국 '국가광전총국(國家光'電總局)'의 주도하에 문화산업 정책을 자국의 이익으로 우선하려는 자국 문화보호주의 움직임과 2000년대 중반 일본과 중국 등에서 시작된 반(反)한류의 형성 등으로 한류 문화상품의 수출 감소가 이어지고 있는 것이다. 이에 따라 2000년대 중반까지 지속적인 중국 수출이 이루어지던 한국 TV드라마가 2006년 들어서면서 처음으로 15.5% 감소하는 현상이 발생되었다(박상현, 2007).

또한, South China Morning Post(2006)에 따르면, 중국정부가 한국 영상물에 대한 수입제한조치를 위해 중국의 라디오, 영화, TV를 통제하는 '국가광전총국'은 "한국 인기 TV프로그램의 방송시간을 전반으로 줄일 것"이라고 발표하였다. 이는 동북아시아 지역에서 경세적인 긴장과 중국의 신자유주의적 시장경제 변화에 따른 문화시장의 확대로 인한 중국 당국의 대처라고 할 수 있다(이빙, 2011). 이는 15억 한류 열풍의 중심지 중국이 자국 문화의 국수체제 돌입을 선포한 것이라고 볼 수 있다.

그러나 이러한 조치로 인하여 중국 내에서도 "문화적 국수주의 vs 자국 문화 보호육성책"이라는 전문가들의 의견이 분분하여 논쟁이 되고 있으나 한류에는 악영향이 미치고 있는 것은 사실이다.

반한 감정 형성의 또 다른 이유로는 중국 내 반(反)한류 현상에 대해 한국 언론들이 중국에 대한 부정적인 기사만을 집중적으로 보도하는 것은 물론 한국 내에서 중국인을 차별하고 무시하는 한국인의 배타적인 태도 등으로 중국 내 반한 감정이 확산되는 주요 원인으로 작용하고 있는 것이다. 구자억(2010)은 한국에 거주하며 경험하였던 반한 정서를 가진 중국인 유학생들이 중국으로 귀국하면서 확산되는 유형이다. 선행연구에 근거하면 중국인 유학생들 중 일부는 자신이 한국에서 겪었던 좋지 않은 경험을 인터넷에 올리거나 중국 관련 기사와 댓글들을 번역하여 정보를 전달하는 과정에서 잘못된 내용을 올리거나 일부 네티즌들이 올린 악성댓글의 내용을 유포하여 중국인들의 분노를 유발시킴으로써 반한 정서가 형성되어 반한 감정이 팽배해지고 있는 것이 사실이다. 이렇듯 중국인들로부터 형성되는 반한 감정은 한류 자체에 대한 부정적인 태도와 한국에 대한 불만, 적대감, 증오감 그리고 한국 자체를 싫어하는 마음과 태도 등 부정적 감정에 기인한 행위라고 볼 수 있다.

강내영(2008)은 중국에서 20대를 대상으로 총 800명에게 실시한 연구에서 최근 항(抗)한류나 혐(嫌)한류라는 말을 자주 들었거나 가끔 들었다고 대답한 인원이 521명으로 약 65%에 달한다고 하였다. 이렇듯 항(抗)한류나 혐(嫌)한류에 대한 이슈가 중국 사회에서 많이 유포되고 있기 때문인데, 이러한 반한 감정의 가장 주요한 원인으로 지적되고 있는 것은 한류 문화콘텐츠가 중국에서 확산되면서 중국문화 발전을 저해할 수 있다는 우려감에서 시작되었다고 할 수 있다. 실제로 강내영(2008)의 연구에 따르면, 중국에서 나타나고 있는 항(抗)한류 현상의 원인으로

'한국문화가 확산되면서 중국문화 발전을 저해하기 때문에(34.5%)', '한국이 문화를 이용해 돈을 벌어가기 때문에(15.0%)', '한국인들이 싫어서(12.5%)' 등으로 나타났다고 하였다.

IV. 반(反)한류 현상에 대한 해결 방안

한류를 수익만을 생각하는 기존의 단기적 전략의 접근방식이던 한류를 문화적 흐름에 맞는 인식 변화를 심어주며 장기적 전략으로 한류 문화콘텐츠를 발전시키는 것이 중요하다고 할 수 있다. 각 국의 문화는 고유성과 독창성을 가지고 있기 때문에 어떠한 문화도 '우월하다' 혹은 '열등하다'라고 판단할 수 있는 근거가 존재하지 않는다. 이러한 인식은 문화에 대한 가치 판단기준을 객관성이 아닌 주관적 성향으로 형성하고 있기 때문에 각 국의 문화를 어디에서든지 소비할 수 있는 것이다.

따라서 한류 문화콘텐츠의 성장과 발전이 동질감을 바탕으로 아시아 문화시장에 진출하여 단기적 전략으로 문화콘텐츠만을 소비시키는 단순한 역할에서 아시아지역을 교두보로 활용하여 현재 세계 문화시장을 형성하여 소비되고 있는 다양한 문화콘텐츠들을 분석하고 이해하는 것이 우선이다. 그리하여 경쟁력을 갖춘 한류 문화콘텐츠를 개발한다면 선진 문화콘텐츠들과 경쟁구도를 형성하여 전 세계 문화시장에서도 한류가 확산되며 소비가 이루어지는 한류라는 인식을 심어주게 된다면 현재 한류 확산을 저하시키고 위협하고 있는 반(反)한류를 해소시키는 것은 물론 세계 문화시장의 흐름에 맞는 문화콘텐츠로 인식되며 자연스럽게 일상생활에 스며들어 한류의 지속적인 성장과 발전으로 상상을 초월한 경제적 파급효과를 가지고 올 것이다.

〈표 4-1〉 한류의 지속적 확산을 위한 실천사항

- TV드라마와 K-POP 중심의 한류에서 다양화 문화콘텐츠를 투자하여 개발
- '반(反)한 · 혐(嫌)한' 정서 해소를 위한 국가 간 교류협력 강화
- 문화교류 확대를 위해 재외문화원 확충
- 권역별 수교계기로 문화교류 사업을 전략적으로 추진
- 자원외교와 신아시아 외교 구상을 뒷받침할 문화외교 강화

출처: 「콘텐츠산업백서」, 문화체육관광부(2010).

최근 일본과 중국을 중심으로 형성되고 있는 반(反)한류를 해소하고 한류의 지속적 확산을 통해 21세기에 맞는 글로벌 문화콘텐츠로 성장하여 아시아를 넘어 전 세계 문화시장에서 한류가 통용될 수 있는 해결 방안을 다음과 같이 제시하고자 한다.

첫째, 한류 문화콘텐츠의 획일화 및 쏠림현상에 주의해야 한다.

초창기 한류는 TV드라마를 중심으로 중국 문화시장을 집중 공략하면서 한류를 이끌었다면, 현재의 한류는 K-POP으로 전환되어 한류 열풍을 선도하고 있다. 그 중에서도 K-POP은 일본 문화시장에 집중되고 있는데, 2012년 K-POP 공연의 80%가 일본 문화시장에 집중되어진 반면 나머지 20%는 중국을 비롯한 아시아권으로 분산되고 있는 것이 현실이다.

이러한 방식으로 단기적인 성공을 거두며 한류를 오늘날까지 선도하고 있으나 이는 한류 문화콘텐츠가 획일화되고 지나치게 상업적이라는 인상을 심어줌으로써 한류 위기론과 함께 반(反)한류 원인으로 작용되고 있다. 이를 해결하기 위해서는 단순하게 구성되어있는 대중 문화콘텐츠 중심과 한정적인 활동 지역을 벗어나 한류 문화콘텐츠의 폭과 내용을 넓혀 전통문화, 예술, 관광, 스포츠 등 한국문화 전반으로 확대하는 것은 물론 광범위한 지역에서의 균등한 활동이 절실히 필요하다.

둘째, 한류 문화콘텐츠에 한국적 가치를 결합하여 독창적이고 고유적인 콘텐츠를 투자하고 개발하여 강화시키는 것이 필요하다.

한류 열풍이 지속화되면서 일부 아시아 국가들은 한류 문화콘텐츠를 모방하는 것은 물론 상업적으로 활용하고 있어 법적 · 도덕적 문제로 이슈화 되고 있다. 이러한 현상은 한국 대중문화 즉, 지금의 한류 문화콘텐츠 또한 예외가 아니었는데, 초기의 한류 역시 서구 및 선진문화를 기반으로 개발하고 탄생하는데 영향을 미쳤다는 것에는 부정할 수 없는 사실이다. 실제로 한국 대중문화 속에는 미국과 일본 등의 고유문화의 기본 틀이 존재하고 있는데, 이는 20세기 후반 한국경제가 발전하면서 대중문화의 소비가 확산되는 과정에서 모방이 자연스럽게 이어졌던 것이다.

선진문화를 단순하게 모방해서는 장기적인 성공을 보장할 수 없는 것이 자명하여 한류 문화콘텐츠는 모방에서 벗어난 자체 콘텐츠로 개발하는데 역점을 두어 현재의 한류 열풍을 이끌어 가고 있는 것이다. 그러나 한류 문화콘텐츠가 보다 장기적인 비전으로 성공하기 위해서는 반(反)한류가 형성되어 한류가 주춤하고 있는 현 시점에서 한국만의 고유하고 독창적인 스토리를 발굴하여 21세기를 주도하고 있는 글로벌 감각으로 재창조하는 것은 물론 한국적 가치를 보다 독창적이고 혁신적으로 개발하여 전 세계 문화시장에 보급하는 것이 시급하다.

셋째, 양방향 문화교류 협력 강화로 인한 상호간 공감 기반을 조성하는 것이 필요하다.

최근 확산되고 있는 반(反)한류 및 혐(嫌)한류를 해소하기 위해서는 양방향 문화교류와 콘텐츠 합작을 적극적으로 활용해야 한다. 즉, 한류를 적극적으로 소비하는 일본과 중국을 중심으로 대중문화 흐름에 대한 포럼(forum) 및 세미나(seminar) 등을 개최하여 국가 간 상호 호혜적관계의 양방향 대중문화 교류를 지원하여 국가 간의 문화적 차이를 이해하고 문화콘텐츠에 원천을 제공한다면 보이지 않는 문화적 장벽이 무너지는 동시에 반(反)한류를 해소시키는 원동력이 될 것이다.

한류 문화콘텐츠의 발전과 지속적인 확산을 위해서는 한류가 가지고 있는 본질적인 문제와 문화산업 시장을 형성하는 문화교류가 지니고 있는 부정적 요소를 분석하고 대처하는 것이 중요하다. 이에 따라, 상호 호혜적인 문화콘텐츠를 공동 투자 및 제작하여 개발함으로써 한류를 소비하는 국가에 일방적 전파가 아닌 양방향 문화교류라는 인식 변화를 주도하여 한류에 대한 긍정적 시선 전환과 상호 우호적 관계의 문화교류 정책이 필요하다.

넷째, 21세기형 글로벌 미디어 기업 육성을 위한 한류 문화콘텐츠 지원정책이 필요하다.

한국방송영상산업진흥원(2008)에 따르면, 한류 문화콘텐츠는 서구 문화의 선진국들처럼 글로벌 시스템을 갖추지 못하고 있기 때문에 공식화된 문화시장에서의 지속적인 소비와 확산이 어렵다는 한계를 지닌다고 하였다. 실제로 한류 문화콘텐츠는 '인 하우스 프로덕션(In House Production System)' 과정으로 운영되고 있는데, 이는 선진화된 글로벌 환경 시스템에 부합하지 못하고 있어 콘텐츠 성장을 둔화시키는 것은 물론 세계 문화시장에서 경쟁력 저하로 콘텐츠가 도태될 수 있다. 이에 따라 정부는 국가차원에서 지원정책을 통해 글로벌 시스템에 맞는 전략을 구축함으로써 문제를 해결해야 할 것이다.

또한, 한류를 형성하고 있는 콘텐츠에 국가적 차원으로 연계하여 정치·경제·문화 등에 맞는 다양한 지원정책을 수립한다면 한류 열풍을 장기간 지속적으로 유지하는데 효과적일 것이다(이윤경, 2010). 더불어 한류를 소비하는 국가들로 하여금 한류 문화콘텐츠에 대한 긍정적·부정적 측면의 모든 정보를 수집하여 정책적이고 전략적인 계획을 수립하고 재창조한다면 한류는 물론 국가 이미지 제고에까지 영향을 미칠 것이다.

다섯째, 온라인과 오프라인을 활용한 맞춤형 마케팅 전략이 필요하다.

현재 한류는 아시아를 넘어 전 세계로 진출하고 있으나 시장에 맞는 마케팅 전략을 구축하지 못하고 주먹구구식 전략으로 진출하고 있어 한류가 글로벌 문화콘텐츠로 거듭나는데 한계가 있는 것이다. 이에 따라, 세계 문화시장에서 한류가 확산되기 위해서는 국가・지역 등 시장별 특성을 분석하여 콘텐츠를 차별적으로 활용할 수 있는 맞춤식 마케팅 전략을 구축해야 한다. 실제로 동남아시아 및 중동지역에는 TV드라마 그리고 유럽 및 서구지역에는 K-POP과 게임 등의 중심으로 소비가 확산되고 있는데, 이러한 콘텐츠의 흐름을 분석하고 연구하여 지역과 분야에 맞는 맞춤형 마케팅 전략으로 공략해야 할 것이다.

최근 '유튜브(YouTube)' 등과 같은 온라인 매체가 촉매제로 작용하며 한류 문화콘텐츠가 성공하는 경우가 발생되고 있는 것을 주목해야 한다. 2012년 '싸이'의 〈강남스타일〉이 전 세계로 확산되며 신드롬을 불러 일으켰는데, 이는 '유튜브'라는 온라인 매체를 활용한 마케팅 전략이 성공한 대표적인 사례로 현재까지 18억 건이 넘는 조회 수를 기록하고 있다. 또한, 오프라인 플랫폼(platform) 마케팅 전략으로 해외 한국문화원, 한국문화센터, 코리아타운, 세종학당 등 거점기관을 활용하는 맞춤형 전략도 구축해야 한다. 실제로 2009년 싱가포르 총리 '리셴룽'은 "많은 싱가포르 국민들은 한국 TV드라마와 K-POP 등과 같은 한류를 접하며 문화를 즐기고 있다."라고 지적하며 싱가포르에 '한국문화센터'를 만들어야 한다는 제안을 하며 한류 열풍에 대해 호의적인 평가를 하였다.

본 연구에서 제시한 해결방안 등을 통해 세계적인 문화콘텐츠로 성장하고 있는 한류 문화콘텐츠를 현재 아시아지역에서 불고 있는 '반(反)한류' 및 '혐(嫌)한류'를 해소함으로써 한류의 중심지이자 기반인 아시아 지역에서의 지속적인 수출증대는 물론 전 세계 문화시장에서도 열풍을 이어나갈 것이다. 또한, 한류의 성장으로 소비가 촉진된다면 '나비효과 (Butterfly Effect)'가 발생되며 한국의 다양한 산업의 발전은 물론 국가 이미지에도 상당한 영향을 미칠 것이다.

참고문헌

강내영(2008), 중국의 항(抗)한류 현상연구: 드라마와 영화를 중심으로, 『중국학연구』, 제43집.

구자억(2010), 한 · 중 양국민간 우호정서 저해원인 연구: 국내체류 중국인 유학생실태 조사 중심으로. 『경제 · 인문사회연구회』.

문화체육관광부(2010), 『콘텐츠산업백서』.

______(2012), 『문화산업통계 기준』.

박상현(2007), 한류문화산업의 반(反)한류 재발방지에 관한 연구, 『생산성논집』, 21(2):172.

이만(2009), 『중국내 '반한류' 및 '반한 감정'의 형성에 대한 고찰 - 중국 언론 보도와 네티즌의 반응을 중심으로』, 이화여자대학교 석사학위논문.

이빙(2011), 『중국 대학생의 반한류 정서에 관한 연구: 자민족 중심주의와 문화 간 커뮤니케이션 효과를 중심으로』, 성균관대학교 석사학위논문.

이윤경(2010), 반(反)한류 현황분석 및 대응방안 연구, 『'한류' 아시아를 넘어 세계로: 이제는 품격이다 토론회 자료집』, 한국문화산업교류재단, 59-63.

윤재식(2007), 지나친 기대보다 체계적인 접근 필요: 한류 진단, 한국방송영상산업진흥원.

전병준 외(2012), 『한류본색』, 매일경제신문사.

정수영(2010), '만화 혐한류'의 이야기 분성을 통해 본 일본 내 혐한류에 관한 연구, 『한국출판학회』.

채지영(2005), 일본 한류 소비자 연구: 한류 마니아의 일반 소비자의 소비행태를 중심으로, 『한국문화관광연구원 연구보고서』.

황낙건(2013), 『K-POP 기반 마케팅이 중국 소비자의 한국제품 구매의도에 미치는 영향』, 경기대학교 박사학위논문.

황인석(2009), 중국내 반한류 집단의 특성과 반한류와 한국상품 구매의도의 관계에 관한 연구, 『광고연구』.

South China Morning Post(2006), 1월 20일.

【 ABSTRACT 】

A Study on Anti-Korean Wave Phenomenon and Solution Plan in Japan and China

Hwang, Rak Gun*

There's a craze for popular Korean cultures with Japan and China as the center but its loosing influence from last years. Because of the interaction of the political · diplomatic · cultural elements form the Anti-Korean Wave to arouse the Anti-Korean Sensibility. And consumers of the Korean Wave is affecting to resist phenomenon in cultural market. This has caused the Korean Wave and Korea's all involved have hatred feeling, and it has a bad influence upon the Korean Wave Culture Contents and related field and come to a crisis for all culture industry.

Therefore, the data used in this thesis are collected from the principal events, news articles and press comments, all of the information related to the Korean Wave is changed to the Anti-Korean Wave in Japan and China. Based on the analysis of this study suggest some solution plans of Korean Wave hold out in Asia, and prepare to raise the Global Culture Contents' competitiveness in the world cultural market.

The plans for Anti-Korean Wave solution suggested as follows. ① Korean Wave Culture Contents should take notice an uniformity and strain phenomenon. ② Korean Wave Culture Contents should need to combine with the Korean value, and that develop to invest a creative and indigenous'

---

* Professor, Kyonggi University Entertainment Dep.

contents. ③ Cultural Cooperation Division should need to tighten up two-way for foundation furtherance of reciprocal sympathy. ④ Korean Wave Culture Contents should need to promote the supporting policy for 21 Century-Type Global Media Corporation. ⑤ Using customized marketing strategy to need in on-lone and off-line.

Key words Korean Wave, Korean Wave Culture Contents, Anti-Korean Wave, Anti-Korean Sensibility

『한류비즈니스연구』 연구윤리 규정

제1장 총 칙

제1조(목적) 이 규정은 『한류비즈니스연구』의 논문의 연구윤리 및 진실성을 확보하고, 연구윤리위원회의 운영에 관한 기본적인 사항을 규정함을 목적으로 한다.

제2조(윤리규정 서약) 『한류비즈니스연구』의 논문 투고자는 논문을 투고한 시점에 이 규약을 준수하기로 서약한 것으로 본다. 모든 논문 투고자는 윤리규정 준수 서약서를 제출해야 한다.

제3조(연구윤리 위반 범위)

① 이 규정에서 연구윤리 위반행위란 연구 논문 투고 및 게재 과정에서 고의 또는 중대한 과실로 내용을 위조, 변조, 표절하거나 부당한 저자 표시, 논문 등의 중복 사용 등 연구의 진실성을 해치는 행위를 의미한다.

② "위조"라 함은 자료나 연구 결과를 허위로 만들고 이를 기록하거나 보고하는 행위를 말한다.

③ "변조"라 함은 연구와 관련된 자료, 과정, 결과를 사실과 다르게 변경하거나 누락시켜 연구가 진실에 부합하지 않도록 하는 행위를 말한다.

④ "표절"이란 함은 타인의 연구주제, 연구내용 및 결과 등을 성낭하고, 합법적인 승인이나 인용에 대한 출처 표시 없이 연구에 사용하는 행위를 말한다.

⑤ "부당한 저자 표시"는 연구내용 또는 결과에 대하여 학술적 공헌 또는 기여를 한 사람에게 정당한 이유 없이 저자 자격을 부여하지 않

거나, 학술적 공헌 또는 기여를 하지 않은 자에게 감사의 표시 또는 예우 등을 이유로 저자 자격을 부여하는 행위를 말한다.

⑥ "논문의 중복게재"는 이전에 타 학술지에 게재된 연구자 자신의 논문을 본 학술지에 투고한 경우를 말한다.

제2장 연구윤리위원회

제4조(설치) 『한류비즈니스연구』학술지의 연구윤리 준수에 관한 업무를 담당할 연구윤리위원회를 설치하여 운영한다.

제5조(구성)

① 연구윤리위원회는 당연직 위원과 2인의 추천직 위원으로 구성한다.

② 당연직 위원은 한류대학원 운영위원회 위원장, 한류지식센터장, 문화비즈니스연구소 소장, 편집위원장으로 하며, 추천직 위원은 한류대학원 운영위원회 위원장의 추천으로 선임된다. 연구윤리위원장은 한류대학원 운영위원장이 맡는다.

③ 직책 위원의 임기는 각 위원의 직책 임기를 따르며, 추천직 위원의 임기는 해당 사안의 심사 종료 후 자동으로 만료되는 것으로 한다.

제6조(기능) 연구윤리위원회는 학술지의 연구윤리 확립과 관련된 다음 각 호의 사항을 심의 · 의결한다.

① 연구 부정행위의 예방에 관한 사항

② 연구 부정행위의 조사에 관한 사항

③ 연구 부정행위 조사결과의 처리 및 후속조치에 관한 사항

④ 기타 연구윤리의 확립과 관련하여 위원장이 부의하는 사항

제7조(회의)

① 연구윤리위원회의 회의는 필요한 경우에 위원장이 소집하고 주재한다.

② 회의는 다른 특별한 규정이 있는 경우를 제외하고는 재적위원 과반수 출석으로 성립하고, 출석위원 과반수 찬성으로 의결한다.

③ 필요한 경우 위원이 아닌 자를 회의에 참석시켜 의견을 들을 수 있다.

④ 회의는 비공개를 원칙으로 한다.

제3장 연구윤리 위반 조사 및 제재

제8조(연구윤리 위반행위의 조사)

① 연구윤리위원회는 구체적인 제보가 있거나 상당한 의혹이 있을 경우에는 연구 부정행위 여부를 조사하여야 한다.

② 연구윤리위원회는 제보가 접수된 날로부터 50일 이내에 심의 의결하고 조사 결과 사항을 조치하여야 한다.

③ 연구윤리위원회는 공정하고 엄밀한 조사를 위하여 위원장은 연구윤리위원회의 의견을 들어 외부인사를 전문위원으로 위촉할 수 있다.

제9조(연구윤리위원회의 권한과 책무)

① 연구윤리위원회는 조사과정에서 제보자 · 피조사자 · 증인 및 참고인에 대해 출석과 자료 제출을 요구할 수 있다.

② 피조사자가 정당한 이유 없이 출석 또는 자료 제출을 거부할 경우에는 혐의 사실을 인정한 것으로 추정할 수 있다.

③ 연구윤리위원회는 연구기록이나 증거의 상실 · 파손 · 은닉 또는 변조 등을 방지하기 위하여 상당한 조치를 취할 수 있다.

제10조(기피 · 제척 · 회피)

① 피조사자 또는 제보자는 위원에게 공정성을 기대하기 어려운 사정이 있는 때에는 그 이유를 밝혀 기피를 신청할 수 있다. 기피신청이 된 경우에는 기피신청 된 위원은 당해 조사와 관련하여 배제된다.

② 당해 조사와 직접적인 이해관계가 있는 자는 안건의 심의 · 의결 및 조사에 관여할 수 없다.

③ 제1항 또는 제2항의 사유가 있다고 판단하는 위원 및 조사위원은 회피를 신청할 수 있다.

④ 연구윤리위원장은 위원 중 당해 조사 사안과 이해관계가 있는 위원에 대해서는 당해 조사 사안과 관련하여 위원의 자격을 정지할 수 있다.

제11조(진술 기회의 보장) 연구윤리위원회는 조사 사실에 대해 피조사자에게 의견을 제출하거나 해명할 기회를 부여하여야 한다.

제12조(조사 결과에 따른 조치)

1. 연구윤리위원회는 재적위원 과반수 출석과 출석위원 3분의 2 이상의 찬성으로 피조사사실과 관련한 피조사자의 행위가 연구 부정행위임을 확인하는 판정을 한다.
2. 연구 부정행위 확인 판정이 있는 경우에는 다음 각 호의 제재를 가하거나 이를 병과할 수 있다.
   ① 연구 부정논문의 게재 취소
   ② 연구 부정논문의 게재 취소 사실의 공지
   ③ 투고 자격의 정지
   ④ 관계기관에의 통보
   ⑤ 기타 적절한 조치
3. 전항의 제2호의 공지는 저자명, 논문명, 논문의 수록 권 · 호수, 취소일자, 취소이유 등이 포함되어야 한다.

제13조(결과의 통지) 연구윤리위원장은 조사 결과에 대한 위원회의 결정을 서면으로 작성하여 지체 없이 피조사자 및 제보자 등 관련자에게 통지한다.

제14조(재심의) 피조사자 또는 제보자는 위원회의 결정에 불복할 경우

제11조의 통지를 받은 날부터 20일 이내에 이유를 기재한 서면으로 위원회에 재심의를 요청할 수 있다.

제15조(비밀 유지의 의무 등)

① 연구윤리위원회는 제보자를 보호하고 피조사자의 명예를 부당하게 침해하지 않도록 노력하여야 한다.

② 제보 · 조사 · 심의 · 의결 및 건의 등과 관련된 일체의 사항은 비밀로 하되, 상당한 공개의 필요성이 있는 경우 위원회의 의결을 거쳐 공개할 수 있다.

③ 위원 및 조사에 직 · 간접적으로 참여한 자는 심의 · 의결 · 조사 기타 과정에서 취득한 정보를 부당하게 누설하여서는 아니 된다.

제16조(기타 사항) 본 규정에 명시되지 않은 사항은 연구윤리위원회의 의결에 따르되, 연구윤리위원회는 그것을 일반 관례와 상식에 비추어 판단한다.

『한류비즈니스연구』 논문투고 규정

2013. 12. 31. 제정

1. 주 제

① 본 학술지에 투고 가능한 논문은 한류콘텐츠, 한류기업, 한류소비자, 한류비즈니스, 한류활용 전략, 한류효과 등 한류 현상 전반에 관한 이론적, 실증적 연구 논문을 대상으로 한다.

② 문화경영, 콘텐츠산업, 문화정책, 기업문화마케팅, 문화상품 분야의 논문도 본 학술지의 투고 논문 범위에 포함된다.

③ 본 학술지에서는 한류비즈니스 사례 연구 논문을 권장한다.

2. 논문 제출 자격

① 본 학술지에 논문을 투고하고자 하는 연구자의 투고자격은 석사과정 재학생 이상으로 한다.

② 다른 학술지에 게재를 위하여 심사를 의뢰한 논문이나, 혹은 다른 학술지에 게재한 논문과 중복된 논문은 제출할 수 없다.

③ 심사과정을 통해 '게재불가' 판정을 받은 논문의 경우 6개월이 경과한 후 수정하여 다시 투고할 수 있다.

3. 원고 제출

① 원고는 편집위원회의 전자 우편 주소(hallyu@catholic.ac.kr)로 발송한다.

② 투고 논문은 일반논문, 연구비지원논문으로 구분하여 제출한다.

③ 1호는 (2월 28일 발행) 매년 1월 10일까지, 2호는 (6월 31일 발간) 매년 4월 10일까지, 3호는 (10월 31일 발간) 매년 8월 10일까지 제출해야 한다.

④ 편집위원회는 1회에 한해 논문 제출 기간을 연장할 수 있다.

4. 특집논문

특집논문 모집은 편집위원회의 기획을 거쳐 공모나 청탁 형식으로 할 수 있다. 기획특집논문도 일반 투고 논문과 동일한 심사 과정을 거친다. 단, 기획/특집의 성격이나 취지를 감안해 위원회의 권한으로 심사의 일부 과정을 생략할 수 있다.

5. 작성 및 분량

① 원고는 국문(한글 · 한자 겸용)을 「훈글」로 작성한 것을 원칙으로 한다.

② 분량은 A4용지 15매(200자 원고지 100매)까지로 한다.

③ 원고는 논문 제목, 저자 이름, 요약문, 본문, 참고 문헌 순으로 배열한다.

6. 필요 기재 사항

원고에는 국문/영문 요약문(주제어 5개 내외 포함)을 첨부해야 한다. 또 원고의 표지에는 논문제목(국/영문), 필자명(국/영문), 소속 기관 및 직위(국/영문), 주소, 연락 전화 및 팩스 번호, 전자우편 주소를 반드시 기재한다.

7. 심사료와 게재료

① 논문 투고시에는 우선 심사료 90,000원을 납부해야 한다.

② 투고한 논문의 게재가 확정된 경우, 별도의 게재료를 납부해야 하며, 일반논문의 게재료는 A4용지 15매까지 100,000원이다.

③ 연구비지원논문의 게재료는 본 조 제2항의 게재료에 50,000원을 추가한다.

8. 논문 반환 및 저작권 양도

제출된 원고는 '게재 불가' 판정 이외에는 반환하지 않는다. 게재되었거나 향후 게재되는 논문의 저작권은 가톨릭대학교 한류지식센터에 귀속되며, 원고의 투고로서 논문의 저작권을 한류지식센터에 이양하는 것으로 본다.

9. 원고 작성 시 유의 사항

원고는 컴퓨터로 작성하며, 별도의 논문 작성 양식에 따른다.

10. 투고 문의

- 편집 간사: 여현경 (가톨릭대학교 문화비즈니스연구소 연구원)
  010-2665-6540, y-h-kyung@hotmail.com

『한류비즈니스연구』 논문작성 양식

2013. 12. 31. 제정

1. 일반 사항

1) 표기

원고는 한글 및 영어 사용이 모두 가능하며, 한글을 사용한 원고의 경우에는 한글 사용을 원칙으로 하며 한자나 외국어 표기가 필요할 경우에는 ( ) 안에 한자나 외국어를 넣는다. 특별한 경우, 한글과 영어외의 외국어로 표기한 논문도 인정하되 이 경우에는 반드시 국문초록을 필요로 한다.

2) 원고분량

A4용지 15매(200자 원고지 100매)를 기준으로 하며, 기준을 초과할 경우에는 소정의 추가 경비를 납부해야 한다.

3) 요약

국문 요약과 영문 〈ABSTRACT〉를 반드시 별도로 첨부해야 한다. 〈ABSTRACT〉의 분량은 200자 원고지 3매 내외로 한다. 다만 〈ABSTRACT〉는 영문을 원칙으로 하되 특별한 경우 독문, 불문, 중문, 일문 등 기타 외국어도 가능하다.

4) 주제어

국문 요약과 영문 〈ABSTRACT〉 아래에는 각각 한글과 영문으로 5개의 주제어를 기재한다.

5) 저자의 표기

논문의 저자가 2인 이상인 경우에는 제1저자, 교신저자, 공동저자를 구분하여 밝히고, 각각의 소속을 명기한다.

2. 편집 형식

원고는 가급적 「흔글」 프로그램을 사용하여 작성하며 「흔글」프로그램을 기준으로 아래와 같이 설정한다.

1) 용지 설정

용지 설정은 A4로 한다.

2) 용지 여백

용지 여백은 위 20, 아래 15, 머리말 15, 꼬리말 15, 왼쪽 30, 오른쪽 30의 「흔글」 프로그램 초기값으로 한다.

3) 문단 모양

여백은 왼쪽 0pt, 오른쪽 0pt로 하고 간격은 문단 위 0mm, 문단 아래 0mm로 하며 줄간격은 160%, 정렬방식은 혼합, 낱말 간격은 0%로 하고 첫째 줄 들여쓰기를 설정한다.

4) 글자 모양

글꼴은 신명조로 설정하고 장평 100%, 자간: 0%, 크기 10으로 한다.

3. 장 절 항의 표기 형식

장절 형식은 로마숫자 대문자 - 아라비아 숫자 - 한쪽 괄호 아라비아 숫자 - 양쪽 괄호 아라비아 숫자 - 원문자 아라비아 숫자 순으로 한다. 예시는 아래와 같다.

I ……
  1 ……
    1) ……
      (1) ……
        ① ……

4. 인용 및 참고문헌

1) 註는 본문의 내용을 보다 상세히 설명할 필요가 있는 경우에 한하여 사용한다. 註의 목록은 일련번호순으로 반괄호 번호로 기재하며, 우측 어깨에 일련번호를 적고 본문 하단에 첨부한다. 註는 본문보다 1포인트 작은 9포인트로 설정한다.

2) 본문의 참고문헌은 저자명, 연도, 페이지를 기입한다. 외국 저자인 경우에는 성(Last name)과 연도를 기입한다. 본문의 참고문헌이 2개 이상인 경우 가나다, ABC 등의 순으로 기입한다.

▸ 국내 저자 인용: 예) ---연구되어 왔다(고길동, 2014: 10)
▸ 외국 저자 인용: 예) ---연구되어 왔다(Bennett, 2014: 10)

3) 본문의 내용 중 직접 인용문이 있는 경우에는 따옴표를 찍고 페이지를 기입한다.

▸ "--- 한류소비자 연구가 필요하다"(고길동, 2014: 29-31)

4) 참고문헌은 국내문헌(가나다순), 외국문헌(각각 그 언어의 자모순)의 순서를 따라 정리하여 첨부하고, 문헌 배열순서는 국문, 중문, 일문, 영문(기타 로마자어 사용 언어 포함) 순으로 배열한다. 자세한 표기는 다음의 형식을 따른다.

(1) 단행본인 경우

① 국내 · 단행본 · 1인 : 저자(연도), 『도서제목』, 출판사

▸ 도민준(2014), 『한류와 글로벌문화』, 스페이스

② 국외 · 단행본 · 2인 이상 : 저자 A, 저자 B & 저자C(연도), 도서제목(조판수), 지명: 출판사

※ 영문도서명은 이탤릭체로 표기한다.

▸ Stewart, Edward C. and Milton J. Bennett(1991), *American cultural patterns: A cross-cultural perspective* (revised ed.), Yarmouth, ME: Intercultural Press.

(2) 정기간행 학술지의 경우

① 국내 · 논문 · 2인 : 저자A, 저자B(연도), 논문제목, 『논문집제목』, 권(호): 페이지

▸ 고길동 · 도민준(2014), 한류소비자 비교 연구, 『한류비즈니스연구』, 1(2):29-42

② 국외 · 논문 · 2인 : 저자A & 저자B(연도), 논문제목, 논문집제목, 권(호):페이지

※ 영문저널명은 이탤릭체로 표기한다.

▸ Mossberg, L. & Gets, D.(2006). Stakeholder Influences on the Ownership and Management of Festival Brands,

Scandinavian Journal of Hospitality and Tourism, 6(4):308-326

(3) 번역서의 경우

원서저자(연도), 번역서제목, 원서제목(역자), 출판사

※ 영문서적명은 이탤릭체로 표기한다.

▸ 조나 삭스(김효정 옮김, 2013), 『Winning the Story Wars 스토리전쟁』, 을유문화사

(4) 보고서의 경우

출판기관(연도), 『제목』

▸ 한류지식센터(2014), 『한류연구동향 및 연구기관 디렉토리』

(5) 학위논문의 경우

저자(연도), 『논문제목』, 학교 및 학위구분

▸ 도민준(2014), 『인도네시아 및 필리핀 한류소비자 비교 연구』, 가톨릭대학교 한류대학원 석사학위논문

5. 기 타

1) 논문에 사용되는 약물은 다음을 따른다.

「 」: 작품, 논문, 영화, 드라마, 연극

『 』: 작품집, 신문, 잡지, 저서

‘ ’ : 강조, 간접 인용

“ ” : 직접 인용

2) 규정되지 않은 양식은 일반 논저 저술 양식을 따른다.

학술지 『한류비즈니스 연구』 원고 모집

가톨릭대학교 한류지식센터와 문화비즈니스 연구소는 2014년 2월 28일에 『한류비즈니스연구』 학술지 창간호를 발간하였습니다. 한류현상은 지난 15년 동안 지속되면서 한국에서는 물론 전 세계에서 주목을 받고 있지만, 아직 한류 현상을 전문적으로 연구하는 학술지는 없는 실정입니다. 학술지 『한류비즈니스연구』는 한류를 둘러싼 국내외 전문가들의 학문적 연구를 담아내고 한류연구자들의 소통과 교류 협력 플랫폼을 제공할 것입니다. 또한 한류대학원의 교육 및 연구 성과들이 『한류비즈니스연구』를 통해 표현되고, 공유될 것입니다. 『한류비즈니스연구』는 연 3회(2월, 6월, 10월) 정기적으로 발간될 예정입니다. 원고는 상시 접수하며 마감일은 1, 5, 9월 10일입니다. 여러분의 많은 격려와 관심, 그리고 참여를 부탁드립니다.

- 연구주제 범위: 논문은 한류콘텐츠, 한류기업, 한류소비자, 한류비즈니스, 한류활용 전략, 한류효과 등 한류 현상 전반에 관한 이론적, 실증적 연구 논문을 대상으로 한다. 문화경영, 콘텐츠산업, 문화정책, 기업문화마케팅, 문화상품 분야의 논문도 포함된다.

- 사례 연구: 본 학술지는 한류비즈니스 사례 연구를 권장한다.

- 투고자격: 석사과정 재학생 이상으로 한다.

- 원고 제출: hallyu@catholic.ac.kr

- 문의: 여현경(가톨릭대학교 문화비즈니스연구소 연구원)
  y-h-kyung@hotmail.com, 010-2665-6540